情报分析应用与信息生态

《图书情报工作》杂志社　编

海洋出版社
2012年·北京

图书在版编目(CIP)数据

情报分析应用与信息生态/《图书情报工作》杂志社编.—北京:海洋出版社,2012.6
(名家视点.第3辑)
ISBN 978-7-5027-8301-3

Ⅰ.①情… Ⅱ.①图… Ⅲ.①情报分析-研究②生态学-信息学-研究 Ⅳ.①G353.1②Q149

中国版本图书馆 CIP 数据核字(2012)第132631号

责任编辑:杨海萍 王传清
责任印制:赵麟苏
海洋出版社 出版发行
http://www.oceanpress.com.cn
北京市海淀区大慧寺路8号 邮编:100081
北京旺都印务有限公司印刷 新华书店发行所经销
2012年6月第1版 2012年6月北京第1次印刷
开本:880mm×1230mm 1/32 印张:9.375
字数:269千字 定价:45.00元
发行部:62132549 邮购部:68038093 总编室:62114335

目　录

第一章　情报分析研究领域的新命题 ……………………………… (1)
　第一节　信号分析:竞争情报研究的又一重要课题 …………… (3)
　第二节　信号分析的若干理论与方法探析 …………………… (12)
　第三节　基于弱信号的企业竞争情报搜集 …………………… (25)
　第四节　技术预见中的信号分析 ……………………………… (36)
第二章　情报分析在中美关系研究中的应用尝试 ……………… (48)
　第一节　从引文网络中发现美国精英对华研究的信息源规律
　　　　　——图情思路及方法在中美关系领域应用的尝试
　　　　　……………………………………………………… (49)
　第二节　美国对华研究引文数据库系统的建立及应用 ……… (60)
　第三节　美国对华研究信息源分析中图书专著的样本选择与
　　　　　引文分析 ………………………………………………… (73)
　第四节　SSCI 数据库在国际关系领域研究中的应用
　　　　　——以美国对华研究课题为例 ………………………… (80)
　第五节　系列报告的文献研究:框架内容研究和词频分析 … (91)
第三章　开展技术竞争情报过程研究 ………………………… (103)
　第一节　企业竞争情报过程模型的关键机制分析 ………… (105)
　第二节　技术竞争情报在技术转移过程中的作用研究 …… (114)
　第三节　一种关键情报课题管理模型 ……………………… (126)
　第四节　开放式创新模式下的技术搜索及其流程研究 …… (134)
　第五节　北京市高新技术企业技术竞争力实证研究 ……… (144)
第四章　网络计量与知识计量研究 …………………………… (157)

第一节　图林博客的社会网络分析 …………………… (158)
第二节　单一网站网页数量增长规律的实证研究
——以"搜狐新闻频道"为例 …………………… (169)
第三节　网络信息计量学与搜索引擎研究 …………… (181)
第四节　知识的计量与评价研究 …………………… (192)
第五章　信息生态系统理论研究 …………………… (201)
第一节　信息人与信息生态因子的相互作用规律 ………… (203)
第二节　信息群落交错区的边缘效应 ………………… (212)
第三节　网络信息种群共生理论及其模型研究 ………… (221)
第四节　信息生态系统的平衡机制 …………………… (233)
第五节　信息生态系统进化初探 …………………… (241)
第六章　信息生态系统构建理论研究 ……………… (250)
第一节　信息生态群落演化机理研究 ………………… (252)
第二节　企业信息生态系统的解构及三元性分析 ………… (264)
第三节　信息生态系统的信息组织模式研究 ………… (272)
第四节　电子商务信息生态系统的构建研究 ………… (284)

第一章 情报分析研究领域的新命题

情报分析的重要功能之一是对未来的发展作出预测，对将要出现的危机或威胁发出预警。相关的方法见诸于国内教科书，如特尔菲法、决策树法、时间序列分析法等，但未涉及信号分析这个国外情报界很重视的方法。笔者对信号分析的关注始于两年前，当读完利亚姆·费伊的《竞争者：以才智、谋略与绩效制胜》（朱舟译，中国人民大学出版社，2005）和 Day 与 Schoemaker 合写的 *Peripheral Vision: Detecting the Weak Signals That Will Make or Break Your Company*（Harvard Business School Press，2006）这两本专门论述信号分析的著作后，感受到了对我国情报学的价值。两本书介绍的方法都没有大量数学公式和量化的数据，描述颇为详尽的是周密的分析思路、大量启迪性的案例和可分步骤实施的操作方法。再找来相关的中外文章，才发现国外已经有了许多较成熟的理论和实践研究，国内的研究也多集中在经济学界和工商管理界，情报学界很少提及。

回顾我们的研究团队为企业提交的50余份咨询和调研报告，其中有不少是与预测和预警有关的，如果当初在信息搜集和分析中多一些“信号意识”，并主动以信号理论和方法作为指导，关注信号的产生、发现、监测、扫描、辨识、解读、分析、加工和应用，相信无论是分析的深度还是报告的思路都会有很大程度的改进。

对事件出现的各种征兆或迹象进行解释、质疑、假设、数据补充、验证和评价的过程称为信号分析，信号情报（signal intelligence）是美国情报部门列出的6类情报之一，当然，在冷战时期，它主要用于军事领域——利用截听各种微波电话发送的信息，输入计算机并进行敌情分析。冷战结束后，随着美国情报工作重点的转移，开始移向经济领域，成为监测市场动向、分析竞争对手、规避风险和危机的有用工具。因此，信号分析应是情报研究中最核心的概念之一，如果对反映事件发生的信号内容、辨别和评价缺乏了解，没有恰当的解读方法，则预测或预警就是一句空话。从竞争情报的角度来看，进行信号分析需要以多种方式加强分析人员对竞争对手的市场战略或其他行为的预测，监控其改变战略或调整活动的意图，主动进行证据搜集和推理，并对这些判断进行持续性的反思和质疑，这一切将提高情报分析的质量，完善情报分析的方法。

信号的种类很多，信号分析方法也随着研究的深入和实践的推进而日渐丰富、成熟，它应该成为情报学和竞争情报研究的重要命题，也应该成为情报人员的业务学习内容和指导实践的理论工具。由于在情报学界这方面的研究尚未充分开展，可供借鉴的资料和实践经验不多，本专题的作者们在吸收国内外经济学和管理学界研究的基础上，结合平时的竞争情报项目实践，尝试着进行方法的归纳和理论的探索。四篇文章中，有的从信号的涵义和分类、产生和发现、搜集和处理、辨识和利用方面进行综述；有的从方法论的角度进行理论归纳，尝试构建分析框架；有的从企业实践的角度论述信号分析在企业竞争情报工作中的应用；还有的对弱信号的成长机制和识别方法作了研究成果的引荐。尽管论述的侧重不同，且还存在着许多不足，但至少可以达到一个目的：向业界和学界的同行们打开一扇新窗口，相信有助于启迪情报分析的思路，理解信号分析的重要性，以便进一步了解这个领域的研究现状、问题和进展，提出新的研究成果。

南京大学信息管理系教授

沈固朝

第一节　信号分析：竞争情报研究的又一重要课题

经济领域研究的信号，主要指市场信号。在情报业务领域，对事件出现的各种迹象进行解释、质疑、假设、数据补充、验证和评价的过程称为信号分析。就企业所处的竞争环境而言，了解自己的竞争优势，制定竞争战略，对竞争对手的行为做出恰当的反应或采取先发制人的行动等，所有这一切，都可以都通过获取和释放某种信号来构筑行动的条件。如果对信号缺乏辨识，没有恰当的解读方法，则将降低情报预测和预警的准确性。

1　信号研究的对象

对研究对象进行分类和定义，进而揭示其特征，是研究工作的基础和起点，但正如一切尚未成熟的课题一样，国外对信号的内涵也没有统一的界定。经济学家认为信号是有助于理性人做出价值判断的信息集合。Porter 将信号定义为“竞争对手所表现出来的能够直接或间接表现其意图、动机、目标或内部情况的行为”[1]。Heil 和 Robertson 将（市场）信号定义为“对潜在行动的宣告和预演”[2]。他们把市场信号与市场行为分开，认为市场信号只是预示可能的市场行为，并不一定发生。Fahey 对信号的解释则是“个人在某种具体环境背景下由竞争者过去、当前或未来的状态或行为的数据和信息而得出的推论”，它由数据和信息、得出推论的个人和得出推论的环境背景构成[3]。与 Heil 的观点不同的是，Fahey 将信号和行动联系在一起，如重要的价格变动、促销活动、新产品推介、扩大生产能力、并购、法律行动等，而且认为“不作为”（inaction）本身就是一种信号，如一位没有参与降价行动的竞争者实际上是在发出“不介入价格竞争”或“有能力不降价而仍能保持市场份额”的信号。

对研究对象更有意义的分类是按揭示趋势的信息量大小分为强信号和弱信号。Pierre Masse 将弱信号定义为“在现在的环境中非常不明显但在未来会造成巨大后果的信息”。Ansoff 将弱信号定义为“用来预测不可知变化的信息”[4]，是揭示外部环境变化的最不确定、最难以理解和观察到的信号。弱信号概念的提出有特别的意义。Blanco 和 Lesca 指出，弱信号的预见性表现在与未来可能影响企业生存的潜在事件相关，可从仍未发生的事件中推断出来，一般不需要量化的数据[5]。Day 和 Schoemaker 认为，弱信号往往是模糊的、不相关的、不确定的，与大量“噪音”混杂在一起。忽视这些信号可能意味着丧失一个市场，将绝好的发展机会奉送给对手，或者丧失了将问题解决于萌芽阶段的最好时机。准确地抓住这些弱信号并在恰当的时机付诸行动并不是一件容易的事。根据一项对 150 位高层 CEO 的调研表明，80% 高层主管缺乏获取这些信号的能力，在现实的能力和理想的能力之间存在着一个“警觉力差距”（vigilance gap）。因此，Day 和 Schoemaker 提出了 7 个步骤来提高警觉力[6]。这些理论和方法对于情报工作者服务于开辟新市场的战略是非常有意义的。

市场信号可以视为市场战略的一部分，因为发信者可以从发信号中获得经济利益，无论其对象是顾客、渠道成员还是合作者。针对竞争对手，发信者的基本动机是影响其行为——阻止攻击、阻挡进入、惩戒出格者、降低竞争行为的强度、分割市场和虚张声势等。市场信号可分为 3 种类型：敌意（或威胁）信号、承诺信号和结果信号[7]。敌意信号是指给利益相关者带来严重负面效应的信息，如介绍新产品的方式或方法、价格渗透、高强度的广告、频繁的促销活动等都可能被看作敌意信号；承诺信号是指对新产品的承诺，如声明对某品牌施以高投入，意在通过承诺阻止竞争对手进入或使潜在竞争者望而却步；结果信号被定义为行业内现有公司觉察到新产品的进入对他们的利润造成的影响，如进入新市场、购并、联盟等被竞争对手认为是带有结果的信号。信号接受者对这 3 类信号的反应与被影响市场的依赖程度和与行动者在战略和资源方面的相似程度有关，对被攻击的市场依赖性越大，反应的可能性就越大。反应最大和最快的是敌意信号和承诺信号，反应最小和最慢的是结果信号。

按发送信息的意图，还可以将信号分为真实信号和虚假信号（伪信号）。后续市场行为一般符合信号所预示的谓之真实信号，反之则是虚假信号。这类信号的主要作用在于暗示和告示：发送真实信号的目的是让竞争对手提前了解发信者的行为，其前提是发信者往往是行业中的领导者或有实力的竞争者，有较强的实力或较大的市场份额，意图通过提前预告自己的行为，在竞争中取得先机。发送真实信号有利有弊，其风险包括：①向对手展示了竞争意图和计划，为对手迎战或仿效打开了方便之门；②战略部署（如产品计划）被对手打乱；③如果不能达到信号所预示的目的，则商誉受损[8]。发送虚假信号的目的在于试探对手或迷惑对手，或诱使对手表现出其竞争意图，或通过观察竞争对手的反应来分析其未来的战略动向，从而有针对性地做出自己的战略决策。发布虚假信号的风险也很大——不仅导致发布同类信号受到冷落，而且发布真实信号也会受到质疑。虚假信号的出现，还为情报分析人员提出了一系列值得研究的课题，如：①模糊信号、弱信号和伪信号的区别；②信号的连续性、长期一致性及其可信度；③信号的目的性、欺骗性、可逆性、合作性、攻击性；④事先宣示和后续行动的比较；⑤信号发送方式和渠道选择；⑥相关信号的相互印证；⑦信号接受者的反应强度、反应速度及影响反应的因素；⑧作为反馈的试探性或回应性信号的发布，等等。

总之，对信号本身的研究需要以多种方式加强对竞争者市场战略或其他行为的预测，监控竞争者改变其战略或调整活动的意图，主动进行证据搜集和推理，并对这些判断进行持续反思和质疑。这些工作不仅将促成市场预测的研究，也将为竞争情报方法论的研究开辟新的途径。

2 信号产生和发现的研究

信息是信号产生的本源。但是，仅有信息还不足以产生信号，信号必须经过人的感知、分析和思考才能得出。此外，如果信号的环境背景是不具体的、模糊的，也同样难以对信号做出解释。因此，信息、人和环境是信号产生的必要条件。

许多信号隐藏在现象、数据、文字和谈话中，大多由于缺乏支持性数据、有说服力的逻辑和足够的信号容量而被忽视，不利用一定的方法进行信息整理和分析是很难发现的。从操作的角度而言，发现信号的条件之一是确定信号分析的指标，即“关于什么的信号”。按照 Fahey 的观点，对于表示各种现象的信息进行整理，明确从哪些角度加以分析，这一步骤称为分析维度的确定，其结果是指标的产生。确定指标不仅有助于信息的搜集或补充，更有助于揭示各种信号之间的联系，而指标的确定是对纷繁复杂的信息进行质疑、假设和分类的结果。

指标确立后，按照指标分类的数据即为指标值，它们经过补充、核实和组织成为构成信号内容的信息，这些信息经过验证、揭示和判断，就成为决策所依据的情报。一般而论，反映竞争对手所处的环境、发自竞争对手本身的现象、事件、统计数据、行动和陈述是获取信号的主要指标，这些指标可以视情况和需要进一步细分成更为详细的二级和三级指标。如关于现象和事件的三级指标包括反映利润水平升降的销售比率、投资回报率，反映行业趋势的企业销量，反映会计政策变化的年报公布时间，反映管理问题的人才流失情况等。与市场指标相关的行动信号包括在产品变更、顾客信息和竞争方式之中，而新产品开发的市场信号则表现为新产品的提前宣告、新产品开发实施行动和结果、竞争对手对新产品开发的公开讨论等。与组织指标相关的行动信号指竞争者的决策、资源投入、内部政策调整、程序和实践的改变、新任命和重大组织结构的调整等组织边界内的行动[3]。

3　信号搜集和处理的研究

关于信号的收集，Fahey 和 Day 都不约而同地提出，首要的问题是审视多大范围以及需要关注哪些问题。任何问题都要审视等于什么都看不到。因此，需要借助一套指引性问题（guiding questions）将其注意力引导到需要关注的范围。这些问题包括：过去审视环境的盲点是什么？是否存在来自其他行业的可供类比的启迪性例子（或教训）？有哪些重要的信号被“合理地”忽略了？何种新出现的技术会改变游戏规则？处于业务外围或边缘的顾客和竞争对手在想什么？大部分经理认为他们已经深入地了解了市场，却不知这种了解只是基于当前客户和当前对手，并不包括处于边缘地带的潜在客户和潜在对手。“分享钱包”和“分享市场”是两种不同的视角，前者要考虑还有哪些购买力以及流失到了何处，哪些顾客是被忽视的；而后者仅考虑总体市场是如何分割的。

扫描方法是捕捉信号的关键。被动地扫描是坐等外界信息，在一大堆商业传言、销售报告、趋势分析和技术预测中获取信号；而主动地扫描则关注特殊的问题，常常利用假设方法，强调在边缘地带搜寻信号。主动扫描应始于企业内部。在许多组织里，内部知识并没有很好地与决策者相联系，单位越大，触及边缘交叉地带的接触点就越多——销售人员经常同客户打交道，研发人员从展销会听到消息，零售员工了解顾客的抱怨和对新产品的需求……每个触点都有潜在的价值，问题是缺乏专家识别和诠释各种弱信号。因此，提高捕获组织内外信号能力的条件是：①有恰当的、可行的信息共享渠道；②指导扫描的知识和问题；③共享有用信息的激励机制。

4　信号分析和辨识的研究

信号分析的困难之处在于信号的模糊性会以多种方式反映出来：言语、行动和组织属性，直接或间接的，正式或非正式的，令人困惑的或相互矛盾的。信号的发送亦可能是随意的或故意的，对信号描述也可能存在不一致的情况。在信号传输理论中，“噪声”扮演着消极的作用——它不仅会降低信号的可探测性，还可能会淹没信号而使信号的传输发生错误和曲扭。有的发信者为了自身的利益和信息传输的安全，故意用“噪声”掩盖真实的信号。因此，情报分析工作要从“噪声”中读出有用信号，将杂乱无章的信息按事物发生的规律进行过滤处理，将信息碎片“拼合”、“还原”出原来的面目。从这个意义上讲，信号分析更注重从表面现象和支零破碎的信息中去把握事物发展的规律，要求特别关注观察事物显现的方式，了解特殊的现象和随时间推移而产生的变化，解释现象的意义，理解现象与本质的关系。

信号分析最初是从破译文字信息开始的，如辨识文本中使用频率高、与科学技术有关的术语，将几年中高频率出现的词加以对比，发现研究兴趣的增加或减弱。如果出现了过去没有出现的新词，可能预示新的研究方向。定量方法如时间序列法、趋势外推法、季节变动预测法、动态规划和决策树法等，在环境比较稳定、有大量的历史数据、事件的发展较有规律性的情况下比较有效，但在动荡多变、错综复杂的环境下有局限性。一项研究指出，在对未来事件的预测中，最好的数学模型的准确率也只有50%[9]。关键在于要善于把握事件之间存在的接近之处、相似之点、因果之缘、伴生关系、形式和模式的相似性等，将已掌握的信息（知识、经验、消息等）同新信息组合起来。

释读来自模糊的外围地带的弱信号是一个复杂的过程，因为接受的信息大都缺乏准确的细节，很容易导致片面的、错误的结论。要开展这方面的研究，认知学理论也许可以提供指导。认知学认为，影响正确的判断往往是由当时的情境、过去的经验，或两者共同产生的期望引导所致，即人们常说的思维定势。其他影响正确解读信号的因素还有如选择性理解（selective perception，以希望看到的代替实际看到的）、偏向性推论（biased inference）、知觉合理化（rationalization，向自己和他人证明自己的选择是正确且合理的），等等。从这个意义上看，问题的核心不是缺乏关键信息，而是缺乏好的视角——在问题的引导下采用不同方向的信息加工，扩大分析视角，寻找相关信息，正确的判断方法才有可能产生。

5　信号利用的研究

积极回应一个新出现的信号取决于这样一些因素：灵活选择的可

能性、信号的清晰程度、行动的代价、学习的机会和不作为的风险。而 Robertson 认为，信号接受者将从以下方案中采取一个：①不回应信号；②采取反应前观察发生的事件；③发送反击信号；④采取行动[10]。

权衡上述因素进行决策需要进行更为细致的研究，大量的信号应用理论不仅可供情报人员借鉴，而且可补充竞争情报的理论。如 Heil 和 Robertson 认为，信号的敌对性程度和接受信号的企业的反应速度以及反应的次数有正相关关系[2]。实证研究证实，敌意信号能产生更强的竞争性反应。同时，对竞争信号的反应也依赖于接受信号者对信号的判断——如果决策者认为该信号对本企业具有攻击性意图，则不论是否造成危害，反应的可能性都会更大，更迅速，并且更有可能采取同样敌对性的行动。Moore 运用博弈论来分析竞争对手之间的价格战时发现，合作性的信号可能增加在竞争互动过程中合作的可能性，而竞争性信号更容易产生竞争性的反应[11]。Chen 和 MacMillan 的研究证明，如果信号是高不可逆性的，则反应的次数会有增加的倾向，即高可信度信号体现了发送信号企业的良好声誉和信号事件本身的不可逆性，因而其有效性更容易引起竞争对手的竞争反应行为，且反应速度也将更快[12]。Jaideep 等用归因理论研究信号的强度与企业反应的强度之间的关系时发现，信号的强度与公司反应的力度是匹配的，信号强度越大，公司越有可能采取其他方式的竞争反应行为来进行回应[13]。窦彬、田志龙将这些理论应用于国内钢铁业。他们对十多家钢铁企业的竞争行为进行了调研，就如何接收并发送市场信号、竞争对手对技术创新信号做出的反应、不同市场信号特性对企业决策产生的影响等问题进行了研究，发现有 81% 的管理人员关注竞争对手在技术创新方面的竞争信号，其中 21% 认为将会采取反应行为，76.6% 认为应采取同样行为反应。信号敌对性越强，信号强度越大，则反应可能性越大[14]。

各种反映机会或危机的信号会随着环境的变化而变化，能否识别和捕捉转瞬即失的信号，除了情报人员本身的敏感、洞察力，对行业和对企业的深刻了解以及对决策者情报需求的准确把握，关键还在于组织的领导者能否将信号的扫描、解读、探究和利用落实在行动计划中。George Day 指出，制定行动计划的要点包括：①将注意力集中于具有挑战性的外围信号，而非所有的信号；②主动跟踪变化和潮流；③制定对策，找出并改进探测弱信号的薄弱环节，尤其是注意缩小警觉力差距；④落实责任，相关职能部门如战略部门、竞争情报、市场研究和技术预测部门都必须担任相应的任务。

信号分析只是情报分析方法的一种，本身也有其局限性：首先，信号是一种推论，分析过程与直觉、联想和合情理的推测交织在一起。因此，它并不能给用户一个非常肯定的结论，不能告知用户未来一定会发生的事件。只能说明未来可能发生什么，分析的结论只具有相对可能性。即使作为分析加工过的结论，也只能让决策者知道所有可选方案的相对可能性。其次，信号分析是一个充满了假设 - 验证反复循环的过程，是与不断变化的外界环境动态性和分析对象的相对静止状态交织在一起的。为方便分析而屏蔽各种外界信号会忽视和掩盖了外部环境的变化对于最终结果的影响。因此在分析过程中，要观察外部环境的各种变化，同时将各种线索融入分析过程，使之尽可能达到更加精确的结果。

参考文献

[1] Uskali T. Paying attention to weak signals – the key concept for innovation journalism. Innovation Journalism,2005(4):25.

[2] Heil O, Robertson T S. Toward a theory of competitive marlcet signaling: a research agenda. Strategic Management Journal, 1991, 12:403 –418.

[3] 费伊．竞争者:以才智、谋略与绩效取胜．朱舟,译．北京:中国人民大学出版社,2004:95 –96.

[4] Ansoff H I. Implanting strategic management. New York:Prentice Hall Inc. ,1984.

[5] Sylvie B, Humbert L. Business intelligence: Integrating knowledge

into selection of early warning signals. [2006 - 03 - 03]. http://veille - strategique. eolas - services. com.

[6] Day G S, Schoemaker P J H. Peripheral vision: Detecting the weak signals that will make or break your company. Boston: Harvard Business School Press, 2006:4 - 6.

[7] 汪克夷,冯桂平. 基于市场信号的竞争反应预测. 东南大学学报(哲学社会科学版), 2007(3):18 - 22.

[8] Hoxmeier J. Software preannouncements and their impact on customers´ perceptions and vendor reputation. Journal of Management Information Systems, 2000,17(1):115 - 139.

[9] 曾忠禄. 企业竞争情报管理. 广州: 暨南大学出版社, 2004:236.

[10] Robertson T S, Eliashberg J, Rymon T. New product announcement signals and incumbent reactions. Journal of Marketing, 1995,59(3):1 - 15.

[11] Bayus B L, Jain S R, Ambr G. Truth or consequences: an analysis of VaponA/are and new product announcements. Journal of Marketing Research, 2001,38(1):3 - 13.

[12] Chen M J, Macmillan I C. Nonresponse and delayed response to competitive moves: the roles of competitor and action irreversibility. Academy of Management Journal, 1992,35(3):539 - 570.

[13] Prabhu J, Stewar D W. Signaling strategies in competitive interaction: building reputations and hiding the truth. Journal of Marketing Research, 2001,38(1):62 - 72.

[14] 窦彬、田志龙. 动态竞争中的技术创新信号与企业反应决策. 科技进步与对策,2004(12):21 - 23.

作者简介

沈固朝，男，1953 年生，教授，博士生导师，发表论文40 余篇，出版著作5部。

第二节 信号分析的若干理论与方法探析

现代组织围绕价值链在不同层次和维度上展开激烈竞争，不确定性因素越来越多，这其中既有结构性质的不确定性，也有参数性质的不确定性，而更多的不确定性来自动态博弈过程中竞争者的有限理性。可以说信息的不完全性和不对称性是情报活动必须面对的永恒问题，所有的情报搜集和分析都必须立足于此。

信号分析方法就是一种立足于不完全信息条件下的情报分析方法，其要义在于发现信号，辨别信号，解读信号，利用信号进行逻辑推理，直至得出能满足决策需要的情报。

1 信号的情报内涵及其分析框架

信号（signals）一词在通信电子领域广泛应用，作为一种传递信息的载体，包括声信号、光信号、电信号等。在经济理论领域，随着信息经济学范式的兴起，信号传递和信号甄别成为解决市场交易信息不对称的重要方法，信号本身则被看作是一种交易资源禀赋优劣的标志。而在商业实践领域，市场信号更多地被看作是竞争者的市场行为以及对该行为的推断，特别是有关产品/服务的市场行为。

在情报学视野中，信号具有哪些特定内涵呢？情报学主要研究信息的搜集、加工、组织和利用，其中的信息概念的内涵应该是最本质的，其外延应该是最广泛的。因而情报学视角下的信号不应局限在具体领域的现象归纳，必须从理论上加以抽象和概括。

信号是一种语用信息。按照符号学理论的观点，语法学研究符号与符号之间的关系，语义学研究符号与对象之间的关系，而语用学则研究符号与主体之间的关系。语用研究在文本意义上强调符号与情景的相关性，而在言语意义上则强调符号与主体的相关性。Dervin 的意义构建理论也认为信息使用是一种建构，而不是一种传递；应该从使用者的角度而不是从观察者的角度看待信息的使用[1]。信号就是一种强调与主体相关程度的信息，没有主体决策的问题域就没有信号的发现，没有主体认知环节的介入就没有信号的解读，没有主体逻辑推理的支持就没有信号的证实和证伪。换句话说，一个信号价值的高低依赖于它与主体信息状态相关性的高低。

其次，信号分析强调逻辑推论。Liam Fahey 认为信号是主体在某种具体环境背景下由竞争对手过去、当前或未来的状态或行为的数据和信息而得出的推论[2]。信号分析面对的是不确定的决策环境，很难完全依靠固定的、统一的指标体系进行分析，一方面是由于依据指标所需的信息无法搜集完全，另一方面指标体系本身是否能够应对复杂多变的竞争环境还是个问题，因此必须借助逻辑推理找出事件背后的因果关系，以得出有用的结论。通过发掘这些因果关系，辅之以相关数据的补充，信号分析要做到从事件现象背后洞察到结构性的关系模式。

最后，信号本身意味着一定程度的不确定性。笔者认为信息、情景、主体是构建信号的三大要素，情景因素和主体因素相结合会产生问题意识，由此得到种种指引性提问（guiding question）来指导信号的发现；主体因素和信息因素相结合意味着因果关系的构建，实际上就是信号的辨别、解读和利用；信息因素和情景因素相结合凸显了不确定性的存在，其中可能是概率不确定、结构不确定乃至不可知，如图 1 所示。

信号分析可以是一种方法，一种流程，还是一种理念。那么如何将这一理念贯彻到情报工作之中呢？笔者认为关键是要把握住“一个核心论题，两个基本立足点，三个研究维度”。

“一个核心论题”指的就是信号，亦即作为语用信息的主体推论本身。从对象上讲，信号分析就是针对推论的构建和评估，整个分析流程始于推论，在指引性提问的引导下由指标体系转换到推论构建，

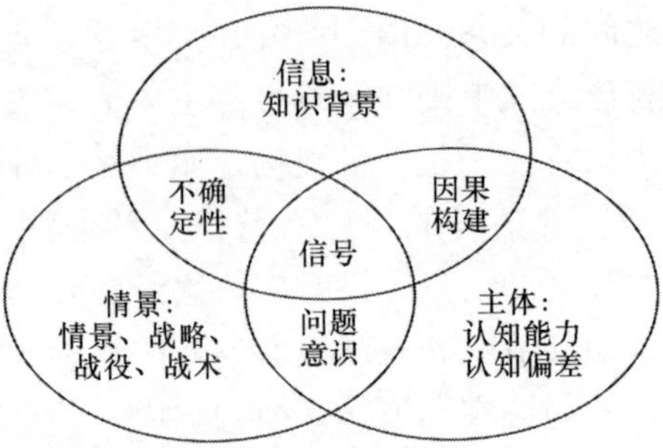

图 1　信号的情报学内涵

又终于推论，所有的数据补充、证据构建都为了推论的证明或证伪；从方法上讲，信号分析在各个具体应用领域的展开都是依靠情报推论以实现信息碎片之间的由此及彼，由表及里。所谓“两个基本立足点”指的是信号分析的导入、搜集和分析都是基于情境的，具体说来就是立足于环境不确定性和主体有限性这两个基本假定。而“三个研究维度”具体指的是信号分析的信号认知、情报流程以及分析对象，如图 2 所示。

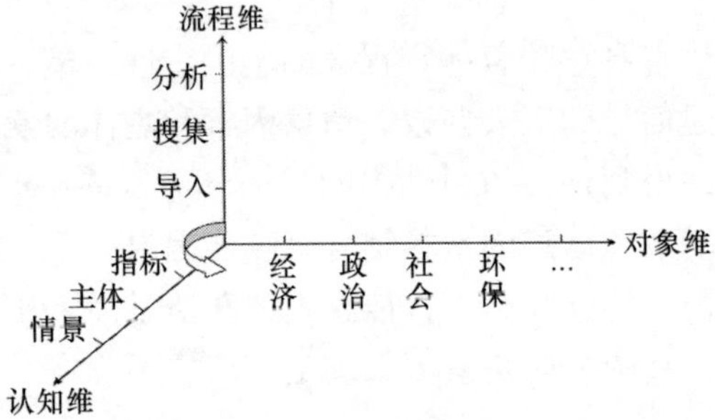

图 2　信号分析研究框架

下文围绕这三个维度展开论述。

2 信号分析的认知维度

2.1 情景：环境情景和问题情景

情景规划中有“外部世界的情景”和“战略性叙事”之分，外部情景源自人们对于外部世界如何运作所达成的一致、共有的心智模式，它是“纯”外在环境的一部分，难以对其施加影响。而“战略性叙事”指的是一个人或一个组织对于世界未来发展状况的预期，它多采取因果故事的形式，把某项行动与目标相联系。

与此相似，信号构建的情景可分为客观的环境情景和主观的问题情景。环境情景规定了信号分析对象所处的特定层次的环境特征，而问题情景就是指信号构建的意义、影响和目的的相关特征，而问题解决也有赖于情景层次的确认。

不同的情景之间是可以嵌套的。以商业为例，在愿景层面，企业的长期愿景要受到政治、经济、社会各方面因素的影响，因而它们可以看作愿景的“外部因素”。为了考察影响企业愿景的“内部因素”，就意味着环境情景要做出必要的转换：由愿景层面内化为战略层面，考虑五种竞争力量的相互关系，构成影响企业愿景的“内部因素”。总的说来，上一层面情景的构成要素是下一层面目标的外部影响因素，而当层的情景要素则是当层目标的内部影响要素，如图 3 所示。

2.2 主体：有限理性的现实

知识结构不完备，是一个竞争主体有限性的问题。有限理性已成为决策行为研究的核心假设，但进一步的研究表明，单纯运用有限理性假设难以解释很多决策困境和决策偏差，必须引入更多的主体有限假设。如 Thaler 认为至少在有限意志和有限利己这两方面不能用有限理性的概念准确表述[3]。

与 Thaler 认为利己主义有限相反，Chugh 等人认为由于偏见的存

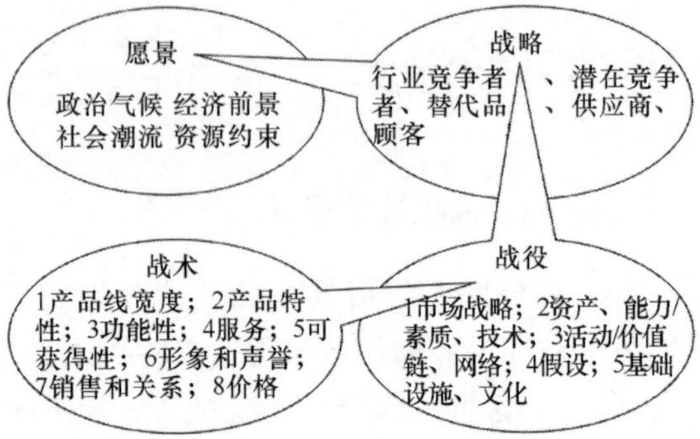

图3　四层次情境的要素构成

在、利益的纠葛，使得决策过程中存在有限道德的现象[4]。Bazerman 和 Chugh 还认为存在各种注意缺失，或者说由于某种原因人们竟然忽视了明显而重要的可获得信息，亦即有限意识[5]。表1 给出了上述几种主体有限性在情报语境中的具体表现。

表1　竞争主体有限性的具体表现

竞争主体有限性类型	情报语境具体表现
有限理性	专业知识不完备；对竞争对手战略的模糊认识；动态博弈过程中的不确定性
有限意志	企业战略定位不清；企业文化有待加强；企业执行不力
有限意识	决策层的决策偏差；企业内部信息系统的低效；信息传播的“守门人”现象；信息共享文化的缺失
有限利己	企业基于政治、社会因素的决策行为；合作竞争谋求更大利益的战术性让步
有限道德	信息不对称导致的信息隐真和示假；恶性竞争行为；企业员工个人素质导致的违法行为；涉及价值观念的企业偏见和歧视

2.3 指标：知识背景的显式表示

指标是信号的来源，来源于情报人员的知识背景，是知识背景在具体问题情景中的显式表示。信号分析中特别关注的是自成体系的指标，亦即指标体系。指标体系的确定意味着信号分析思考维度、分析框架的确定。

一般地，构建指标体系会有如下几种情况：

• 标准化体系，直接应用成熟的指标体系。标准化的指标体系一般都是从长期的实践过程中总结出来的，已经被证明是行之有效的一种分析框架。这种指标体系最为权威，最容易得到认可，并且对于特定问题的解释能力最强，但只存在于高度专业化、精确化的领域当中。如会计科目的设置。

• 规范化建模，基于特定问题专门构建指标体系。这是最为根本的指标体系构建方法，指标体系的构建紧紧围绕问题解决而展开，指标体系问题解决的能力与分析主体对问题的认识程度高度相关。

• 经验指标，在大量的工作经验基础上提炼指标集。这种指标体系来自于第一线的工作实践，在解决问题的可行性、有效性方面甚至高于规范化建模得到的指标体系。例如企业的衰退征兆有：利润水平的降低；与行业趋势相比，企业的销量下降；债务增加导致财务杠杆水平提高等[6]。

• 聚类，整合信息碎片得到原始指标。如果对于需要解决的问题知识储备不足，就只能对搜集到的信息加以聚类，显示彼此间的联系。而这种聚类框架只能是非常抽象的，比如“时间－地点－主体－行为”。

• 隐喻，通过事物相似性建立感性认识指标。利用隐喻来建立指标体系，是基于事物具有相似性这一原理。如果 A 物与 B 物具有相似性，A 已经为我们所熟知，而 B 物有待研究，那么通常我们假定关于 A 物的指标体系很有可能也适合描述 B 物。比如 Stephen Soto 的变色龙隐喻就是一个例子[7]。但隐喻得来的指标可靠性并不高，只能作为初始的尝试。

3 信号分析的流程维度

3.1 导入：指引性提问

从某种意义上讲，指引性提问的目的是试图以质疑的方式搭建有效的思维框架，以唤起分析人员对隐藏在现象后的某种必然性给予足够的重视，对可能发生的事件提高警觉性，把握信息之间的内在联系。

- 用于竞争对手学习的指引性提问。首先是情景层面的把握，企业与竞争对手似乎面临着相似的外部环境，但真正起作用的不是环境现象本身，而是企业对现象的解读；其次是战略层面对竞争游戏规则的把握；再次是战役层面对竞争对手资源配置的把握；最后是战术层面对竞争对手竞争模式的把握。
- 用于竞争对手跟踪的指引性提问。首先，竞争对手的时间序列上的状态是怎样的？其次，竞争对手各要素状态之间的关系是怎样的？再次，竞争对手当前状态与其目标状态的关系是怎样的？
- 用于危机预警的指引性提问。危机预警要求不能把目光局限在现在的竞争对手、现有的竞争模式之上，必须打破思维定势，回到最本原的竞争起点——为顾客创造价值这一点上，不仅警惕“危”，更捕捉“机”。George S. Day 和 Paul J. H. Schoemarker 制定了一份《公司的战略警觉性自测表》，以此为依据可以评估企业的战略警觉性，亦即适应环境、捕捉先机的能力[8]。John J. McGonagle 和 Carolyn M. Vella 也提倡“主动的竞争情报”：方向比位置重要，变化比胶着重要，量级比精度重要[9]。

3.2 搜集：“全源情报”思想的应用

在信号分析中，“全源情报”是一种值得提倡的理念。美国国防部给全源情报下的定义是[10]：①一种整合了所有信息源的情报产品和/或组织和行为，通常包括人力资源情报、图像情报、测量与技术特征情报、信号情报以及公开来源数据。②在情报搜集中，全源情报用于表明为了满足情报需求，所有的搜集、处理、开发、报告环节的系统和资源都是根据可能的用途而加以鉴别，最有用处的将被分派任务。

“全源搜集”不是“搜集全源”，“全源”是搜集的目的而非搜集的手段。换句话说，全源是相对于把搜集局限在某一类特定信息源而言的，它要求打破信息源载体不同所造成的樊篱，直接面向信息内容本身。在实际操作中，全源搜集必须要坚持的原则有三：连续性、系统性及耦合性。

3.2.1 连续性：扫描时间维度的全源搜集要求

首先要注意活动的“颗粒性”。事情总是一件一件完成的，组织活动信息流的微观结构是可分离的。但是时间轴划分的依据不是年、月、日，而应该根据具体的问题采用合适的组织单位活动来加以区分，如图 4 所示。

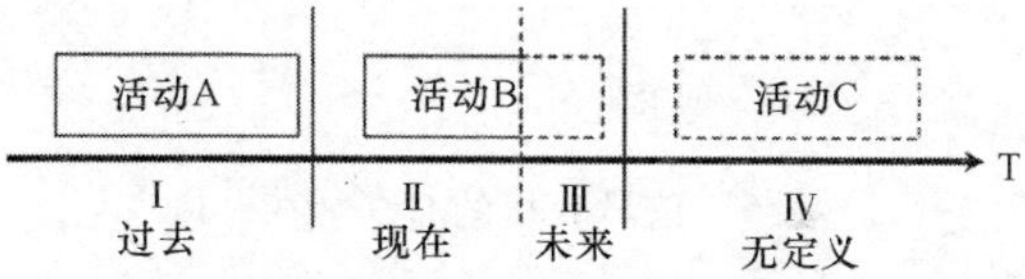

图 4　基于组织活动过去、现在、未来的时轴划分

活动 A、B、C 分别是组织三个处于同一情景层次，同一类型的活动，其划分标准要根据具体的信号分析任务来确定，整个时轴 T 将被划分成四个区间：

- 区间 I：表示过去，包含所有发生过的类似活动，可以显示竞争对手活动的某种规律性，为研究竞争对手现在活动提供参照素材。
- 区间 II：表示现在，其中包含了很多“近期发生过的事件”，甚至也可能包含了可信度很高的短期计划，这些信息是战术性的、可见的，相互联系的。
- 区间 III：表示未来，即目前活动还未发生的部分，是信号分析的重点，很多时候只存在于只言片语的信息中，但是由于有了针对

"过去活动"的跟踪以及"现在活动"的进展评估，再结合竞争对手相应的意图陈述，要推知这一部分"未来活动"是可行的。

• 区间Ⅳ：这是未定义的时间区间。所谓未定义并不意味着不存在，而只是说在现有的信号分析任务中，并不能对这一活动提供有效的预测。如果要对其进行有效预测，那么对问题的思考必须提高一个层次，比如从战术层次上升到战役层次。

其次要注意信号构建过程中的时滞效应。按照利亚姆观点，时滞效应在信号的发现过程和推论过程中特别明显，如图5所示。

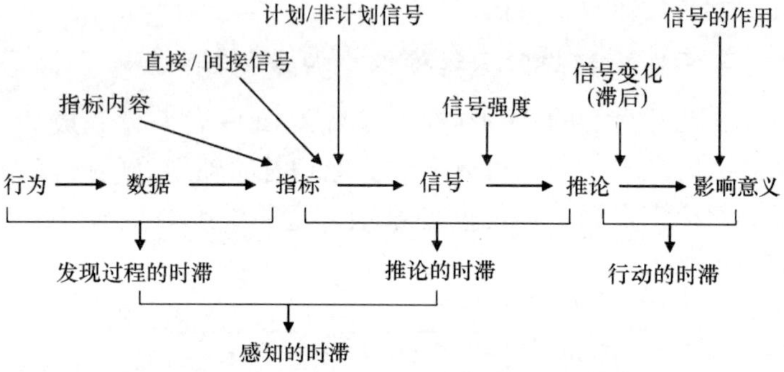

图5 信号分析的时滞效应[①]

时滞效应主要由三部分组成：发现过程的时滞、推论的时滞以及行动的时滞，对于信号分析主体而言，后两种时滞是可以控制的，只有发现过程中的时滞受竞争对手影响很大，时间因素作为信息的基本属性，恰恰是竞争对手不愿准确公开的。

最后则要注意搜集频率的确定。

3.2.2 系统性：信息来源维度的全源搜集要求

在实际操作中，要实现全源搜集的系统性要求应该做到：信息源的系统性、搜集方法的系统性以及搜集指标的系统性。

---

① 根据利亚姆《竞争者》相关图示修改而成。

3.2.3 耦合性：情报流程维度的全源搜集要求

所谓耦合性其实就是指这种在情报工作流程各环节相互影响、相互促进的现象。以搜集和分析两个环节为例，首先这一情报处理环节划分本身就是基于信息处理模型为原型的。如图6（a）所示，这一模型面向信息形态本身，以语法信息的构建为主要任务，强调各处理环节之间的低耦合性以及单个处理环节内部的高聚合性，整个模型看起来像是一根“冰糖葫芦”。

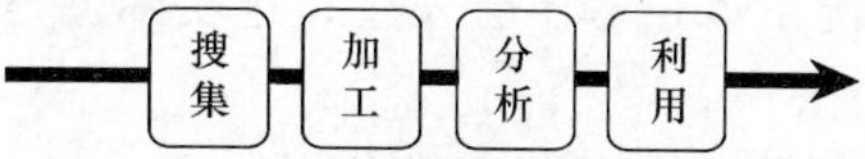

（a）“冰糖葫芦”模型

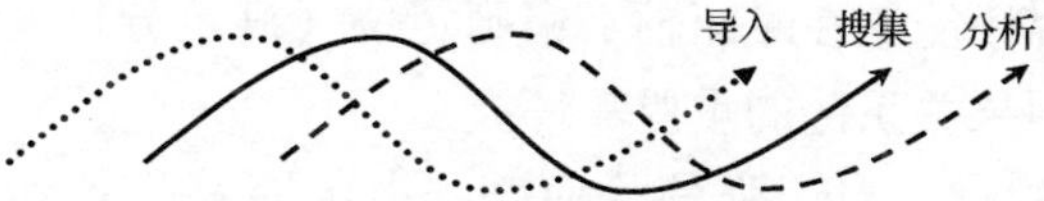

（b）“麻花绳”模型

图6　搜集与分析的两种流程模型

而图6（b）“麻花绳”模型则表示了搜集和分析两环节之间高度的耦合性。为了完成推论的证明/证伪，这就要求搜集指标必须能够体现分析指标的内容，形式上可以跟据信息源具体的情况加以转换。在搜集当中的新发现或者灵感有可能导致新推论的出现，使得之前的分析结果有所改变，并产生新的搜集任务。

情报工作流程中，指引性提问、搜集与分析这几个环节是人为界定的，尽管在逻辑上具有自明性，但这与彼此之间的高度耦合并不矛盾。Steven M. Shaker 和 Mark P. Gembicki 认为情报工作中搜集和分析等环节不应该存在从属关系，好的情报流程会激发更多的问题，继而进行持续的搜集需求、分析需求，只要还在进行重要的决策，情报流程就不会停止[11]。

3.3 分析：因果关系构建

信号分析中最为重要的应该是因果关系的构建。按照心理学观点，有6种情况显著影响主体对于事件X和Y的因果关系判断，分别是X在情景中的显著程度、X与Y的时间先后顺序、X与Y的因果链强度、X与Y的共变程度、X与Y在时空中的接近程度以及X与Y的相似程度[12]。下面从5方面出发探讨信号分析的因果关系构建。

- 显著程度。这里的显著程度更确切地讲应该是“异常程度”，一般而言人们倾向于用不正常的、显著的事件去解释某种信号的产生，因为在正常情况下该信号不会发生，这实际上是差异法的一种运用。
- 时间先后。时间是一种很好的分析尺度，在信号分析中，如果一个信息片段能够在时间轴上精确定位（满足分析需要即可），那么它将成为因果关系链的重要一环。
- 共变程度。对于强信号而言，由于能够收集到系统的数据，因而信号与企业行为和市场行为之间的相关性能够进行实证考察。例如Chen和Mac Millan的研究表明行动的确定性增加了反应的可能性，缩短了反应时间，使得反应方式更加多样化[13]。
- 相似程度。在信号分析中更为关注信号事件某一属性的接近程度，对事件的属性进行充分的标记，按照某一类属性将事件加以聚类，这样可以灵活地显示各弱信号之间可能的联系。
- 因果链强弱程度。与逻辑学、科学哲学语境下的推论概念不同，在信号分析语境下讨论情报推论不仅要看到它的客观逻辑性，更要看到它的主观构建性。如果以演绎推论这种最为严格的推论形式作为参照，那么随着诠释能力要求的放宽，推论的类型也将出现一系列的变种。归纳起来，因果关系链可以区分为：演绎推论、统计推论、目的推论、省略推论、部分推论和概略推论这六种类型①。

① 参考王巍《科学说明和历史解释》一文中提到的亨普关于科学说明的推广模式修改得到。

4 信号分析的对象维度

前文在论述信号的情报内涵时，强调了信号的语用性和推论性，这样一来信号分析的对象就不再局限于商业情报和技术情报，而在政治、环保、舆情等公共领域同样应该起到应有的作用。基于信号的语用性，信号分析的对象应该是对某一问题决策而言相对重要的，相对基本的议题或事件，比如战略规划中主要竞争对手的战略问题，外贸谈判中的市场供需问题等。而基于信号的推论性，信号分析应该具有前瞻性、预见性，是指向未来的，例如产业化背景下的技术预见/技术预测、网络舆情的走向等。可见，信号分析的对象是较为广泛的。但这并不影响信号分析本身作为一种方法的针对性，因为所有的分析推论都应该围绕语用相关而展开。

5 展 望

在信号分析中，推论如果有了一定的证据支撑将作为假设进入下一个推导步骤。从这个意义上讲，推论与假设只是同一事物的两个方面。事实上要评估推论的合理性，光从证明/证伪的思路出发未必奏效，而且信号分析中绝大多数推论并非严格的演绎推论，逻辑在推论中的作用并不足以保证其正确性。信号只有确立了它是在传递一种趋势时才成为信号，不深入分析就无法确切知道信号背后的各种可能[14]。特别是当信号与信号之间存在矛盾的时候，对于信号分析而言很有可能是一个值得深入分析的切入点。

参考文献

[1] 巢乃鹏．网络受众心理行为研究——一种信息查寻的研究范式．北京：新华出版社，2002：135－140.

[2] 费伊．竞争者：以才智、谋略与绩效制胜．朱舟，译．北京：中

国人民大学出版社，2005：89 - 90.
[3] Thaler R. From homo economicus to homo sapiens. Journal of Economic Perspectives, 2000(14): 133 - 141.
[4] Chugh D, Bazerman M H, Banaji M R. Bounded ethicality as a psychological barrier to recognizing conflicts of interest//Moore D A, Cain D M, Loewenstein G, et al. Conflicts of Interest: Problems and Solutions from Law, Medicine and Organizational Settings. London: Cambridge University Press, 2005.
[5] Bazerman M H, Chugh D. Focusing in negotiation//Thompson L. Frontiers of Social Psychology: Negotiations. London: Psychology Press, 2005.
[6] 杨东龙．500种最有效的管理工具．第一卷：战略、组织、人力资源．北京：中国经济出版社，2002：147.
[7] Soto S. The thinking chameleon metaphor. Competitive Intelligence Review, 2000(4): 32 - 37.
[8] Day G S, Paul J H. Schoemarker. Peripheral vision. Harvard Business School Press, 2006.
[9] McGonagle J J, Vella C M. Bottom line competitive intelligence. Westport, Lonn: Quorum Books, 2002: 22.
[10] All - source intelligence. [2008 - 05 - 04]. http://www.thefreedictionary.com/all - source + intelligence.
[11] Shaker S M, Gembicki M P. The warRoom guide to competitive intelligence. New York: McGraw - Hill, 1999: 42.
[12] Einhorn H J, Hogarth R M. Judging probable cause. Psychology Bulletin, 1986: 3 - 19.
[13] Chen M J, MacMillan I C. Nonresponse and delayed response to competitive moves: The role of competitor dependence and act ion irreversibility. Academy of Management Journal, 1992(35): 539 - 570.
[14] 张岳．信号：在征兆中把握应变得契机．北京：中国经济出版

社，2006：133.

作者简介

刘千里，男，1983年出生，博士研究生，发表论文1篇；
童　悦，女，1987年出生，硕士研究生，发表论文1篇。

第三节　基于弱信号的企业竞争情报搜集

从信号生长、演变角度而言，若将强信号看作信号发展的最终结果，那弱信号就处于信号发展的早期阶段。它在解释现象、预示趋势、辅助决策等方面均具有模糊性，且较难被掌握运用。然而正所谓“大风起于青萍之末”，驾驭弱信号能明显强化企业的信息捕获能力和决策洞察力，使其对各种机会和威胁更敏感，在开展新业务、开发新产品、引领新时尚等竞争中更易把握先机，能充分减少甚至避免运营过失。这对企业竞争情报有重要意义。

1　弱信号是西方情报研究的重要课题

西方学者对弱信号的研究已比较深入广泛，在企业管理、技术预见、人际情报网络等领域均有深入见解。

1.1　企业管理领域的弱信号研究

弱信号研究首先结合企业管理问题展开。Ansoff（1975）讨论[1]战略管理问题时指出：依赖明确、具体的信息会错过最佳反应时间，增加失去机会、遭遇威胁的可能性。因为随着竞争日趋激烈、环境变化加快、规模不断加大，企业面临的形势会愈发紧迫，而留给企业的反应时间却越来越短，来不及等待强信号的出现。加之战略规划的预见性要求，必须将坐等强信号的习惯思维转变为积极探究弱信号，并依据弱信号做出战略决策。Hans Wissema（2002）认为[2]企业忽视弱信号导致失败，就如同开车闯红灯，实际上就是忽视或者轻视，甚至是压制可能阻止错误决策的警示信号。Karlene Kerfoot（2004）认为[3]弱信号的价值在于预示危机、警示企业，识别弱信号应作为管理者的主要工作。Luc de Brabandere（2005）指出[4]公司刻板守旧的深层原因是对弱信号不敏感。认为企业要关注5类现象背后的弱信号：①各种瑕疵，如顾客抱怨等；②氛围失和、意见相左，如与经销商、供货商的紧张关系；③经营过程中的意外；④似是而非的理由和顾虑重重的决定；⑤谨记“居安思危”。

1.2 技术预见领域的弱信号研究

弱信号研究的另一个重要领域是技术预见。Mark Gravonetter（1983）通过实证研究，从弱关联人际网络作用的角度探讨了弱信号对技术变革的影响[5]。Harry Geerlings 和 Sytze Rienstra（2003）在讨论弱信号对物流技术的影响时，指出[6]弱信号一般基于定性信息，将弱信号定义为“异于当前主流趋势的潜在方向或彻底变革的开端”，并从经济学、区域发展、公共机构职能、社会学和物流行业的特点5个视角阐述各种弱信号的表现和解释其来源。Pierre-André Julien 和 Eric Andriambeloson（2004）在探讨中小型陆基物流公司的技术变革时指出[7]弱信号比强信号更能促发技术革新；弱信号吸收能力越强，公司变革越快。

1.3 人际情报网络领域的弱信号研究

人际情报网络也是弱信号研究的主要领域。Morten T. Hansen（1999）将弱关联人际网络与复杂知识的概念相结合，探讨了复杂组织内部的知识共享问题，指出弱信号有利于发现新知识、促进知识交流[8]。Pierre-André Julien 和 Richard Lachance（2001）认为[9]弱信号来自弱关联人际网络。有效获取弱信号需要强关联人际网络发挥中间人的作用，以此增加相互信任、认可信息质量、明确情报需求、摒除术语障碍。Pierre-André Julien 和 Eric Andriambeloson 于 2004 年进一步将人际情报网络分为个人网络、商业网络和信息网络，而弱信号基本来自信息网络，如科研机构、政府组织等[7]。

2　弱信号的定义与内涵

探讨弱信号的内在结构，了解其生长、演变过程是认识、掌握、应用弱信号的基础。而了解弱信号的生长过程首先又要对其定义、内涵有清晰把握，对其模糊性有充分认识。

2.1　弱信号的定义

Ansoff（1984）将弱信号定义为“具有重大影响的、不确定的早期征兆”[10]。Blanco 和 Lesca 将弱信号描述为有预见性的、定性的、模糊的、零碎的、形式和来源多样的迹象符号[11]。这两个定义均对弱信号进行了普适性、一般性的描述。

笔者认为，在企业竞争情报领域，弱信号是指产品改进换代、组织发展调整、行业趋势波动前不明显、不确定、有效性和价值较低的征兆。在竞争环境中，弱信号需要通过对有关迹象的观察、意见的听取而发掘。其预示结果的显现时间长短不一，产品、简单事件等战术性弱信号的前瞻时间短，一般为数月或一两年；技术变革、行业趋势转折等战略性弱信号的前瞻时间长，可达十余年。

2.2　弱信号的内涵

在弱信号定义的基础上，还需要对其发展、效用进行深入探讨，即对其性质、内涵进行研究。笔者认为，弱信号的内涵包括表现形式、信息确定性、有效信息量、情报价值、潜在危害五方面。

2.2.1　表现形式

信号的表现形式是指其被察觉或认知的难易程度。首先，弱信号一般表现为某种迹象的暗示，即人们对这种迹象的本能直觉，它本身并不明显，其后续影响不易察觉，比如企业运营中的员工的不愉快、不满意、担忧等负面情绪，直观感知容易，识别和解释其潜在影响或可能的后果却很困难；第二，弱信号影响的大小、时间较难把握；第三，针对弱信号的具体措施、成本效益较难量化。

2.2.2 信息确定性

信号的确定性是指其真实性、完整性。弱信号来源丰富广泛，但大多较为模糊。其中真实信息与虚假信息鱼龙混杂，且大多残缺不全。如“9·11”前，美国FBI、边防、移民等机构虽获得大量关于阿拉伯人可能发动恐怖袭击的情报，但因分散、晦涩、含混，这些弱信号都不能明确指出恐怖袭击的发生。为增加弱信号的确定性，需要做大量的证实、证伪、补充和“信息拼图”工作，开展信息不完全情形下的情报分析。

2.2.3 有效信息量

信号的有效信息量是指其包含的相关信息、实用信息的数量。弱信号信息总量并不一定少，少的只是明晰、准确、相关度高的有效信息。有效信息包括6方面：①预示调整或变革到来的信息，指出变革的特征、到来时间、持续时间、对组织影响的程度，这是竞争环境中最基本、最重要的有效信息；②说明弱信号来源的信息，指出弱信号来源于技术领域、人力资源领域、财务领域、销售领域、宏观经济环境、政策法律法规以及文化因素中的哪一个或几个；③说明弱信号性质的信息，指出其对组织是威胁、机会还是两者均有可能；④说明弱信号紧迫程度的信息，指出应对弱信号的安全时间、最小时间；⑤具有借鉴意义的信息，指出组织内外应对类似弱信号的经验教训；⑥应对弱信号的其他注意事项。

2.2.4 情报价值

信号的情报价值是指其作为决策依据的可靠性。弱信号作为决策依据的价值较低。它在情况预测、危机预警、形势估计、趋势描述方面准确性不高。

2.2.5 潜在危害

信号的潜在危害是指因忽视或对其不加干预而可能对组织造成的

损失。弱信号潜在危害较小、不清晰、不确定。比如企业运营中的人员信任、对职位待遇的不满、拓展业务的野心等弱信号可能使组织处于亚健康或微恙状态，但最终使组织很难确定在何处出现错误。

3 情报搜集中弱信号的探测范围

情报搜集是企业竞争情报的主要工作。基于弱信号的情报搜集能使企业竞争情报工作更有效，“耳目”、“尖兵”、“参谋”的作用更明显。

基于弱信号的情报搜集首先要划定弱信号的探测范围。这既是明确跟踪区域、定位目标的过程，也是明确需求、寻找自身缺陷的过程。从企业情报需求角度考虑，探测范围越大，被捕获的弱信号也越多，所以企业总希望探测范围更广。但从企业资源角度考虑，如人员数量、素质，投入的资金、设备等，则必须限制探测范围。因为在资源一定的情况下，盲目追求广度，则无法掌握更多细节；刻意追求深度，则范围狭窄，容易错过视野之外的大量边缘弱信号。

3.1 根据运营领域确定探测范围

企业是竞争环境中最活跃的力量，所以企业的弱信号探测范围确定方法是主要的研究领域。由于企业所处行业、规模迥异，影响其发展的主要因素各不相同，其特点也相去甚远。外贸企业受国际经济环境影响较大。2008 年我国外贸企业受金融危机影响出口增速降低 20%，2009 年形势也不容乐观[12]。高科技企业对技术变革比较敏感，一旦出现替代性科技或深刻的技术变革，这类企业将受到巨大冲击。苹果、iPod 之于数码革命，Linux、IBM 之于开源代码软件，诺基亚之于 GSM 技术的快速传播，都是迅速识别科技弱信号而把握机遇的得益者。劳动密集型企业，如轻工业、服务业、软件业等，其经营状况在人力资源政策、法规改变时更易波动。2003 年以来，青岛 200 余家韩资企业非正常清算撤离，其中 60% 以上属于劳动密集型。该事件的主要原因之一就是工人工资不断上涨[13]。从事与人民生活相关的消费品、服务的企业，其成败大多取决于对经营模式、客户偏好等市场变化的敏感性。如联邦快递、UPS在速运业、Google在搜索引擎竞争中的成功，都得益于对市场需求和消费者习惯的持续关注。此外，社会风俗、文化差异、政治环境等因素都分别主导着相应企业的生存发展，因而应作为该类企业的弱信号探测范围。

3.2 根据地域或产品确定探测范围

对于跨国企业、经营多种产品服务的企业而言，其信号探测范围在自身涉及的经营地区和产品间也应当有所侧重。侧重的方向一般与企业的主营方向、支柱产品一致。依据业务领域划定弱信号探测范围的步骤如下：①诊断各地分公司、各产品目前的生产经营状况、盈利情况及其对公司影响大小；②确定风险、机遇在各个方向出现的可能性；③预计威胁或机会出现后，在正常运转和紧急状态下，启动应对机制分别所需时间和花费。这里不仅要考虑应对策略的实施时间，还要考虑机会/威胁的发展速度；④对各个方向的弱信号采取应对措施后，确定其收益。这是重要指标，最终明确更关注哪个方向不取决于花费，而取决于采取应对措施后的回报。综合以上4个步骤的估算结果就可以发现对公司运营影响最大的方向，将其作为公司首要的探测范围。

3.3 根据企业经营历程确定探测范围

运用标杆管理思想，根据时间顺序，企业可以在经营历史、当前状况、未来设想三方面与外部组织对标，从而锁定适合自身的弱信号探测范围。回顾过去，结合其他行业或业内其他企业在规避风险、把握机会方面的成功经验，寻找自身情报工作的盲点。考察现在，将现有产品、服务的功能、特性、价格等指标与潜在客户的心理预期、替代品的相应属性以及潜在进入者可能达到的水平进行比较。此外，还包括将管理者的意见与反对意见和旁观者的意见进行比较，以此发现技术、产品方面的不足和管理者的思维误区。放眼未来，根据先进企业的经验或过往教训，并配合使用情景分析法，设想可能的意外状况、技术变革、恶劣环境等不利因素。通过对标发现的这些盲点、不足、误区和不利因素，构成企业的弱信号探测范围。

3.4 根据战略重点确定探测范围

企业的战略重点必须明确和强调主次，达到以点带面的效果。弱信号探测范围的设定也应服从组织战略目标。销售性、服务性企业一般重点搜集外部信号，而以处理内部关系为主、与外界交流较少的企业则应把探测范围设在组织内部，如大型生产性企业、高校、医院等，其管理、运作、创造价值的活动基本集中在组织内部，与外部世界关联较弱，自身就像一个“小社会”，因而发现组织内部的弱信号就成为这类组织情报工作的主要内容。例如，组织内部源自管理的弱信号就主要隐藏在以下现象背后：出勤率陡然上升或下降；归属感淡漠；职工流动率异常；劳资矛盾；组织氛围压抑；交流机制不畅；关键经济指标下滑；例行检查错误增加；硬件设备故障频繁等。

4 弱信号的定量测度

基于上述探测范围搜集到弱信号后，需要确定哪些弱信号是值得关注的，哪些弱信号不必理会。但通过经验判断显然有失偏颇、难以把握。因为弱信号定义的语言描述虽然能够明确其内涵，但对其外延并不能清晰表达。如同我们都清楚“年轻人”的内涵，但表达其外延时究竟用“20岁到30岁”，还是“25岁到35岁”或者其他区间是因人而异的。这对准确测度弱信号造成了困难。究其原因，是由定义中“不明显”、“不确定”、“有效性低”、“价值低”这些模糊性描述造成的。所以很有必要探讨一种弱信号定量测度的方法。这里笔者尝试运用模糊集合理论对弱信号这一模糊关系进行量化表示。

4.1 定量测度方法的说明

以下探讨的定量测度方法仅为一种尝试性提出的通用方法。目的在于把模糊集合理论引入弱信号研究，使弱信号测度从定性描述上升为定量计算。方法中涉及的指标及其权重、指标评分、隶属度计算函数在实际应用中均有不同，需结合实际问题在相应领域做进一步研究。

为使该方法的探讨更为清晰，下文将弱信号内涵的 5 个方面（表现形式、信息确定性、有效信息量、情报价值、潜在危害）作为指标，指标权重设为其算术平均值 0.2，指标评分为一组虚拟数据。以此为基础开展方法研究。

4.2 定量测度方法

第一步，确定弱信号的指标及其权重。指标权重（w_i）可结合实际，应用德尔菲法、问卷调查法等予以确定。在此，把弱信号的 5 个内涵（表现形式、信息确定性、有效信息量、情报价值、潜在危害）作为其指标，令 $w_i=0.2$。

第二步，确定弱信号及其指标共同的论域 U，并对 U 作序分割 $\{Pi\}_{i=1}^{r}$，对应的语言变量为 $\{Li\}_{i=1}^{r}$。在此，令 U 为百分制描述，序分割集合为 P = ｛[0, 10), [10, 20), [10, 20), [20, 30), [30, 40), [40, 50), [50, 60), [60, 70), [70, 80), [80, 90), [90, 100)｝，语言变量为 L = ｛极弱，非常弱，很弱，弱，比较弱，比较强，强，很强，非常强，极强｝。

以百分制为论域具有一般性意义，实际操作中亦可采用其他标准，等级间临界值的归属也需由实际情况确定。语言变量是对弱信号指标的一般性描述，具体到特定指标时其语言需随之明确。

第三步，对各指标在论域 U 上进行评分，构成模糊样本 $\{Xj\}_{j=1}^{n}$。评分方式依实际情况，使用专家评分、经验估计等方式确定。这里虚拟 5 个指标的评分，形成样本 x_j = ｛73, 82, 90, 78, 47｝。

第四步，确定评分样本对应序分割集合 P 的隶属度。设 m_i 为序分割集合 P_i 的中值，若 x_j 介于 m_i 与 m_{i+1} 之间，则 x_j

属于序分割集合 P_i 的隶属度为 $\frac{m_{i+1}-x_j}{m_{i+1}-m_i}$，

属于序分割集合 P_{i+1} 的隶属度为 $\frac{x_j - m_i}{m_{i+1} - m_i}$。

以指标评分样本 $\{Xj\}_{j=1}^{n}$ 中 x_1 为例，$P_7 = 65 < 73 < P_8 = 75$，则 x_1 对 P_7 的隶属度为 $\frac{75 - 73}{75 - 65} = 0.2$，对 P_8 的隶属度为 $\frac{73 - 65}{75 - 65} = 0.8$。

第五步，计算序分割集合 P 的加权平均值 PWA。$PWA_i = \sum_{j=1}^{n} x_j w_j P_i$。指标评分样本 x_j 对序分割集合 P 的隶属度结果如表 1 所示。

表 1　指标评分样本隶属度一览

指标符号（权重）	序分割集	[0, 10) P_1	[10, 20) P_2	[20, 30) P_3	[30, 40) P_4	[40, 50) P_5	[50, 60) P_6	[60, 70) P_7	[70, 80) P_8	[80, 90) P_9	[90, 100) P_{10}
	语言变量	极弱	非常弱	很弱	弱	比较弱	比较强	强	很强	非常强	极强
	指标名称	L_1	L_2	L_3	L_4	L_5	L_6	L_7	L_8	L_9	L_{10}
x_1（w_1）	表现形式	0	0	0	0	0	0	0.2	0.8	0	0
x_2（w_2）	信息确定性	0	0	0	0	0	0	0	0.3	0.7	0
x_3（w_3）	有效信息量	0	0	0	0	0	0	0	0	0.5	0.5
x_4（w_4）	情报价值	0	0	0	0	0	0	0	0.7	0.3	0
x_5（w_5）	潜在危害	0	0	0	0	0.8	0.2	0	0	0	0
	PWA_i	0	0	0	0	0.16	0.04	0.04	0.36	0.3	0.1

第六步，确定弱信号的测度结果。取 PWA_i 众值 M_0，将 M_0 座落的论域位置及对应语言变量作为弱信号的测度结果。表 1 中众值为 0.36，座落在 P_8，对应语言变量 L_8，即该弱信号测度结果为：很强。

之所以取弱信号各指标评分隶属度加权平均值的众值为测度结果，是因为众值所占百分比最高，体现了大部分专家、访谈调查对象及其他情报源的意见，既有众望所归的性质，又能客观反映实际情形。

5　弱信号应对措施

确定对企业影响显著的弱信号后，针对性地采取应对措施就成为情报工作的主要内容。Ansoff（1975）提出[1]基于弱信号的战略选择模式。该模式实施过程严谨、涉及企业运营各个方面。但其灵活性略显不足、推进较慢，操作时间可达数年之久。因此，该模式一般用于组织长期规划。Kiyoshi Niwa（1989）提出[14]管理者对威胁性弱信号的应对模式。该模式以威胁性弱信号为导向，借助其结构化的应对措施数据库，通过交互式的步骤发挥作用。Ilmari O. Nikander（2002）提出[15]旨在辅助决策的弱信号反应模式。该模式综合考虑了组织文化、外界趋势、客观条件和决策者因素，包括弱信号选取和形成决策两个主要步骤。

以上弱信号应对措施着眼点、具体方法虽有不同，但都是根据弱信号生长变化相应展开，突出了弱信号生长对企业措施的指导意义。从指导企业实践出发，企业竞争情报搜集宜作如下安排：基于战略考虑，对外进行经济政治环境监测、社会文化调研、技术预见以及机会/威胁分析等，对内引入核心竞争力分析、优劣势分析、建立公司发展数学模型等；基于战术考虑，使用市场分析、产品组合分析、销售预测、竞争行为预测等措施。

此外，为保证弱信号反应措施卓有成效，企业还必须在如下方面采取措施：

第一，提高企业应变的适应性，一方面要加强决策者的洞察能力和应变能力，包括环境意识、面对陌生或危急事件的心理准备、解决棘手问题的能力、创造性等；另一方面要提高决策机制的灵活性，包括保障机制灵活性、资源流动性、工作方式多样化、操作标准化等。

第二，强调企业社会网络营造，加速弱信号的探测、识别过程。按照与组织的关系，社会网络由亲密到疏远分为个人网络、商业网络和信息网络。这三个社会网络与组织的关联度呈递减趋势，其提供给组织的信号也逐步偏向弱信号。组织应在社交、公关方面不断努力，充分借助“中间人”的力量，把弱关联网络发展成强关联网络。

第三，建设适宜弱信号识别、应对的企业文化。比如培养开诚布公、允许反对意见存在、重视少数意见、勇于面对错误、知错能改的品质等。

参考文献

[1] Ansoff H I. Managing strategic surprise by response to weak signals. California Management Review, 1975, 18 (2): 21 –33.

[2] Wissema H. Driving through red lights: How warning signals are missed or ignored. Long Range Planning, 2002, 35 (5): 521 –539.

[3] Kerfoot K. Attending to weak signals: The leader's challenge. Urologic Nursing: Official Journal Of The American Urological Association Allied, 2005, 25 (6):488 –489, 496.

[4] de Brabandere L. False endings, weak signals: Putting together the odd pieces of information that could save your business. Across the Board, 2005, 42 (4): 52 –55.

[5] Gravonetter M. The strength of weak ties: A network theory revisited//Marsden, Peter V., Nan Lin. Social structure and network analysis. California: Sage Publications, Inc., 1982: 105.

[6] Geerlings H, Rienstra S. Exploring 'weak signals' as potential challenges in transport: An inventory of potential future technology developments. Transportation Planning and Technology, 2003, 26 (6): 469 –489.

[7] Julien P, Andriambeloson E, Ramangalahy C. Networks, weak signals and technological innovations among SMEs in the land-based transportation equipment sector. Entrepreneurship & Regional Development, 2004, 16 (4): 251 –269.

[8] Hansen M T. The search transfer problem: The role of weak ties on sharing knowledge across organization sub-units. Administrative Science Quarterly, 1999, 44 (1): 82 –111.

[9] Julien P, Lachance R. Dynamic regions and high-growth SMEs: Uncertainty, potential information and weak signal networks. Human Systems Management, 2001, 20 (3): 237 –248.

[10] Ansoff H I. Implanting Strategic Management. New York: Prentice Hall Inc. , 1984: 22.

[11] Blanco S, Lesca H. Business intelligence: Integrating knowledge into selection of early warning signals. [2006 –03 –03]. http://veille-strategique. eolas-services. com.

[12] 商务部. 国际金融危机下的中国外贸形势. [2009 –03 –20]. http://info. shippingchina. com/stats/index/detail/id/3953. html.

[13] 陈锦铭, 李俊, 张华. 青岛韩资企业撤资问题探析. 国际经济合作, 2008 (5): 48 –50.

[14] Niwa K. Knowledge-based Risk Management in Engineering. New York: John Wiley & Sons, 1989: 20.

[15] Nikander I O. Early Warnings: A Phenomenon in Project Management. Espoo, Finland: Helsinki University of Technology, 2002: 37 –40.

作者简介

赵小康，男，1982 年生，博士研究生，发表论文 8 篇，参编著作 1 部。

第四节　技术预见中的信号分析

技术预见的主要目的是识别潜在机会和威胁，进而为各项决策服务。具体实施中只有根据各种“线索”、“征兆”开展分析才能得到更富有价值的结论。因此，在技术预见领域研究信号分析具有重要的现实意义。

1 概　述

技术预见中的信号分析，是以技术预见的各项具体活动为研究和分析对象。分析工作开展前首先要对技术预见的内涵进行把握，这样才能有的放矢，确定信号探测的范围并予以监视、判断和分析；其次，要对技术预见与技术预测的区别进行把握，避免分析工作范围狭窄、视野局限；最后，以技术预见中的难点和主要问题为切入点，确定信号分析的内容。

1.1 技术预见的内涵

经济合作与发展组织（OECD）定义技术预见为“对科学、技术、经济和社会的远期未来进行系统的探索过程，其目的是选定可能产生最大经济或社会效益的通用新技术”。亚太经合组织（APEC）在此定义基础上，将“可能产生最大经济或社会效益的战略研究领域”也增加到选定目的中。

从上述定义可以发现，技术预见涵盖科学、技术、经济和社会各个系统，研究内容广泛、使用方法众多；既关注未来科技的推动，也着眼于市场的拉动作用；既包括对科学技术机会的选择，也包括对经济、社会相关需求的预测。所以，关注早期阶段的竞争活动，关注国家未来的发展趋势是技术预见的核心任务，而不能仅仅着眼于经济方面的影响。

1.2 技术预见与技术预测的区别

技术预见与技术预测有明显区别。技术预见是近20年从技术预测中分化出的一种独立的方法，它更强调宏观上系统地对技术发展的趋势进行控制；而技术预测则更加微观，是以历史数据为基础，通过大量的数据定量分析和一定的数学模型，对具体的某项技术发展状况做出的预测，是提供与企业点对点的技术战略情报。它们的不同之处见图1。

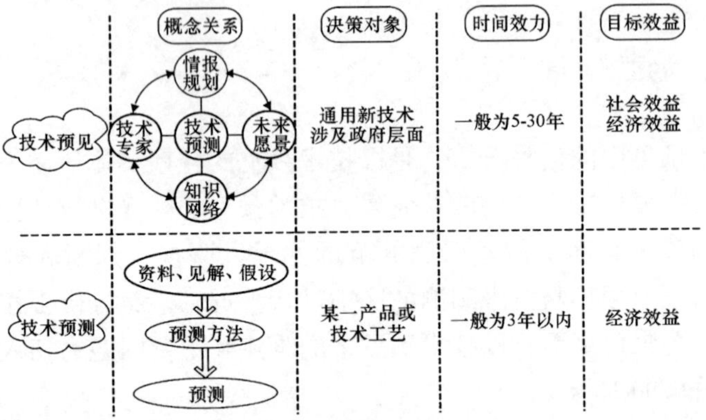

图1　技术预见与技术预测差异对比

技术预见（technology foresight）是系统地研究科学、技术、经济和社会在未来的长期发展状况，以选择那些能给经济和社会带来最大化利益的通用技术[1]。联合国工业发展组织（UNIDO）认为，技术预见是最上游的技术发展进程，它贯穿于整个技术管理中，包括制定技术政策和战略，指导技术基础设施的创新与发展。此外，技术预见还支持创新，鼓励和协助企业领域的技术管理与技术转让，从而提高企业的竞争力[2]。国内相关领域将技术预见总结为一系列决策过程，即通过各行业领域、学术界、政府以及社会各界之间的相互作用促进科学技术及其相关领域的“集体学习”过程。技术预见既是一种“方法”也是一种“结果”，它促进了各领域间的融合，实现了研究活动的合作共享[3]。

技术预测（Technology Forecasting）是对技术发展的持续性检测，初步确定技术的潜在应用领域，并评价其潜能。它主要侧重于特定的技术领域，深入挖掘该领域的潜在发展方向[4]。

简言之，技术预见与技术预测的区别就是“宏观、长远”与“微观、近期”的区别。

1.3　技术预见中信号分析的内容

竞争环境固有的复杂性、不确定性为技术预见活动带来了诸多困难。造成这种困难的因素主要包括：

• 知识生产和变化的速度（技术进步的加速有可能使技术创新最终成果过时）；

• 知识生产的产权（法律法规不健全会导致部分竞争者采取非正常的手段）；

• 知识生产的全球化和技术新颖性评估；

• 知识生产的成本（未预料的技术复杂性将加大成本，断送整个创新活动）；

• 市场引力及用户需求导向的变化（技术创新项目完成时，市场也许发生了根本的变化）；

• 技术竞争力（遭遇研发实力更为强大的竞争对手）；

• 资源保障的不确定性（如人力资源不足、中途流失、综合素质不甚理想都会断送一项正在进行的技术创新活动）。

可见，技术预见在确定目标、进入市场、融资、引进资源等方面均存在决策风险。为降低这种风险，必须对影响技术预见质量的各环节、各因素进行分析，也就是对技术研发、创新进程、经济前景、社会效益等各方面的信号予以分析。对这些反映变化、趋势、机会和风险的信号了解越多，技术预见风险就越低，成功率就越有保证。这便构成了技术预见中信号分析的内容。

在诸多信号中，对技术预见影响最大、最值得关注的应当是技术发展、政策导向、市场需求三类信号。

1.4 国外技术预见研究现状

美国是技术预见工作的真正先驱者[5]。德国应用德尔菲法、新技术早期预警体系、THE NEW FUTUE INITIATIVE 等方法在近十年的技术预见活动中积累了丰富经验[6]。法国一直以来都很重视情景分析、交互影响矩阵（Cross-impact matrices）及德尔菲法，分析工作得到了众多高阶层人士的支持。韩国把技术预见工作纳入研究开发管理范围，并完全由国家机构负责。日本科技厅组织的技术预见调查涉及领域很广，而且还显现出了多领域的交叉。如在第六次技术预见中，资源、环境、运输三个领域都设有电动汽车课题。这一方面反映了各学科、各技术领域相互渗透和交叉；另一方面说明了科学与技术的界限日趋模糊，而科技与经济的结合日益紧密。

2　技术预见中的技术发展信号

技术是知识的生产与运用，无论对于企业还是行业，它都是第一生产力、核心竞争力。所以，技术预见中的信号分析首先要关注技术发展信号。

2.1　分析技术发展信号的实践意义

在技术预见中分析技术发展信号有助于决策者把握技术动向，辅助制定企业战略。现代企业运营都致力于跟踪可能改变其业务前景的技术，或现有技术在其他领域的延伸和加强。随着生产方式步入敏捷制造时代，新技术的潜在机会或威胁，可能的市场前景或颠覆性打击均被纳入企业视野，成为信号探测的目标。

当某一技术处于基础研究和应用研究阶段时，研究者们通常来自科研机构，关注未知知识的探寻和潜在价值的研究。分析专业期刊的有关论文及其著者情况可以揭示某种研究的动向。阶段性测试报告、鉴定意见、专家的评论和证词、政府部门的报告和新业务预测也都有助于揭示技术开发的信号。有时，从一些间接的变化也可以揭示有意义的动向，比如某产品市场业绩下滑，可能表明该企业正把精力投入到另一个产品领域；产品功能或特性的变化往往揭示出在制造技术上发生了某些尚不为人知的重要变化。

2.2　技术发展信号的分析框架

利亚姆·费伊从竞争角度提供了一个技术发展分析框架。虽然该框架主要为技术预测服务，注重微观、近期的技术变化，但该框架中有关技术变化引起的连锁反应对技术预见活动有一定的指导意义。该框架指出，技术开发会引起其他竞争者的反应，引起新竞争者加入。

因此，技术变化能够揭示企业间的关系演变，预告发展中的技术产品[7]。

由于技术预测到技术预见，使研究内容在实质上从对企业的微观活动、近期活动的研究，发展为对整个行业、社会、国家宏观形势、整体趋势的长远研究，针对技术发展信号的分析框架也必须随之扩大视野，关注更为广泛的课题。Day 和 Schoemaker 从弱信号分析角度提出的一个分析框架[8]（见图2），恰恰能够满足技术预见活动的要求。该框架从信号的扫描入手，进而对其进行解读、探究并付诸行动，随后，从组织、领导的角度提出进一步指导方针。

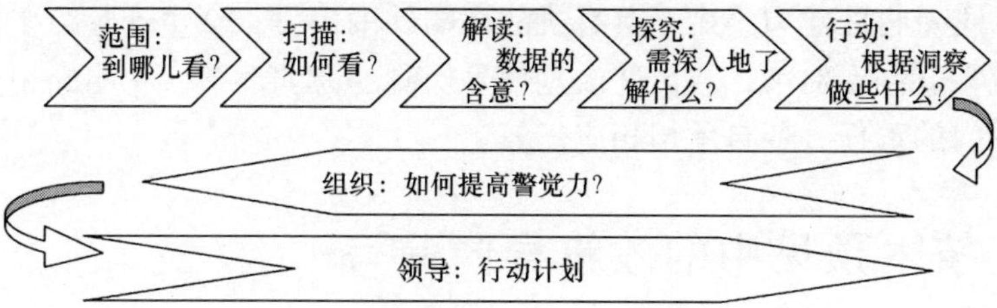

图 2　Day 和 Schoemaker 提出的信号分析框架

确定信号扫描范围需要借助情报，将注意力引到需要管制的视界范围。比如审视环境的盲点、是否存在来自其他行业的可供类比的启迪性例子、何种新出现的技术会改变游戏规则等。

扫描过程分为被动扫描与主动扫描两种方式。前者是坐等外界信息，在商业传言、趋势分析和技术预测中获取信号；后者则关注特殊的问题，常常利用假设方法，强调在边缘地带搜寻信号，而且在不同区域，采用不同的扫描方法，如技术预测、市场研究、趋势跟踪等。

信号解读要在问题的引导下采用不同方向的信息加工，扩大分析视角，寻找相关信息，正确的判断方法就有可能随之产生。20 世纪 70 年代初，施乐在估计传真机的潜在市场时，就利用信函、电话和电报的市场分析，其预测结果比单一市场分析的结果大得多。

信号探究的任务是何时以及如何通过密切观察为相关信号增添细节，使之明朗化。

针对技术信号采取行动，对其积极回应一个新出现的信号取决于这样一些因素：灵活选择的可能性、信号的清晰程度、行动的代价、学习的机会和不作为的风险等。

具有知识系统的组织包括以下特征：各种制度、规范和措施都应鼓励对外界的探究；能从相关数据中检测信号的数字资源；拥有跨部门的信息共享系统和知识广泛流通的渠道；易于获取信息的知识管理系统等。

能否识别和捕捉转瞬即失的信号，关键在于组织领导能否将信号的扫描、解读、探究和利用落实在行动计划中。制定行动计划的要点：①要将注意力集中于具有挑战性的外围信号；②主动跟踪变化和潮流；③制定对策，找出并改进信号探测的薄弱环节；④明确相关职能部门的责任，各自承担相应任务。

3 技术预见中的政策导向信号

近五年来，我国对技术创新和产业创新高度关注。党的十七大明确提出，要充分利用国际科技资源，统筹国内国际两个大局。这为我国利用国际科技资源建设创新型国家指出了明确方向。

在竞争情报需求环节，面向政府的技术信号分析必然有助于高层决策，是优化选择前的准备工作。政府在加速推动科学研究、技术创新的同时，也关注着技术发展带来的潜在威胁。因此，政府维度的技术信号类型不仅包括技术创新，还包含公共政策辅助等方面的信号研究。

从产业链的角度分析，政府更加关注公共政策的协调性、连贯性以及管理问题，为公共部门和私营组织制定战略规划、投资新兴科学技术领域、参与创新研究网络等方面创造良好环境。

此外，促进利益相关者参与技术发展轨迹的选择和评价，可以使决策过程更加透明，增强可信度和被接受程度[3]。这些政策为技术预见和预测提供了预先宣告的前瞻信号（prospective signal），使分析人员可以推导或判断可能发生的具体变化；或预期信号（anticipated signal)，有助于分析人员推测行动方案和路线，以及可能的市场与进展。

4 技术预见中的市场需求信号

市场需求是技术预见的重要信号源。德国分析人员有40%来自企业界就是很好的例证。

4.1 行业层面的市场需求信号

根据2006年中华人民共和国统计局公布的行业分类标准，我国共有行业二十个大类[9]，其中，与技术预见信号密切相关的有五大类：①制造业；②电力、燃气及水的生产和供应业；③信息传输、计算机服务和软件业；④科学研究、技术服务和地质勘查业；⑤水利、环境和公共设施管理业。行业层面的技术预见需求主要围绕指引相关技术的方向、引导社会资源配置和市场走向三方面内容。

行业层面的市场需求信号一般表现为强信号，即通过国际标准、国际会展等载体直接表现出来。这种需求的强信号易被情报人员捕捉，有很大的指引性。当然，需求下降也是一种有益于技术预见的警示信号，结合产品寿命周期分析、现有技术领导者和潜在技术领导者分析，可以对将要出现的新技术方向进行预测。

4.2 企业层面的市场需求信号

企业层面的技术预见需求包括企业的技术位置、技术经验战略和技术的过程制定。在技术竞争情报活动中，企业技术竞争情报的需求更具体。大多数企业关注的是专有技术研究。“发明”是推动发展中国家企业技术创新的良好途径，但对于技术力量薄弱的企业来说有一定难度。“引进技术”的方式能够弥补这一缺陷，可以利用和发达国家的技术差距来达到成本与效益的最佳切合点。但情报人员在分析企业技术预见信号时，必须综合考虑技术的可持续发展性、先进性和可运作性，在充分调研企业技术力量和生产设备的基础上，制定有针对性的竞争情报规划。此外，跨国公司作为企业的一类特殊群体，在技术竞争情报需求分析中还必须充分考虑到合作国的相关技术走向，同时用战略联盟的思想来指导信号的甄别。

5　技术预见中的信号分析方法

技术预见中的信号分析方法主要包括德尔菲法、情景分析法和文献调研法、关键技术调查、技术路线图、关联法、问题指引法等。

德尔菲法应用最为广泛，但它并不适合在大量的议题中找出最优先议题。情景分析法是用来发现、审视和评价发展趋势的常用方法，在信号分析领域，经常利用多情景分析寻找现在的趋势与未来可能的结果之间的联系。从某种意义上说，它不是关于将来的简单预测，而是有关问题内部的自始至终的事态图景。文献调研也在技术预见中得到普遍应用。关键技术调查的成功还归因于执行单位在权力及预算方面的支持及明确的目标。

5.1　技术路线图

技术路线图表现形式简洁，可以是一张直观的图，也可能是各种形式的图集或文字表述。其优点是能够通过里程碑事件的发展充分体现技术的发展路线，尤其在纠正技术和商业的发展路线、平衡市场拉力和技术推力方面更有积极作用。技术线路图可分为国家技术路线图、产业技术路线图和企业技术路线图三种。随着计算机技术的发展，技术路线图可以通过描述技术指标变化、各因素间的函数关系等手段提供更多的服务。

5.2　关联法

发现信号的要点在于关联。技术预见信号包括从产品研发到投入市场整个过程中显现出的有关某种技术的强信号和弱信号，绝不是单纯的专利分析和孤立的信息技术分析。

以钢铁行业为例，技术预见信号往往可以通过逆向思维来捕捉，即把现有的内部需求信号和外部政策信号相关联，从而推断出技术人员的研发方向。我国是产钢大国，钢产量居世界第一，但固体废弃物的产量也随之增加，20 世纪 90 年代钢铁渣的综合利用率仅为 50% 左右。从信号的角度来分析，钢铁业急需渣处理和利用关键技术的强信号已经表现出来。从钢铁行业来看，每天产出的庞大固体废弃物数量是加快渣处理与利用技术的需求强信号；从我国的路线、方针、政策上看，解决行业循环经济的问题已成为政府、社会和公众所关心的热点。20 世纪 90 年代我国引入了循环经济的思想，并在党的十六届三中全会上提出了“以人为本，全面、协调、可持续发展”的科学发展观思想，这就是政府释放的技术预见前瞻信号。在政府、行业和社会舆论的多重需求推动下，行业内部技术人员开始将关注焦点投向渣处理与利用。至今，我国宝钢、鞍钢等大型钢铁企业在渣处理及利用方面均取得较大的技术进步，据最新报道，鞍钢近几年自主研发了废钢渣提炼生产线，成为国内钢铁企业唯一能在废弃钢渣中提炼出含铁量高达 90% 以上精块钢的企业，仅此一项每年便可节约资金 4 个亿[10]。

5.3 问题指引法

进行技术预见的信息搜集时，需要借助一系列引导性问题（guiding question）来帮助情报人员提高对信号的注意力和警觉力，见图 3。

根据费伊的理论，情报人员在进行具体行业分析时可将信号分为直接信号和间接信号。直接信号通常与开发的技术指标相关，包括技术的目标以及与技术相关的现有参数指标。通过直接信号，情报人员可以明确需求，对于分析效率的提高有较大帮助。间接信号包括产品价值链活动信号、市场战略信号以及与竞争对手相关的信号。间接信号是多重的，分析时需明确问题、各个击破。在得到问题答案的基础上，将各种间接信号相关联，找出其中的技术预见信息。在实践过程中，由于专业的局限性，情报人员需要短时间充分了解该行业的专业信息，因此，跨专业的学习非常重要，在学习过程中要注意不断发现

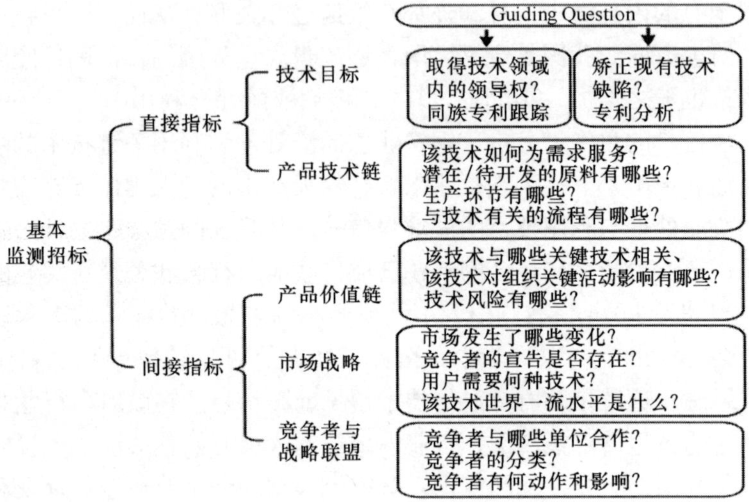

图 3　技术预见基本监测指标

和修正偏差[7]。

5.4　技术预见中信号分析的研究模式

虽然技术预见中信号分析的方法众多，但并没有统一的、放之四海皆准的研究模式。各类型模式均各有利弊。科学导向型研究可在科研任务为主、科研氛围浓厚、科技人员较多的研究机构内进行，其分析工具包括计量分析、出版物分析、常规的研发会议和网络；网络导向型研究，主要发生在以信息交流为主的机构中，如市场部门、信息部门和管理部门，其工具主要是利用网络信息资源，通过观察、交流和搜索发现有价值的信息；市场导向型研究主要是通过持续的监测和系统的扫描来搜集、分析客户数据和竞争性信息，分析人员多来自销售部门和管理部门，分析方法多采用产品分析法、客户需求评估、市场分析法、SWOT 分析、愿景分析法等；战略规划导向研究适合管理人员，运用的工具主要来自档案、政府出版物和市场资料。计算机技术也越来越多地介入了技术预见领域，数据挖掘技术、信息抽取技术、知识发现技术、聚类技术、图像技术都是进行信号搜集和分析不可缺少的技术工具。

参考文献

[1] B. Martin. Technology foresight 6: A review of recent overseas programmes. London: HMSO, 1995.

[2] 联合国工业发展组织.[2009-01-08]. http://www.unido.org/.

[3] 孙成权,曹霞,黄彦敏,等.战略情报研究与技术预见.上海:上海科学技术文献出版社,2008.

[4] 陈劲.技术创新管理方法.北京:清华大学出版社,2006:32.

[5] [2009-01-12]. http://www.foresight.org/.

[6] 上海科学技术委员会.技术预见在德国.[2009-01-12]. http://www.stcsm.gov.cn/.

[7] 费伊.竞争者:以才智、谋略与绩效取胜.朱舟,译.北京:中国人民大学出版社,2005.

[8] Day G S, Schoemaker P J H. Peripheral vision: Detecting the weak signals that will make or break your company. Boston: Harvard Business School, 2006: 5.

[9] 中华人民共和国国家统计局.[2009-02-20]. http://www.stats.gov.cn/tjbz/hyflbz/.

[10] 沈固朝,赵小康,董悦,等.渣处理与利用技术报告.南京大学信息管理系CI工作室,2008.

作者简介

董 悦,女,1983年生,硕士研究生,发表论文5篇,参编著作1部;

赵小康,男,1982年生,博士研究生,发表论文8篇,参编著作1部;

刘彦祖,女,1986年生,硕士研究生,发表论文1篇。

第二章　情报分析在中美关系研究中的应用尝试

本期专题收录的 5 篇文章，都是国家哲学社会科学规划课题“美国精英对华研究信息源研究”完成后，有关成员根据研究工作提炼成的学术论文。项目题目有点拗口，意思是清楚的，正如第一篇文章的副标题所说，这是一次“图情思路及方法在中美关系领域应用的尝试”。

我在情报研究领域“混迹”多年，非常高兴地看到最近国内外在情报研究方法上有了重要的进展，主要是由于信息的数字化迅速发展，借助文本处理技术领域多年的埋头苦干，现在已经有了一些基本可以使用的工具，其中有的属于共享软件，使用成本也很低。但是同时我也感觉到情报研究的发展不仅体现在手段工具越来越丰富，更需要在应用领域“显身手”，将这些工具用于经济科技等领域的社会实际课题，取得社会认可的效果。

而促成具体课题的则有以下一些原因：一方面，上海科学技术情报研究所与上海图书馆合并后，进入了宣传文化领域，我们的情报研究工作虽然仍然主要以经济技术产业为对象，但有更多机会了解到在其他“非传统”领域，情报研究也可以发挥作用。上世纪 90 年代后期我们在文化等领域做了一些初步的尝试，其中有些得到了用户的好评，在这些积极的“正反馈”信号鼓舞下，这样的探索进一步扩大，形成了系列产品，其中包括城市形象的国内外媒体监测。

本课题涉及的是国际关系中的一个具体方面。受文化部委派，我曾经有 6 年担任国际图联“信息存取自由和言论自由”委员会委员，亲身体验到中国在国际上的形象与我们自己的认识存在着巨大差距。这里不谈那极少数极端反华的人，我所遇到的不少对中国友善的同行，不少很专业的研究人员也会因为这样或那样的原因产生一些偏见或无法全面理解中国发生的一些事情。其中当然有诸多因素，但是毫无疑问，包围着他们的信息环境在其中是起到了重要作用的。2001年出版的《中国即将崩溃》有些结论在我们看来很荒唐，但因为作者的华人身份和他在中国大陆多年的工作经验却让此书引起一定轰动。但是我们对该书做了引文分析就可以对其“中国通”的可信度提出严重挑战，这是促使本课题形成的另一个直接因素。

阅读这里的几篇文章就不难看出，我们的探索还是非常初步的。这个题目具有高度的复杂性，而我们研究团队的学术素养，无论在国际关系领域方面还是情报研究方法工具方面，还有很大的差距；而且在我们这样的单位，课题研究基本上只能在业余时间进行，但是我们还是愿意将这些仍然粗糙的产品呈现给读者，因为正如一些中美关系方面的专家在评价中期成果时所表达的，这样的探索具有重要的意义和进一步挖掘的潜在空间。

上海图书馆上海科学技术情报研究所研究员
缪其浩

第一节　从引文网络中发现美国精英对华研究的信息源规律

——图情思路及方法在中美关系领域应用的尝试

这是一项将图书情报的思路及方法应用于中美关系领域中的美国对华研究并重点开展信息源分析的研究。在课题研究形成思路、展开研究以及得出结论的过程中，作为与其他领域有联系的横向学科，图书情报学的方法可应用于其他领域问题的研究，并以一种独特的视角为专业研究提供启发，互为补充。就本研究而言，图情学起到了从引文网络中发现美国精英对华研究信息源规律的作用。

1 图情学方法能否为中美关系发展做些实际工作

2004 年前后，从“和平崛起”到“和平发展”[1]，中国官方对中国发展道路的表述趋于稳妥。对中国发展道路的审视与定位，不仅是中国国家层面的大问题，也是世界其他国家、特别是以美国为代表的西方国家关注的焦点。对于中国的“和平崛起”或“和平发展”，西方社会既有一个对此战略本身正确理解、逐步接受的问题，也有一个在中国自我表述之外的对中国未来发展进行判断的过程。这方面，从信息传播的角度来看，容易入手的是对己方行为的认知和测度，例如我们经常从中国出版多少著作、对外发布多少信息，或搞多少活动来评价外宣工作。然而，对于预期中他方（信息接受方）的了解则触及很少，也不易操作。课题组不禁提出这样的问题：在一定范围内，图情学方法能否为中美关系发展做些实际工作？

大处着眼，小处着手。2006 年底，美国书店的书架上出现了一本由美国加州大学欧文分校教授皮特·纳瓦那（Peter Navarro）撰写的专著：《即将到来的中国战争（The Coming China Wars）》[2]。该书声称，中国具有要建立世界霸权的野心，并鼓吹中美对抗；建议美国对中国使用武力以遏制中国的发展，因而被称为“一部鼓吹美中对抗的奇书”[3]。事实上，西方国家所谓“中国威胁论”的论调一直没有停止过，《即将到来的中国战争》只是又浮出水面的一部作品而已，而与此同时，中国国内针对于此的还击一直也没有停止过。面对这样的情形，课题组做了一些冷静的思考：一本著作随便贴上“中国威胁论”、“中国崩溃论”的标签是很容易做到的，但它是否有“理性”的支撑？对华错误观点的得出是基于怎样的信息来源，道听途说、信手拈来，还是有根有据？如果一篇对华研究报告是基于翔实确凿的资料并得出对我们“不利”的判断，且将有可能影响决策，是否也需要引起我们的重视并提前预警？而带着上述问题对《即将到来的中国战争》一书进行的引文分析使得课题组发现了“小报现象”[4]的存在。如此，课题组假设，作者观点的正谬与其信息环境有关，即，作者的观点必然受到其所能接触到、愿意去浏览阅读、最终接受（部分接受）或拒绝的那些信息源的影响。而事实上，专业作者一般会将自己认为最主要和最重要的信息源列为引用文献。因此，若针对引用文献展开分析，掌握其间规律，应会帮助我们了解这些影响中国形象论调的信息基础和信息环境，从而认识影响其观点的部分原因，进而提出对策建议。

在中国的发展道路问题上，最早在公开场合提出“和平崛起”的，是2002年10月9日作为“中国改革开放论坛”理事长的郑必坚在美国战略和国际问题研究中心的演讲《中共十六大和中国和平崛起新道路》[5]。耐人寻味的是，如此重要议题的公开提出，是在中国对外关系最重要一环的美国。而同样是美国，2005年9月21日，时任美国副国务卿的罗伯特·佐利克代表美国官方发表了题为《中国何处去：从成员到责任》的政策演说。其中“负责任的利益相关者”概念[4]的提出，表达了美国官方对中美关系中中国未来发展角色的一种定位。这一来一往间，是有效回应，还是各自表述？虽然作为图情研究人员还无法给出准确判断，但它给我们一个重要提示：如果能利用图情学的方法，聚焦中美关系中的中国和平发展环境、特别是和平发展的信息环境，进行重点研究并以此为基础在日后逐步进行拓展，这应是图情学方法与中美关系研究相结合的有效途径。

2 观察美国对华研究的图情视角

对于中国和平发展的信息环境这一问题，课题组确定了“从彼到此”的考察方向。当然，必须承认，和中国对美研究一样，美国对华研究的领域、范围、层次都很多，简单“中国学”三个字就可以包纳中国研究方方面面的问题，上述关注需要在方向确定之后找到合适的切入点。

2.1 利用引文，限定主题，从图情视角切入美国对华研究

不论是大众媒体、学术交流还是官方沟通，从美国对华研究的角度，每个领域、不同层次、每年每月都产生大量的对华研究的公开文献。这些作为信息重要载体的公开文献，其中表达观点、传递信息的正文内容是研究的一个方面，但同时，还有与这些观点、信息如影随形、或显性或隐性出现的信息源，后者同样值得研究。作为文献组成的一部分，引文结构稳定，是一个主题的准确、不含混的表述，无需解释，不受术语变化的影响[6]。尽管引文从20世纪70年代被大规模应用以来对其的争论不断[6]且它也不能代表信息源的全部，但它是非常重要的信息源形式，客观地包含了大量的文献来源信息。此外，和文献类引文并行，那些非文献类引文也蕴含了很多有关访谈、人际交互等信息，后者已经向非结构化的信息源方向覆盖。因此，鉴于引文本身的重要作用，若能将其规律了解清楚，探究观点、内容与信息源的关系，这本身就颇具意义和价值。引文分析和内容分析、情报调研等图情学方法一道，在美国对华研究这一属于中美关系的专业领域内可以发挥它应有的作用。

同时，在预调研过程中和国内知名的中美问题专家研讨，课题组发现，对于“中国崛起”这一当下热点话题，这既是不以他人意志为转移的客观事实，但同时又在中美双方之间存在认知分歧。既然如此，选择“中国崛起”话题，不仅是对热点问题的回应，还能将研究范围聚焦。

2.2 选择三类文献，聚焦精英阶层

面向决策，课题组选择具有图情特色的文献——图书著作、研究报告和期刊论文三类形式（见表1）。和大众媒体相比，它的专业性可以更好地聚焦到对上层决策和广大民众都能产生影响力的精英阶层。

表1　三种出版物特性比较

项目	学术性	完整性	可获得性	可利用性＊	时效性	平均篇幅
＊＊	强—弱	强—弱	难—易	强—弱	强—弱	长—短
图书专著	5	5	4	3	2	5
研究报告	3	4	2	2	5	3
期刊论文	4	3	4	5	4	2

＊指出版物是不是可以利用二次文献、全文和引文数据库查找和分析；＊＊根据各特性特征，按从左到右顺序在5~1之间赋值，5为最高值，1为最低值

对于精英，事实上，精英概念本身就是一个模糊地带：针对精英学理标准见仁见智，美国精英在实际判断中尺度不一。本课题在精英的定义上，考察了从西方政治学及其政府决策理论中的精英主义概念[7-9]到《韦氏新国际词典》的相关词条定义[9]之后提出，本课题中的美国精英是指美方那些对中美关系决策具有一定影响力、控制一定话语权的人物和集团。通过"旋转门"，他们兼有政府和学术研究背景，并活跃在政府机构的军事、外交等领域，国会的各对华关系委员会以及高校、智库等研究机构。因受到采样范围的限制，本课题中涉及到的人物和集团，只能是其中的一部分。而根据前述的"图情"逻辑，在美国精英对华研究的定义上，美国精英的选择不是来自于中美关系领域的外交人士、研究学者针对美国精英给我们划出一个名单范围，而是通过专业出版物本身以及其作者圈、读者群所形成的图情抉择；而美国精英对华研究则是指上述精英所进行的以中国当代问题为主题的搜集、调研、解释、分析、判断等活动。具体而言，这些研究活动以"中国崛起"问题切入、通过三类专业出版物的形式得以对外表现。

最终，本课题形成了共计111条的来源文献和17 883条的被引文献，并建立数据库。其中，对于来源文献，图书专著类有10条，研究报告类有51条，期刊论文类有50条。来源文献涉及责任者118名，涉及出处31个，出版时间跨度为2000年至2007年；对于被引文献，文献类引文16 017条，非文献类引文1 866条。涉及责任者来源5 521名，其中华人责任者2 466名；涉及出处来源2 794个；出

版时间跨度为1890年至2006年。

3 实施信息源分析中的图情方法

图情方法是可以分层次的。在“方法”的四或五种不同层面[10]中，“做法”和“工具”在体现图情方法特质并形成与其他方法区隔的同时，也更具推广价值。在本课题中，于“做法”层面，图情方法体现在三类专业出版物样本的确定上，体现自建引文数据库过程中针对美国对华研究引文那些“非标”字段的设定上以及体现在引文分析系统的构架和应用上；于“工具”层面，图情方法体现在引文网络建立本身，从引文网络中发现引文规律实现引文分析，并基于以计量为主的引文分析、利用定性定量的手段、可视化工具等朝内容分析、内容研究方面进行深入研究。

具体来说，基于引文数据库在引文网络形成之后，引文网络本身包含着规律但又没有直接地显示规律，因此，对其本身应从“简化”和“聚合”两个角度来深入。

所谓“简化”，就是把引文网络中单个变量因素或者数量有限但相互有关联的几个变量因素进行条分缕析，从中发现规律。这里多使用统计、交叉分析的方法，从定量的数据中发现规律，如主题、著者、机构、出处、年份、国别、语种、文献类型等。而一些合适工具的加入，如重点针对英文的词频分析工具 WordSmith Tools 也帮助课题在统计方面的呈现更加细致。当这些数量信号出现并提示出方向的时候，它引导我们将中美关系领域内的专业知识结合进来，进行深入的内容分析和情报研究。

而所谓“聚合”，就是发挥引文网络整体效应，在其体现出的引文之间、引文与原文及原文之间有关要素复杂的引用关系下进行分析，从中发现规律。从传统思路看，对于由原文和引文所产生的关系网，出于不同的观察视角，分为耦合分析和同被引分析并具有各自的意义。前者从原文角度出发，强调考察不同原文间引用相同引文的情况，最简单、也构成实际意义的关系是两篇不同的原文引用一篇相同的引文；后者从引文角度出发，强调考察不同的引文被原文引用的情况，最简单、也构成实际意义的关系是两篇不同的引文被两篇不同的原文引用。以此为基础，当不断增加参与分析的原文或引文的数量、不断变化参与分析的原文或引文对象，在更广阔视野下更复杂的引文聚合关系（网）呈现出来。而这样关系的呈现，包含并超越了最初情报学家对耦合分析、同被引分析等概念的界定。此时，对引文关系网反映出的内容相似性进行研究，可以揭示学科的知识结构，展示学科领域的发展。

从理论上讲，通过引文联系的原文与原文之间，或通过原文联系的引文与引文之间的关系越深，越能说明原文与引文之间的关联紧密。这样复杂关系的分析，相比于引文的统计分析，人们就更需要借助计算机计算系统的帮助，并利用更直观的方法——可视化——呈现出来。当信息可视化技术应用于引文分析的过程，并且将结果以各种图形进行显示的时候，就有了可视化引文分析，或称为可视化引文关系。而本课题利用 TouchGraph Navigator 软件工具进行的可视化，无论是针对课题数据库大数据量的整体层面，还是利用其所带的分簇、过滤设置进行了简化后的重点呈现，都有效地帮助了课题分析工作的开展（见图 1 和图 2）。

4　课题研究初步结论

由此，基于引文网络并叠加其他方法和工具，形成了对美国精英对华研究的一些初步结论。

4.1　文献分布特点

通过引用题名和责任者的分析，获得了一批对华研究的“美国精英”（人和机构）及其有影响的著作。在研究课题区隔出的三个层次，每个层次都产生一批美国精英和他们有影响的著作以及在美国精英对华研究中重点出现的华人责任者和他们有影响的著作。

通过引用出处分析，本研究课题表明，新华社、《人民日报》、

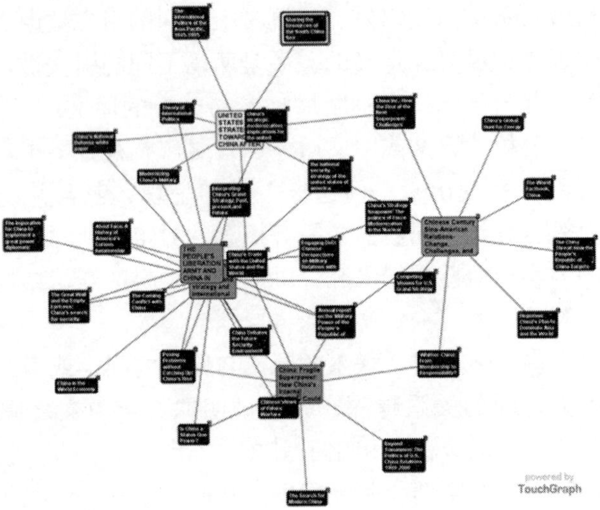

图 1　耦合关系可视化呈现举例

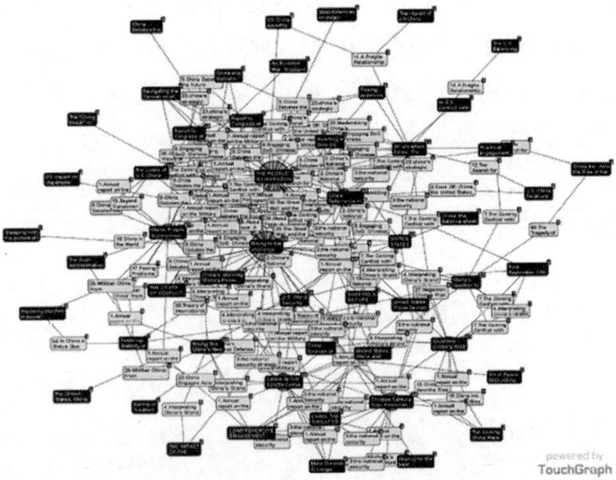

图 2　同被引关系可视化呈现举例

《解放军报》等一些大陆官方出处受到美国精英的重视。但同时，在包括大陆、台湾、香港在内的两岸三地媒体方面，一定范围内，大陆出处的媒体虽然体现了数量的优势，但从引用密度角度分析不及台港地区的媒体。

通过引用时间分析，本研究课题发现，美国精英文献引用时间在符合引文时间规律的同时，与中美关系发展中的具体事件有较密切的关联。

通过引用载体类型分析，图书、期刊、杂志这三种载体所占比例最高；而随着互联网的广泛应用，数据库和网络资源这些载体的应用呈进一步提高的趋势。

通过非文献类引文分析，本研究课题发现，人际交流也是美国精英信息的重要来源，而听证会是重要的中美问题信息传播平台。

4.2 信息引用倾向

基于整个研究课题，可以说来自中国大陆的声音已经在美国精英对华研究信息源中占据了一定的地位，但信息严重不对称的基本局面仍然没有得到改变。尽管许多研究中国问题的美国精英可以阅读中文文献，但语言仍然是影响美国研究者选择信息和引用信息的主要因素之一。中文鸿沟的存在，从信息可利用性这点来看，中文信息源在今后相当一段长的时期内还不得不屈居次要地位。中国政府的出版物被引用比较多，这与政府对外发布信息的渠道畅通有直接关系；而我国实际存在大量学术性灰色资料难以获得，即相当多的课题研究报告、会议论文和讨论纪录缺乏可获得性，这也是造成我国学术界的声音在美国对华研究中影响较小的原因之一。

基于专题研究，本研究课题注意到，自2000年起由美国国防部递交国会正式发布的《中国军力报告》系列，其报告已形成固定框架格式，近几年仅做部分内容微调，并判断今后一段时期将还会继续沿用。内容方面，军事能力和台湾问题始终是主题，非常规武器逐步受重视。其引用行为不规范，存在“小报现象”；远在电视、互联网尚未诞生或普及时候，冷战时期西方大国组织监听、翻译的电台广播的一套机制，如美国的FBIS，在21世纪的今天已经成为公开来源（Open Source）外文信息的一个翻译平台，不仅仍然存在而且继续发挥重要的作用。

基于个案研究，本研究课题发现，在引文与正文关系上，美国精英具有较强论点先行意识，存在用论点整合解读论据的倾向；而在基于不同对华观点的“遏制派”和“接触派”两派著者的引文对比上，“遏制派”的学术严谨性远低于“接触派”，并表现出明显的偏激性引用特征。同时，中文信息常被“遏制派”作者有意忽略。

研究表明，美国精英们的信息源引用总体上是严谨的同时，也存在小部分群体，他们的引用多来自于一些不负责任“小报”，以讹传讹。虽然是少数，但其结果却又是相当有害的。

5 计量方法与内容研究关联思考

若对本课题进行方法论层面的总结，它在具体的单个方法上并没有多少创新，引文分析、内容分析、情报研究以及那些软件工具都不是本课题组的创见；更多地，它是将图情学的方法与一个热点但此前很少涉及的专业领域联系起来，基于引文网络将多种定性定量方法结合并在需要的时候把这些方法合理运用。并且，在定性定量方法相结合方面，课题组感到，当前图情方法的发展与应用，若仅有定性方法，在无法体现图情研究自身的特色的同时，也无法应对信息爆炸情况下社会对图情的迫切要求；若仅有定量方法，又无法真正反映客观世界的多样性和人类社会的复杂性；而当分析对象已经超越了人类思维可直观表达和接收的范围，以及人的思维、方法需要在可学习性、可继承性、可重复性方面进一步“固化”的时候，工具（软件）的作用就不可忽视。因此，定性、定量、方法、工具之间需要进一步的细化，这方面，“定量开路、定性深入、工具辅助”的表述会更加准确一些。

从上述这些角度来说，不论是图情领域还是中美关系研究领域，本课题具有方法论上的示范意义。作为“传统”的文献情报学方法，引文分析仍然有巨大生命力，在网络应用急剧发展的时代也可以看到文献情报领域专业知识的贡献。从图情领域而言，本课题是结合此前从未涉及的热点领域，进行方法论上探索、深化的一次有益尝试。同时，本课题将文献情报学方法应用到中美关系问题研究上也具有一定创新价值：一定数量规模、采用经典和前沿的分析方法的定性定量相结合的实证性研究，除其成果本身具有价值外，还将成为未来更大规模、更加深入应用的示范，为中美关系乃至国际关系的其他领域研究提供新的视角和空间。而事实上，这样的尝试，在项目进行的近两年时间内，还未在中美研究领域看到类似思路。在与国内外中美关系领域著名专家进行小范围交流时，这些专家都表示出对方法的兴趣、期待和认可。

参考文献

[1] 郑必坚:“和平崛起”同“和平发展”是一回事．[2008-11-19]. http://news.xinhuanet.com/politics/2007-09/21/content_6765487.htm.

[2] Nawatt P. The Coming China Wars. New Jersey: Pearson Education. Inc, 2006.

[3] 威策尔．一部鼓吹美中对抗的奇书．[2007-07-07]. http://www.ftchinese.com/sc/story.jsp? id=001008219.

[4] Zoellick R B. Whither China: From Membership to Responsibility?. [2008-11-29]. http://www.state.gov/s/d/former/zoellick/rem/53682.htm.

[5] 郑必坚．郑必坚论集·下卷．上海：上海人民出版社，2002:1117-1123.

[6] 加菲尔德．引文索引法的理论及应用．侯汉清，陆宝树，马张华，译．北京：北京图书馆出版社，2004:1.

[7] 金贻顺．当代精英民主理论对经典民主理论的挑战．政治学研究，1999(2):62-70.

[8] 魏淑艳．中国的精英决策模式及发展趋势．公共管理学报，2006(7):28-33.

[9] Babcock P. Webster's Third New International Dictionary of The English Language. Massachusetts: Merriam - Webster Inc., 1961: 736.
[10] 情报分析方法概论(3月10日,24日)内容简介.[2009-03-11]. http://www.miaoqihao.name/? cat=102.

作者简介

曾 原，男，1975年生，副研究员，发表论文10余篇。

第二节 美国对华研究引文数据库系统的建立及应用

自从20世纪60年代Garfield创立科学引文索引（SCI）以来，将引文分析用于研究科学期刊、科学工作者以及科研工作等的活动日益活跃[1]。目前国内外一些著名的引文数据库，如SCI，SSCI，CSSCI等，最初只是为了帮助寻找文献之用，后来又扩展到科学活动和科技出版物的评价应用，例如影响因子及被引半衰期等的统计，并为其他应用提供数据平台，所以采用的是独立细分式。即各数据库分别针对专有学术领域，相关性较差，对需要深入研究文献对象的应用来说，如果没有采用数据挖掘技术等再次加工，是远远不够的。

笔者参加的国家哲学社会科学规划课题《美国精英对华研究的信息源分析》，用引文分析的方法，结合数据库统计技术，从信息源角度把握美国精英对华研究的视角，对该领域内的研究内容进行揭示、分析并提出一些建议。对本课题来说，由于研究文献类型覆盖不一致，分为图书著作、研究报告和期刊论文三类文献形式，相关的引文数据也不相同，所以无法从现有数据库中套录所需数据，必须根据课题自身的特点和需要自行建立一个数据库系统以及统计分析平台，这在本课题中成为工作量最大的环节之一。

该数据库系统是整个课题研究的基础，不可或缺。它利用网络、数据库和数据挖掘技术，为研究人员提供简便的数据处理界面、快速完整的数据检索功能以及实时的个性化统计分析结果。与一般引文分析系统不同，它与课题联系紧密，针对性强，可以根据课题研究人员不同的需求，提供多角度、多元化的统计分析结果，加强了对引文分析深层次的研究能力。以下结合实际研究对该系统的设计情况做一简单介绍。

1 引文数据库字段设计及著录标准

1.1 引文著录基础原则

字段的设计原则必须建立在规范的引文著录方式上。本课题中，由于不同来源的引文有多种著录方式，其著录的主要内容和引文撰写规则都不尽相同，因此，引文主要内容和撰写规则的确定是整个引文库设计最先需要解决的问题。

通过对常用的引文著录方式进行研究和分析，在此基础上，找出共性的字段。字段的设计尽量完备、不遗漏，对特殊的、较少应用到的引文字段尽可能予以收录，以免为日后的录入和分析工作带来不便。这是整个引文著录的基础原则。

本研究课题收集的资料主要为主题涉及“中美关系”的社会科学类文献，通过对所有文献的引文进行查看后发现，大多数文献主要是采用“芝加哥式”引注规则。

1.2 非规范引文字段设计思路

正常情况下，符合国际规范的引文信息主要包含责任者、标题、出处、时间 4 个基本要素。但在对样本进行考察之后发现，除了上述规范引文之外，还有很多非规范的引文出现。有的是在上述 4 个基本要素之后增加信息，有的涉及一些解释性文字。

因此，根据研究项目的特殊性，需要提炼部分字段，而这些字段并非直接在引注规则中确定的，比如“引文类型”、“解释性文字”、“是否 FBIS 翻译来源”、“出版地国别”等。设立这些相应的字段是为今后的分析奠定基础。

1.3 字段设计

通过以上分析，根据样本中引文自身的特点提取出著录字段和引文类型如下：①著录字段包括引文类型、引文编号、责任者、题名、出处、出处责任者、出版地、时间、页码、网址、是否 FBIS 翻译来源、引文原文；被访人、被访人身份、被访人国别、访问/主持人、时间、地点、节目、电视台/电台，原文等。②引文类型包括文献类和非文献类两种，其中文献类引文包括图书、汇编、报纸、期刊、政府文件、报告、学位论文、新闻社、会议录、电子资源；非文献类引文包括听证会、电视/广播和访谈。

1.4 数据录入标准

引文数据具有复杂的特性，为了使数据统一，提高后期统计的准确率，在数据录入之前必须制订严格的录入标准，以为大规模录入奠定基础，尽可能地减少数据的误差。

2 系统的设计与建立

2.1 设计思想与开发环境

2.1.1 系统目的

主要是根据课题要求建库，设计数据处理界面，提供引文数据检索、检索结果可视化及检索结果统计分析等功能，利用先进的计算机技术为课题提供便捷的数据仓库及多元化的研究平台。

2.1.2 设计思想

- 系统采用 C/S（Client/Server）体系结构，Client（客户机）

负责显示用户界面信息、访问数据库服务器，进行数据管理，包括数据的录入、修改、删除、标引、检索、浏览等。

- 采用原型法为本系统的开发方法。
- 采用模块化程序设计方法，既便于系统功能的各种组合和修改，又便于未参与开发的技术人员补充、维护。
- 系统具备数据库维护功能，可及时根据用户需求进行数据的添加、删除、修改等操作。
- 针对系统具有的多用户、数据共享和分布式处理等特点，进行了网络安全、数据安全设计，如实施网站登录管理，程序、文档及数据库的备份与恢复等。

2.1.3 开发环境

在保证硬件环境的基础上，采用以 WINDOWS 作为操作平台，ASP、Dreamweaver 作为开发语言，SQL Server 2000 作为后台数据库管理系统，进行系统开发。

2.2 系统功能描述

本系统分为 6 个子系统，其功能结构如图 1 所示。

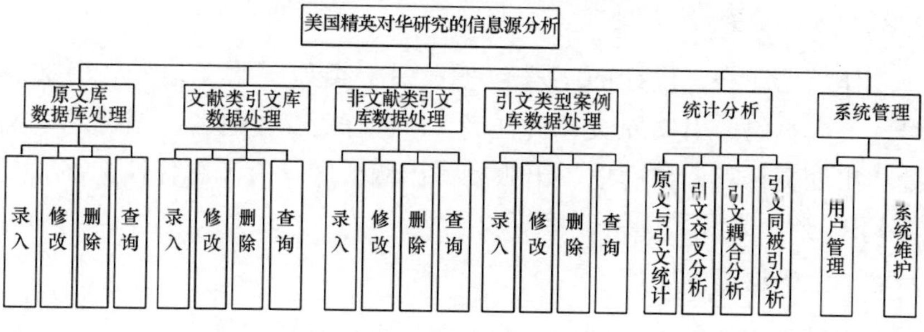

图 1　系统总体功能

- 原文库数据处理。主要收集了来源文献的信息，实现对此类资料数据的录入、处理（查询、修改、删除等）。
- 文献类引文库数据处理。文献类型是引文的主要类型，结构较为复杂。该子系统可实现对文献类引文资料数据的录入、处理（查询、修改、删除等）、标引。

- 非文献类引文库数据处理。实现对非文献类引文资料数据的录入、处理（查询、修改、删除等）。

- 引文类型案例库数据处理。该子系统的建立主要是为了方便工作人员录入，可以实现对引文类型案例库数据的录入、处理（查询、修改、删除等）。

- 统计分析。对各字库中的数据进行统计，并根据统计结果制作图表、进行分析。主要做原文与引文统计、引文交叉、引文耦合、引文同被引四大方面的统计分析。

- 系统管理。主要对系统进行用户权限及系统维护管理。

2.3 系统详细分析

原文库、文献类引文库、非文献类引文库、引文类型案例库四大子库的数据处理，在技术实现上比较相似，由于引文中文献类引文是主要的引文形式，情况最为复杂，录入字段也最多，这里以该模块为例介绍其具体设计实施。

2.3.1 数据基本信息

建数据库表，设计的字段包括：引文类型、原文编号、引文编号、文内页码、引文原文、责任者1、责任者2、题名、副标题、出处、出处责任者、出版地、出版社、出版时间、有无解释性文字、是否FBIS翻译来源、网络连接等。

2.3.2 数据录入

文献类引文的类型划分，对本次研究具有特别重要的意义。经研究，将文献类引文类型分为图书、汇编、报纸、期刊、政府文件、报告、学位论文、新闻社、会议录、电子资源十大类。

由于引文的特点，每条引文数据的任何一个字段都有可能为空，因此在系统中规定引文编号不能为空，以此作为每条引文的唯一标识。系统还通过ASP代码设计，在后台自动实现查重功能，即对相同来源编号、相同引文编号的数据进行查重。

文献类引文库的数据添加界面如图2所示。

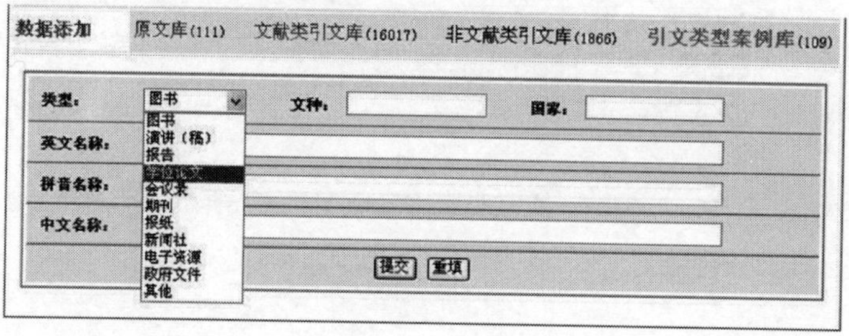

图2　文献类引文库数据添加界面

2.3.3　数据管理

为了完善系统数据的准确性、完整性，系统设计了数据管理模块，主要包括对数据进行检索、修改、删除等。

本系统更多地采用了数据挖掘技术，被引文献的检索字段多达10个。工作人员可以在下拉菜单选择检索字段对象，在空格处输入关键字，系统通过对数据库中所选的字段进行关键字检索，在Web页面中显示检索结果。在检索结果页面，每条数据都有相似、显示、修改以及删除功能。

图3、图4为对文献类引文库中出版地为“military”的数据进行检索的界面及结果。

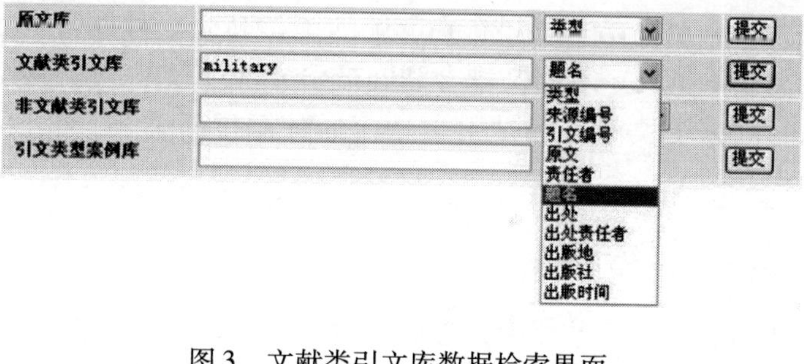

图3　文献类引文库数据检索界面

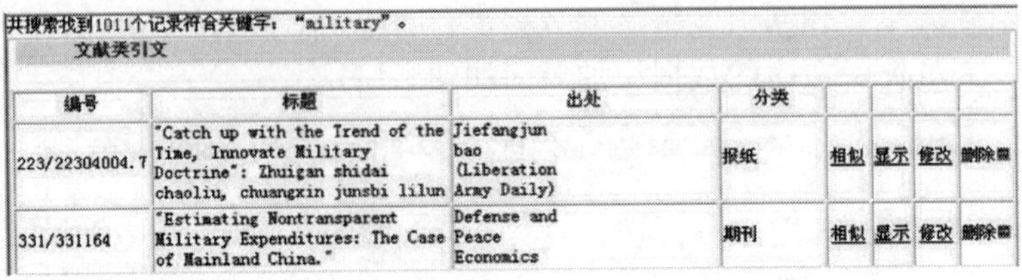

共搜索找到1011个记录符合关键字："military"。

文献类引文

编号	标题	出处	分类				
223/22304004.7	"Catch up with the Trend of the Time, Innovate Military Doctrine": Zhuigan shidai chaoliu, chuangxin junsbi lilun	Jiefangjun bao (Liberation Army Daily)	报纸	相似	显示	修改	删除
331/331164	"Estimating Nontransparent Military Expenditures: The Case of Mainland China."	Defense and Peace Economics	期刊	相似	显示	修改	删除

图4　文献类引文库数据检索结果

3　数据统计分析的设计与结果呈现

所谓引文分析，就是利用各种数学及统计学的方法和比较、归纳、抽象、概括等逻辑方法，对科学期刊、论文、著者等各种分析对象的引证与被引证现象进行分析，以便揭示其数量特征和内在规律的一种文献计量分析方法[2]。本课题将引文分析数据结果大致分为基本数据统计和相关数据分析。在相关数据分析方面，又大致可以分为相关引文数据的交叉分析、耦合分析和同被引聚类分析等。

在数据统计分析子系统的技术实现方面，利用ASP技术设计的统计程序自动连接后台数据库，对各子库的数据（包括标题、责任者、出版时间、出版地等）进行统计分析，将统计分析结果实时地显示在网页上，供工作人员使用。利用代码程序进行数据统计分析的最大优势是数据库中的数据一旦更新，统计结果页面就随之实时更新，使分析人员在第一时间看到准确的统计结果，对数据加以及时、正确的分析。同时，在引文耦合和同被引分析过程中，通过数据内联的方法，将来源文献库和被引文献库的数据重新整合，得到了相关数据。

3.1　基本数据统计

对于原文及引文数据库，都需要做一些基本的数据统计，此类统计技术相对简单，从本课题涉及的总库、子库两方面对引文的文献类型、责任者、标题、出版时间、出版地以及有无解释性文字、有无

FBIS 翻译等角度进行了统计，结果以数据表格形式在网页上显示，并与数据库数据保持同步。

3.2　引文交叉分析

系统主要对时间与文献类型、出处国别与各文献类型及责任者等对象进行交叉统计。系统通过对交叉分析对象的聚类，按统计要求设定检索范围，对数据库进行统计。以下以对时间与期刊类引文的交叉分析数据统计为例进行说明，如图 5 所示。

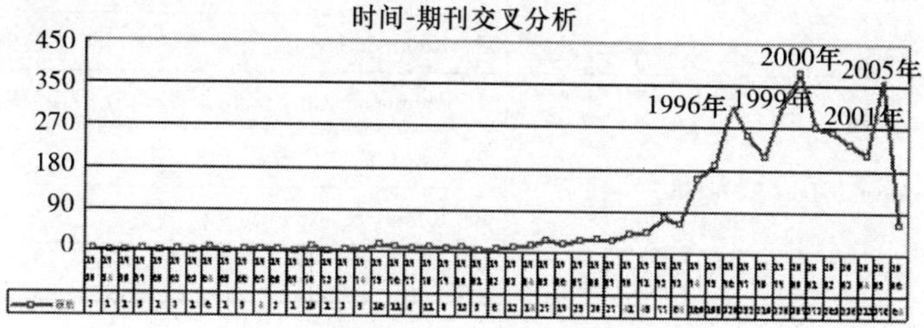

图 5　时间 – 期刊交叉分析曲线

从统计结果可知，期刊类引文出版年份范围为 1950—2006 年，其中被引高峰期为 1996—2005 年，而 2000 年最多，为 387 篇。其结果基本符合文献半衰期规律。

3.3　引文耦合分析

“引文耦合”是指在两篇或两篇以上引证文献之间建立的关系，随着耦合对象不同，耦合标准也随之不同[3]。本系统将耦合概念和引文要素以及引文数据库字段设计的实际联系起来，通过计算机编程，系统实现了题名耦合、责任者耦合、期刊耦合、图书耦合、报纸耦合及政府言论责任者耦合的数据分析。

这里主要介绍责任者耦合的设计思路：按照本课题设计，从数据库责任者表中逐一读取引文库责任者，在文献类引文库中检索责任者与该引文库责任者相同的数据记录；如果检索结果的记录条数大于

1[1]，则读取与这些记录相对应的所有原文编号；根据这些原文编号，在来源资料库中检索到与这些原文编号对应的所有责任者，将这些责任者耦合数据显示在数据页面上，供分析人员使用，如表1所示。

表1　责任者耦合数据分析结果示例

序号	引文责任者	样本责任者
1	Alan D. Romberg	1. CAL CLARK
		2. Thomas J. Christensen
		3. Kemmer J
2	Alastair Iain Johnston	1. Thomas J. Christensen
		2. Pan CX
		3. Robert S. Ross
		4. Christensen TJ

3.4　引文同被引分析

所谓文献同被引，就是指两篇（或多篇）文献同时被后来的一篇或多篇文献所引证，则称这两篇（或多篇）文献具有“同被引”关系[2]。本课题着重研究题名同被引，分别设计两篇、三篇文献同时被后来的多篇文献所引证的统计程序[1]。主要设计思路如下：

为简化统计流程及提高统计速度，首先要对引文资料库中题名去重，然后经计算把被两篇以上文献引用的题名提取出来，通过程序计算出与引文文献相对应的所有来源文献编号，生成一个新的题名数据表。

二对多的程序设计为双重循环，定义i，k两个变量，使i从1到n-1（n为题名库中题名的总数）循环，k从i+1到n循环。依次读取2个题名代码，逐一到题名同被引库中检索同时含有这两个题名代码的数据，直到题名同被引库中的数据全部检索完，再回到题名库从中读取第2对题名代码，依次类推。读取所有符合查询条件的数据，显示在数据页面上，供分析人员使用，如表2所示。

表2　题名同被引数据分析结果组数据示例

序号	引文题名	样本题名
1	[1] Carrying Forward, Developing and Pondering Deng Xiaoping’s Foreign Policy Thinking in the New Situation	[1] China: Fragile Superpower: How China’s Internal Politics Could Derail Its Peaceful Rise
	[2] China Since Tiananmen: The Politics of Transition	[2] Rising to the challenge: China’s grand strategy and international security
2	[1] China’s National Defense	[1] Rising Star: China’s New Security Diplomacy
	[2] China’s Foreign Military Relations	[2] The People’s Liberation Army and China in transiton
		[3] U. S. -China Security Management Assessing the Military-to-Military Relationship

由于开发技术和应用软件有限，在引文同被引分析方面的程序设计方法还有提高的空间，在缩短数据统计时间、增强统计覆盖面上还有待进一步提高。如何使用先进的计算机技术，高效、全面、准确地进行引文同被引分析是今后进一步努力的方向。

3.5　可视化工具在耦合、同被引分析中的应用

从理论上讲，在耦合分析和同被引分析的分析思路下，通过引文联系的原文与原文之间或通过原文联系的引文与引文之间的关系越深，越能说明原文与引文之间的关联紧密。而这样复杂关系的分析，相比于引文的统计分析，人们就更需要借助计算机计算系统的帮助并寄希望于用更直观的方法——可视化——呈现出来。

根据专家咨询及多方调研，TouchGraph Navigator可视化工具相对于其他工具而言，对数据的格式要求较为简单，容易处理。因此本课题采用此工具，将引文与原文之间的复杂关系以直观的关联呈现

出来。

3.5.1 耦合分析的可视化实现

耦合分析主要分题名、责任者及出处三个方面，每个方面又分TOP10、TOP50以及前20%的数据。

在进行可视化处理之前，先要对数据进行梳理，即在原有的耦合统计程序的基础上，加以修改，使之最后呈现的统计结果格式与TouchGraph Navigator工具所要求的格式相一致。这里以引文责任者TOP10为例，如图6所示。

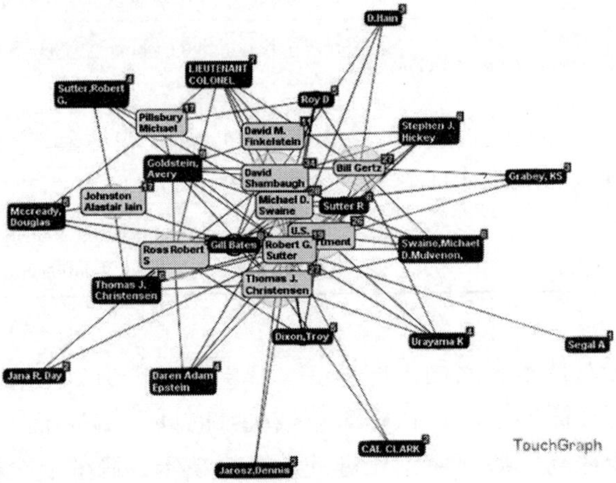

图6　责任者TOP10耦合关联

图中灰色框内的数据为引文中排名前10位的责任者，黑色框则是引用这些责任者的原文责任者。灰色框右上角的数字表示该责任者被多少位原文责任者引用，黑色框右上角的数字表示该责任者引用了多少位责任者。

3.5.2 同被引分析的可视化实现

从基本统计的数据来看，题名的前50位的引文量占总引文题名被引量的10%左右，因此取前50位作为可视化的数据对象。在原有的同被引统计程序的基础上，根据TouchGraph Navigator工具所要求的格式加以修改，最终统计出 2 对多的同被引数据结果，如图 7 所示。

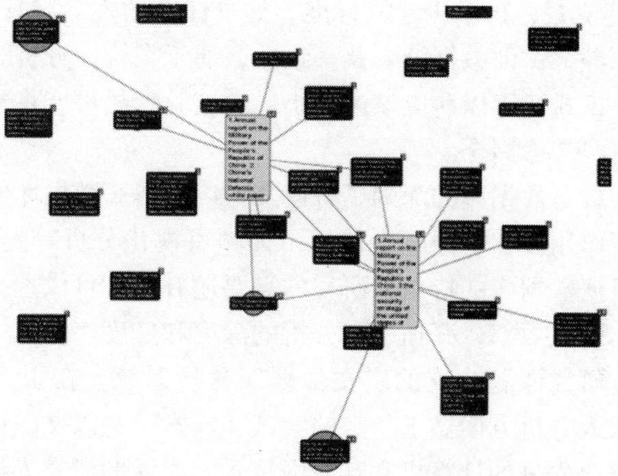

图 7 “2 对多”同被引关系全图中典型关系示例

该工具直观地反映了抽象数据之间的联系，使分析过程更加清晰，在一定程度上超越了耦合与同被引，更全面地揭示了原文与引文之间的关系。

4 结 语

在本系统建立和运用的实施过程中，发现有几个需要关注的问题：

- 数据库建库与研究是一种分工，但是在课题研究过程中这两部分工作必须保持密切联系，因为研究带有一定的探索性，一般难以事先完全设想好要得到什么结果，应该如何得到这些结果，所以与一般的文献建库相比，为研究课题专门建库需要与研究人员全过程沟通。
- 在系统建立之初即设立好所有数据库字段，这一点非常重要。如果在中途增加字段，就要改变数据库的结构以及所有数据处理和统计的相关程序，带来一系列的麻烦，影响课题研究进度。可以考虑设立一些备用空字段，以备不时之需。

• 应建立规范的数据录入标准，如责任者的姓名、日期的格式、国家的名称等，保证数据统一及一致性，便于在统计分析时将误差降低到最小。正式建库以前应该进行小样本试验，尽可能将建库中会出现的复杂情况考虑周全。

建库人员对数据库的深刻了解使其可以在提高数据库使用效果方面发挥重要作用。在本课题中使用了词频可视化分析等先进的工具，在这方面根据数据库的特点和研究的需要还有许多可供选择，以提高引文分析的研究效率，开拓引文分析的深度和广度。

针对本研究课题建立的引文数据库分析系统，在引文数据库构建、引文深入分析方面做了一定的尝试和探索。它以文献计量学为理论基础，结合先进的计算机和互联网技术，为课题研究人员提供简捷方便的数据处理界面，实时全面的统计数据，在课题研究中起到了重要的作用。如何在开发工具和开发技术上做进一步的探索，高效、全面、准确地进行引文数据库检索及深度数据挖掘是今后进一步努力的方向。

参考文献

[1] 贺桂和．基于元搜索引擎的引文分析系统模型．中国市场，2008(6):116-117.

[2] 张靖安．被引文献检索技术发展的四个阶段评析．图书情报工作，2006,50(9):102-104.

[3] 邱均平．信息计量学．武汉：武汉大学出版社，2007：399.

作者简介

赵文绮，女，1969 年生，馆员，发表论文 4 篇；

陈广玉，女，1978 年生，工程师，发表论文 5 篇。

第三节　美国对华研究信息源分析中图书专著的样本选择与引文分析

1　课题中建立图书专著引文数据库的必要性

本课题选择了10本美国对华研究的图书专著样本，获得10条原文、4 766条引文信息，并通过数据内联[1]的方法，建立了来源文献和引文文献相统一的图书专著引文数据库。从数据量而言，10本图书专著所产生的引文，占到了整个课题引文量的27%。关于建立图书专著引文数据库的必要性，主要有以下三方面。

1.1　图书专著是美国对华研究中重要的信息载体

在各种公开文献中，图书专著是学术性强、信息量大、案例和细节描述多、传播范围广的一类信息载体，在大众阅读群体和高端人士中都具有较大影响。这样的特性，在美国对华研究中尤为明显。事实上，纵观中美关系正常化30多年来的历史，思想观念层面的交锋与碰撞往往由一本书引发，并一定程度上影响着实体外交。具体到本课题，课题形成思路继而展开研究的最初启发就是源于一本由美国加州大学欧文分校教授皮特·纳瓦那（Potor Navarro）撰写的图书专著，《即将到来的中国战争》（The Coming China Wars）[2]。因此，研究图书专著本身及其引文，并以此作为美国精英对华研究的一个重要信息来源，就成为本课题重要的方面。

1.2　图书专著引文集中提供大量来源信息

从引文角度看，相比于其他文献形式，图书专著最大的特点是具有大量、完整、详细的引文信息。以本课题为例，平均一本图书专著500条的引文信息是其他两类文献类型所无法相比的；而最多一本书提供了1 306条引文，也就提供了足够的引文分析空间。在呈现形式上，这些信息，或以严格的引文格式出现，或通过参考文献表达；在出现位置上，脚注、尾注、文中注都有，但作为规范的著录格式，不同位置的信息来源标注最终都会与尾注形成逻辑联系，给予读者进一步引导。国际多种引注规则中，属于社会科学的中美关系文献多采用芝加哥式引注规则（Chicago - Style Citation，又称图拉宾式引注规则），它采用首见注释、简短注释和参考文献（notes and bibliography）或作者 - 日期系统（the author - date system）的样式呈现引文。而在引文之外，广义的信息源，如写作时参加过的会议、举行的访谈和调查、信息搜集范围及助手等也会在序言、致谢甚至正文中出现，图书专著中传递出的这些信息和引文一道，为系统地进行定量和定性研究提供了途径。

此外，从引文构成来看，图书专著中的引文除提供责任者、题名、出处、时间这些基本信息外，还会包含很多非格式化的引文信息。比如，图书专著中的引文会包含大量的解释性文字，这些文字或与引文项相伴随或独立出现，它既是引文信息的补充，又是相关正文内容的延伸；美国对华研究中因为语言上的障碍，作者往往会借助FBIS对重要非英文文献进行翻译，并将有关代码作为引文信息的一部分标注出来，如“Liu Di. " Deng Xiaoping’s Thinking on Diplomatic Work - - Interview with Liang Shoude, Dean for College of International Relations for Beijing University. " Ta Kung Pao, November 2, 1997, P. A6, FBIS - CHI - 97 - 310.”；在类型上，除了图书、报纸、期刊、学位论文、会议录等文献类型引文外，还有一些包括广播电视节目、听证会等非文献类型的引文……这些非格式化的引文信息，既是中美关系领域的图书专著引文特色，又为后续的引文分析提供了更多的研究空间。

1.3 美国对华研究中没有针对图书专著的成熟引文数据库

虽然SSCI这样的社会科学引文索引数据库存在已久，国内的CSSCI、清华同方等数据库也提供相关引文信息，同时Google scholar

也提供相应的引文互联网搜索，但要么范围不同，要么方向相左，要么完整性不够以及还涉及知识产权因素，迄今，还无法找到针对图书专著的引文数据库成熟产品，特别是在美国对华研究领域。对本课题而言，若进行较深入的系统研究，就必须借助先进技术，建立满足研究需要的数据库系统，从而推进研究的深化。

2 将热度与广度相结合选择图书专著样本

如前所述，图书专著虽然有不少优点，但和报纸、期刊等其他文献相比，不足之处在于时效性稍差。考虑此特点，本课题在进行图书专著样本选择时综合统筹热度和广度两个因素，并基于两个来源进行图书专著样本的选择：利用权威数据库 OCLC WorldCat 联合目录与世界最大的网络书店 Amazon. com 书目销售排名榜来确定入选的专著样本：以 OCLC 联合目录收录利用率为基本原则，同时考虑与 Amazon. com 的销售排名进行平衡，最终得出入选样本。

由 OCLC 创办的 WorldCat 是世界范围内 9 000 多家图书馆会员的联合编目库，包括 400 多种语言的5 700多万条记录①，主题范畴广泛，覆盖了从公元前1 000年迄今的资料，基本上反映了世界范围内的图书馆所拥有的图书和其他资料。一本图书的馆藏记录可以反映出该本图书的影响范围。但是由于图书馆收录资料的过程限制，被收录入库内的资料有一定的时滞性，由此，在本研究课题中，此缺陷用 Amazon. com 进行弥补。

Amazon. com 当前共出售超过 2 100 万种图书②，通过该网站的检索系统，可以取得销售排名表。销售排名靠前的图书说明当前的销售状况好，对现阶段读者影响力强，时效性强。但是该排名会在一定程度上受到销售策略的影响，因此，本研究将该排名作为 OCLC WorldCat 排名的参考。

---

① 数据查询时间为 2007 年 7 月 14 日.

② 同上.

在具体操作上，在 2000 - 2007 年时限内，以“China rise”、“China rising”为关键词，在 OCLC WorldCat 中检索，得到馆藏量排名前 100 的图书；以“China rise”、“China rising”为关键词，在 www. amazon. com 网站上进行图书销售排名检索，得到销售排名前 100 的图书；以 OCLC - WorldCat 为主，Amazon 排名为辅，筛选出 10 本图书。

3 专著的单本引文分析和关联分析

在文献体系结构中，各篇文献并不是孤立的，而是相互联系的。其联系突出地表现为文献之间的相互引用。在文献发表、出版时，往往列出参考文献（脚注、尾注、文中注），用以标记所引事实、观点与数据的来源，这就形成了文献之间的引用和被引用关系。所谓引文分析，就是利用各种数学及统计学的方法和比较、归纳、抽象、概括等逻辑方法，对科学期刊、论文、著者等各种分析对象的引证和被引证现象进行分析，以便揭示其数量特征和内在规律的一种文献计量分析方法[3]。和其他引文分析一样，作为共性问题，图书专著的引文分析总体上也可分为一般数据统计和相关数据分析。如此，形成了针对图书专著引文的题名、责任者、出处、时间、载体类型、网络引用、非文献类引文等的统计分析以及交叉、耦合、同被引分析等。此外，在对数据库数据进行以统计、交叉、耦合、同被引为主的分析的同时，针对个性内容，相关专题研究也可深入，因此，这是一个定量定性分析的过程。

本次研究在开始之初，就对单本图书进行过尝试性的深入分析。以 2001 年出版的《中国即将崩溃》（The Coming Collapse of China）为例。该书的出版曾一度引起轰动，其作者是美籍华人章家敦。该书主要卖点有两个：一是它对中国“崩溃”时间的“精确”预计；二是该作者的华人身份以及他为某美国律师事务所在上海工作多年的经验，让人联想到他基于第一手资料的本地化研究自然应该具有更高的可靠性。然而如果对该书的引文进行分析，情况似乎并非如此。从该书的

700余条引文来看，19%来自《南华早报》这张香港的英文报纸。此外，仅美国有线新闻网（CNN），《亚洲华尔街日报》、路透社、《远东经济评论》和《经济学家》五家的引文数量就占了21%。从学术上讲，如果引用过于集中，其观点就难免受影响。作者引用的中国内地其他文献约有20多种，但是次数都非常少，并且很大比例还是转引的。对此书的引文分析无疑是驳斥作者观点的最有力的证明之一[4]。

在专著的单本引文分析基础上，通过放大样本数量，我们可以进行更深入的引文关联性分析。以“文献耦合”与“频次统计”分析方式结合对本次研究全部图书专著样本的被引文献中“报纸类”文献影响力的分析为例。

通过对出处为“报纸”类的引文进行统计，我们可以得到引用频次排名前十位的报纸。在本次研究的图书专著样本引文中，中国大陆被引用的报纸，最多的是《人民日报》、《中国日报》和《环球时报》。中国香港的英文报纸《南华早报》在美国对中美关系的研究领域中有非常重要的影响力。除了美国的四大报纸之外，英国的《金融时报》和新加坡的《海峡时报》也是研究者们了解中国信息的重要信息源，如表1所示。

表1　报纸类引文被引次数排名（Top 10）

排名	出处	中文名称	出版地	被引次数
1	Renmin Ribao (People's Daily)	人民日报	中国	117
2	New York Times	纽约时报	美国	113
3	Washington Post	华盛顿邮报	美国	86
4	Wall Street Journal	华尔街日报	美国	76
5	China Daily	中国日报	中国	56
6	South China Morning Post	南华早报	中国香港	44
7	Washington Times	华盛顿时报	美国	43
8	Financial Times	金融时报	英国	41
9	Global Times	环球时报	中国	26
10	Straits Times	海峡时报	新加坡	26

但是，在进行简单的频次分析同时，可以发现，有些被引用量高的报纸往往是某一篇样本中集中大量引用，这一现象可能不足以说明一张报纸在该研究领域的影响力强弱。因此，我们将“文献耦合”分析方式与频次统计进行结合，来修正频次分析的结果。

将耦合文献超过样本半数的报纸列出，与这些报纸的总被引频次结合进行分析对比。结果显示：虽然从引用频次排名来看，中国的《人民日报》（包括其网站）是被引用最多的报纸，但是结合耦合文献进行对比后却可以发现，被引次数最多的报纸的影响力却并不是最大的，只有6篇样本文献以中国的《人民日报》为信息来源，而美国的《纽约时报》、《华盛顿邮报》、《华尔街日报》和英国的《金融时报》是几乎所有研究者们都会引用的信息来源；其次是中国出版的英文报纸《中国日报》和中国香港的英文报纸《南华早报》。一些被引次数排名较前的报纸，如中国的《环球时报》等，虽然其被引次数较多，但是经过耦合修正后，我们可以发现，只有被3本样本文献引用的《环球时报》的影响力比其仅依靠频次排序统计要下降不少。

在对引文的分析中我们还发现一些较特别的引文，针对这类特殊性引文，我们还开展了针对性的专题研究。比如，FBIS引用就是美国对华研究图书专著引文文献中的一大特色，在进行引文统计分析的同时，针对该组织机构本身进行专题亦有必要。FBIS（Foreign Broadcast Information Service）中文翻译为国外广播信息（情报）服务，在近70年的发展历程中，它既是这个机构的名称，又被广大用户用作该机构提供的主要信息产品FBIS每日报告（FBIS Daily Reports）的简称，同时还作为不同时期不同信息产品的统称。简单地概括，自上世纪40年代以来，作为国家竞争情报体系的一部分，FBIS承担了美国政府与决策智囊对外决策过程中一项重要的信息源职能——建立专门机构对非美国的全球其他国家的公开信息进行有计划地、尽可能地、持续地收集、整理、翻译、传递，以支撑美国政府对外决策。“9·11”事件之后，FBIS被赋予新的使命，重点定位在包括互联网在内的公开信息源领域的信息服务。基于此，在对其发展历程、最新动态、获得性情况、对中国的媒体监测等开展进一步研究之后，梳理特征并提供决策建议。

此外，我们发现，对于引文数量级相近的书籍，还可以尝试进行对比分析。然后再在引文量化分析的基础上，结合作者的写作背景，站在国际问题的角度去观察这种不同的引用行为的特征。在对专著的研读过程中，作者会将大量的信息来源通过引文的形式列出。这些引文或支持、或反驳、或提供背景资料、或用作比较等等。他们与原文的关系十分复杂。但是，一名作者的引用行为一般在总体上有其自身的偏好。可以通过对有相同量引文的两本书籍，对比其作者的引用行为并结合作者的写作背景、立场进行分析，进而分析作者背景影响其引用行为的形成机制。比如，我们将《中国：脆弱的超级大国》（China：Fragile Superpower：How China' s Internal Politics Could Derail Its Peaceful Rise）和《红龙崛起：共产党中国对美国的军事威胁》（Red dragon rising：Communist China' s military threat to America）两书进行对比分析后发现，该两本图书作者的引用行为特征显示出非常明显的不同，政治立场是影响不同作者选择引用文献的非常重要的“无形之手”。

总之，通过我们的实践，可以证明引文分析的方法还可以进一步深化，是社会科学类专著文献研究中具有很大潜力的新方法。本课题的引文分析传递出的作者信息来源的特征可以为国际问题研究提供一个新的视角。帮助我们更好地理解美国精英阶层形成对中国问题看法的一部分原因。

参考文献

［1］ 张靖安．被引文献检索技术发展的四个阶段评析．图书情报工作，2006(9)：102－104.

［2］ Nawatt P. The Coming China Wars. New Jersey：Pearson Education. Inc，2006.

［3］ 邱均平．信息计量学．武汉：武汉大学出版社，2007：

316 – 317.
[4] 缪其浩,陈广玉.“小报现象”影响美对华研究. 环球时报, 2007 – 02 – 05(11).

作者简介

陈广玉，女，1978 年生，工程师，发表论文 5 篇。

第四节 SSCI 数据库在国际关系领域研究中的应用

——以美国对华研究课题为例

1 引 言

图情学是与众多领域有联系的横向学科，其方法可应用于其他领域问题的研究。从设计国家哲学社会科学规划课题“美国精英对华研究信息源研究”开始，我们就希望以“中美关系”为主题，以 2000—2007 年间的三类专业出版物（图书专著、研究报告、期刊论文）为文献样本，来确定我们整个课题研究的信息源。在这个课题组中，笔者承担了期刊论文的样本选择工作。

相比较图书专著和研究报告，期刊论文的样本选择工作应该说更具有图情学的学科特色。我们期刊组的所有成员都具有图情学的学科背景，没有一个是学国际关系的，因此如何选择该领域有代表性的期刊论文是我们面临的难题。我们首先查阅了“中国知网”（CNKI）中有关中美关系的代表性文献，发现从 2003 年开始，《国际资料信息》杂志聘请中国现代国际关系研究所专家每年写一篇《中美关系研究主要资料信息》，该系列文章中提到的期刊论文应该说是近几年来中美关系研究中的重要学术论文，可以作为我们课题研究中期刊论文的样本。这些文章都是出自国际关系领域专家学者自身的判断，我们能否利用图情学的办法，通过对期刊的分析和文章被引频次的分析，选择出一些有代表性的作者和文献？在本文中，我们将探讨利用SSCI 这一检索工具进行国际关系领域的计量分析研究。

从严格意义上说，SSCI 数据库并非是一种专业的文献检索数据库，其编制的主要目的在于记录和反映众多期刊所收录的社科文献及其相互之间的引证关系，那么其究竟能否作为一种常用的社科文献检索工具应用到国际关系领域呢？根据文献调研，目前的研究者更多地是利用 SSCI 对收录的论文进行统计分析，对期刊跨学科现象进行定量分析，以及通过其收录的期刊和论文来研究不同地区的社会科学发展状况。他们认为通过 SSCI 能够揭示人文社会科学的研究现状、趋势、国际化程度或者与国际接轨程度[1]；还可以展现其学科分布及国际化发展的强弱，从而对基本格局和总体发展态势有大致的了解[2]。但是目前尚未发现如何应用 SSCI 在国际关系领域进行代表性文献著作的选择研究，或者将 SSCI 数据库作为国际关系领域计量研究原料库的案例。

鉴于此，本文以美国对华研究课题为例，从以上两个角度具体阐述如何应用 SSCI 数据库在国际关系领域进行研究和分析工作。

2　SSCI 介绍

SSCI（Social Sciences Citation Index）[3]，中文称为“社会科学引文索引”，由美国科学信息研究所创建，是目前世界上可以用来对不同国家和地区的社会科学论文的数量进行统计分析的大型检索工具，主要覆盖 50 余种学科，收录 5 000 多种各国重要的社会科学期刊，其中 1 700 多种是全文收录，其余为选择性收录，每年有超过 700 000 条的数据追加量。SSCI 收录的文献类型包括期刊论文、信件、评论、文献的修改和文献编辑材料等公开出版物。用户通过其强大的检索系统，不仅可以常规地按从作者到文献的途径查询相关的社科文献，还可以查询引文文献和各类相关文献的隐含关联。SSCI 独特的设计和数据组织使用户不仅可以和其它数据库一样从关键词或其他途径检索文献，而且可以由一条记录出发，通过对其引用文献的查询迅速扩展用户的检索视野，因此，被国际公认为是具有权威性的引证类数据库。

SSCI 有多种载体：①印刷版：每年出版三次，有半年累积、年度累积、五年累积与十年累积，分为引文索引（Citation index）、来源索引（Source index）、机构索引（Corporate index）与轮排主题索引（Perm term subject index，PSI）四部分；②CD- ROM 版：每季更新，CD-ROM 带文摘版（只收英语文章的文摘）每月更新；③联机版：每周更新，可通过 DIALOG、DIMDI 和 Data star 三个联机检索系统检索；④网络版：每天更新，可以通过 ISI 网站进行检索。

3 运用 SSCI 数据库选择某一领域的代表性文献

本文所说的 SSCI 检索都是指运用 SSCI 的网络版进行文献检索。SSCI 的网络版提供了非常强大的检索功能。通常我们可以利用关键词进行综合检索（General Search），即同时对主题、题名、作者、出版物名称、出版时间、文献语种、文献类型等多个字段进行组合检索，以提高检索效率。对于检索结果，还可按照学科类别、文献类型等字段进行二次检索，以缩小检索范围。另外对于检索结果还可以根据被引用的次数进行排序，也可以根据作者、出版物情况等进行分类分析[4]。根据以上 SSCI 的检索特点，笔者以“美国对华研究课题”的期刊文献的样本选择为例，说明如何运用 SSCI 这一检索工具选择有代表性的文献。

我们选择了 International relations、Political science 和 Area studies 三个学科领域，在论文的标题、关键词或摘要中输入“（US or USA or America or American）and（China or Chinese or Sino）”进行检索，共检索到相关文献 231 篇（检索日期为 2007 年 2 月 7 日），并分别按照被引用次数、第一作者和文献来源进行排序，以确定在中美关系领域中影响力比较大的期刊论文，分别得出以下结论：

3.1 从被引用次数看

2000—2007 年间被 SSCI 收录的 231 篇论文中，被引用次数在 3 次以上（含 3 次）的一共只有 17 篇，被引用 1 次以上（含 1 次）的一共有 64 篇，其余的未被引用。

这些论文中被引用率最高的一篇被引用 31 次，其次依次是 14 次，再后面就是 7 次、6 次、5 次、4 次、3 次、2 次和 1 次。因此我们可以判定引用次数在 3 次以上的文献是有一定代表性的文献；而被引用次数高达 31 次的文献，其作者 Christensen TJ 可能是该学科领域的专家。经过验证，我们发现 Christensen TJ 是前美国国务院主管亚太事务的副助理国务卿、普林斯顿大学教授、两岸问题专家，中文名为柯庆生。由此可见，通过 SSCI 检索出来的文献，如果被引用次数特别高，可看作是该学科领域具有相当代表性的文献，社会科学研究工作者可以重点关注。

但是仅仅用引用次数来选择有代表性的文献，无疑是有偏差的，因为发表时间越近的文献，必然被引用的次数会少于发表时间较长的文献。

3.2 从文献来源看

2000—2007 年的 231 篇论文，一共发表在 58 种刊物上；其中有 7 本刊物收录了 10 篇以上的相关论文，具体如下：

ISSUES & STUDIES（25 篇）

KOREAN JOURNAL OF DEFENSE ANALYSIS（22 篇）

INTERNATIONAL AFFAIRS（15 篇）

CHINA QUARTERLY（186）：295 – 313 JUN 2006（15 篇）

PACIFIC AFFAIRS（14 篇）

SURVIVAL（13 篇）

AUSTRALIAN JOURNAL OF INTERNATIONAL AFFAIRS（12 篇）

另外有 7 本刊物收录了 5 篇以上（含 5 篇）的相关论文，具体如下：

PACIFIC REVIEW（9 篇）

INTERNATIONAL SECURITY（8 篇）

JOURNAL OF ASIAN STUDIES（7 篇）

SECURITY DIALOGUE（6 篇）

CHINA JOURNAL（6 篇）

JOURNAL OF CONTEMPORARY ASIA（5 篇）

WASHINGTON QUARTERLY（5 篇）

我们结合 ISI 出品的 JCR（Journal Citation Reports）工具，通过期刊的影响因子来选择某一个学科领域比较有影响的期刊[5]。JCR 影响因子是用过去 2 年中发表文章被引用次数除以过去 2 年发表的论文总数计算得到的，可以衡量某一年中期刊发表的文章被引用的平均频率，由此来选择某一学科领域学术影响较大的期刊。

我们选择了“国际关系”领域 SSCI 收录的 51 种期刊中影响因子在平均值（见表 1）以上的 25 种期刊，如表 2 所示。

表 1　国际关系领域刊物的平均影响因子

Category（linked to category information）	Total Cites	Median Impact Factor	AggregateImpact Factor	Journals	Articles
INTERNATIONAL RELATIONS	17 442	0. 641	0. 735	51	1 772

（数据来源：2007 年 JCR 报告）

表 2　超过平均影响因子的 25 种国际关系领域代表性刊物及其影响因子

序号	Abbreviated Journal Title	ISSN	2007 Total Cites	Impact Factor
1	INT SECURITY	0162 – 2889	922	3
2	J CONFLICT RESOLUT	0022 – 0027	1 509	1. 975
3	BIOSECUR BIOTERROR	1538 – 7135	232	1. 881

续表

序号	Abbreviated Journal Title	ISSN	2007 Total Cites	Impact Factor
4	FOREIGN AFF	0015 – 7120	1 137	1. 854
5	WORLD POLIT	0043 – 8871	1 286	1. 568
6	INT STUD QUART	0020 – 8833	871	1. 386
7	STANFORD J INT LAW	0731 – 5082	68	1. 286
8	AM J INT LAW	0002 – 9300	1 141	1. 191
9	EUR J INT RELAT	1354 – 0661	276	1. 162
10	INT AFF	0020 – 5850	391	1. 131
11	COMMON MKT LAW REV	0165 – 0750	234	1. 117
12	MAR POLICY	0308 – 597X	605	1. 104
13	REV INT POLIT ECON	0969 – 2290	360	1
14	COLUMBIA J TRANS LAW	0010 – 1931	164	0. 905
15	J PEACE RES	0022 – 3433	778	0. 892
16	REV INT STUD	0260 – 2105	338	0. 855
17	EUR J INT LAW	0938 – 5428	237	0. 836
18	ALTERNATIVES	0304 – 3754	135	0. 816
19	CONFLICT MANAG PEACE	0738 – 8942	149	0. 756
20	WASH QUART	0163 – 660X	219	0. 723
21	WORLD ECON	0378 – 5920	558	0. 715
22	SURVIVAL	0039 – 6338	206	0. 684
23	MILLENNIUM-J INT ST	0305 – 8298	233	0. 673
24	JCMS-J COMMON MARK S	0021 – 9886	584	0. 653
25	SECUR STUD	0963 – 6412	152	0. 641

（数据来源：2007 年 JCR 报告）

在这些期刊中以“中美关系”为主题词检索 2000—2007 年的所有文献。需要特别说明的是，影响因子高的期刊中，中美关系有时并不是一个广受关注的问题，因此这方面的文章发文量并不高。比如，在排名第二的“J CONFLICT RESOLUT”中，检索“中美关系”结果为零。因此，我们选择的期刊仅仅参考了 JCR 的排名，最大可能选择影响因子排名在平均值以上的期刊。

根据上述分析，结合刊物 JCR 影响因子的比较，我们一共选择 50 篇期刊论文作为我们的研究样本。

3.3 从检索出文献的第一作者看

从第一作者来看，2000—2007 年的 231 篇论文的作者是非常分散的，一共有近 200 个作者；其中 7 位作者各自有 3 篇论文被 SSCI 收录，这 7 位作者有可能就是该学科领域的专家，他们分别是 Christensen TJ、Cheng JYS、Goh E、Harris S、Shambaugh D、Sutter R 和 Tucker NB。我们分析这些作者可能是中美关系领域的研究专家，他们的论文也可以重点关注。经过 GOOGLE 搜索验证，这 7 位作者的确是活跃在该领域的研究人员。如上文已经提到的 Christensen TJ 是前美国国务院主管亚太事务的副助理国务卿，David Shambaugh（中文名沈大伟）是乔治·华盛顿大学埃略特国际关系学院政治学和国际关系教授，Sutter R 是美国乔治敦大学中国问题教授。以上这些都是活跃在美国研究中美关系的学者、专家，因此这些作者的文献可以重点关注。

4 利用 SSCI 作为国际关系研究领域科学计量方法的“原料库”

计量分析是当代社会科学研究的重要发展趋势之一。在国外，对社会科学的研究，除运用定性分析外，采用科学计量指标对社会科学的计量分析与研究也较为盛行。特别是 20 世纪 70 年代后期开始，英国情报学家布里顿在英国巴思大学进行社会科学情报需求调查（INFROSS）等项目所获取的数据基础上作了深入的研究，在《国际社会科学》等杂志发表了许多文章，提出了一些经典的概括性论述。布里顿利用定量分析方法解析社会科学的清晰程度，是定性分析所难以达到的，在国际社会科学界产生了重大的影响。

在国内，近几年也出现了应用计量分析进行中国社会科学研究的论著。如社科情报学者范并思先生，采用科学计量指标定量地分析了中国社会科学内部结构的变化与发展趋势，研究了文、史、哲、经、教、法、政等主要的一级学科内部各子学科的报刊文献数据的变化，中国社会各学科的作者分布状况及相关排名，中国社会科学各学科的核心报刊分布，等等[6]。

在笔者从事的美国对华研究课题过程中，我们发现SSCI可以作为国际关系领域科学计量方法的“原料库”。我们还是以我们课题样本中入选的作者“柯庆生”为例来说明。

我们在SSCI数据库中，以作者为“CHRISTENSEN TJ”进行检索，检索时间范围是1975—2008年，一共检索出15篇文献。SSCI可以对这些文献的发表时间、发表期刊种类、发表领域、引用这些文献的时间年份等各种类型进行统计分析，结果分别如表3～表5和图1所示。

表3　柯庆生发表论文的时间统计表

Publication Year	Record Count	% of 15
2001	3	20.00%
1997	2	13.33%
1990	1	6.67%
1991	1	6.67%
1992	1	6.67%
1993	1	6.67%
1998	1	6.67%
1999	1	6.67%
2000	1	6.67%
2002	1	6.67%
2006	1	6.67%
2008	1	6.67%

（数据来源：Web of Science，下同）

表 4　柯庆生发表论文的期刊统计表

Source Title	Record Count	% of 15
INTERNATIONAL SECURITY	8	53. 33%
AMERICAN POLITICAL SCIENCE REVIEW	2	13. 33%
INTERNATIONAL ORGANIZATION	2	13. 33%
PACIFIC AFFAIRS	1	6. 67%
RESEARCH IN DEVELOPMENTAL DISABILITIES	1	6. 67%
WASHINGTON QUARTERLY	1	6. 67%

表 5　柯庆生发表论文的领域统计表

Subject Area	Record Count	% of 15
INTERNATIONAL RELATIONS	11	73. 33%
POLITICAL SCIENCE	2	13. 33%
AREA STUDIES	1	6. 67%
EDUCATION, SPECIAL	1	6. 67%
LAW	1	6. 67%
REHABILITATION	1	6. 67%

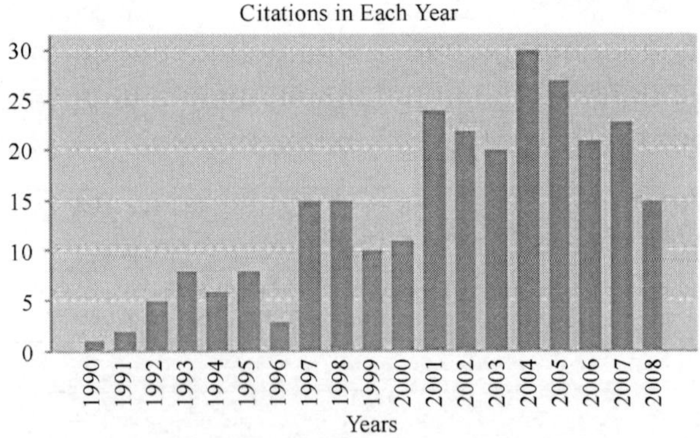

图 1　引用柯庆生论文的时间表

可见 SSCI 具有非常强大的分析统计功能，因此我们可以说 SSCI 可以作为国际关系研究领域科学计量方法的“原料库”。

5 运用 SSCI 数据库中应该注意的几个问题

经过本次课题研究我们发现，SSCI 虽然是一个很好的数据库，但是在具体的使用中也应该注意一些问题。

第一，由于 SSCI 是由美国科学信息研究所创建，因此其文献来源以美国为主，收录文献语种以英语为主，其他语种相对较少。虽然其收录的期刊分别分布在全世界 40 个国家或地区，但美国占居霸主地位，期刊数、论文数接近总期刊数的 60%，因此其反映的更多是美国人眼中的世界学术格局，具有一定的局限性[7]。另一方面，SSCI 注重收录当前热门研究领域及研究人员众多的期刊，因此在收录期刊的种类和学科分布上也并不均衡[8]。

我们还是以中美关系为例，在主题中输入“(US or USA or America or American) and (China or Chinese or Sino)”进行检索，共检索到“国际关系”领域相关文献 277 篇（检索时间：2009 年 9 月 26 日）。我们对这些论文进行分析可以发现，其中超过三分之一的文章都来自美国，中国的文章仅占 6.86%，如表 6 所示。

表 6 中国关系论文的国家/地区分布情况

国家/地区	记录数	% of 277
USA	108	38.99%
ENGLAND	22	7.94%
PEOPLES R CHINA	19	6.86%
AUSTRALIA	16	5.78%
TAIWAN	10	3.61%
JAPAN	9	3.25%
SOUTH KOREA	8	2.89%
CANADA	7	2.53%
BELGIUM	4	1.44%
FRANCE	4	1.44%

第二，SSCI 本身标引和著录不规范。比如作者为 Christensen TJ 的论文“Fostering stability or creating a monster? The rise of China and US policy toward East Asia”，SSCI 显示有 159 条参考文献，实际上这篇文献的参考文献超过 200 条。该期刊的参考文献都出现在文章的脚注，且每个序号的脚注经常出现 2 条以上的参考文献，因此 SSCI 对这些参考文献的著录是不完全的。

第三，SSCI 对于中文文献中作者名字的著录不一致。以著名中美问题专家“阎学通”为例，他的名字在 SSCI 中可能是“yan xt”，也可能是“yan x”，或者是“xuetong y”。这些作者著录格式的不同会使得检索中的查全查准率降低，导致研究结果的偏差。

综上所述，SSCI 从严格意义上说并非是一个专门的文献检索数据库，它更多反映的是文献之间的引用关系。但是在目前各大图书馆和情报机构社科文献检索数据库相对不足的情况下，SSCI 仍不失为一种实用有效的检索工具。通过 SSCI 数据库，我们可以从文献的来源以及第一作者的被引用次数等多角度对某一学科进行文献分析，为进一步的研究服务。

参考文献

[1] 陆宏弟，章謇．港台高校人文社会科学研究现状比较 - 基于文献被 SSCI、A&HCI 收录情况的定量分析．情报科学，2007，25(4)：557 - 561.

[2] 何小青．建国以来我国人文社会科学学术研究国际化发展学科分析．东岳从论，2008，29(3)：24 - 31.

[3] Social Sciences Citation Index. [2008 - 03 - 22]. http://scientific. thomson. com/products/ssci/.

[4] 华薇娜. 1982 - 1996 年 SSCI 收录我国社会科学文献的定量分析．南京大学学报（哲学·人文·社会科学），1999(3)：188 - 191.

[5] 褚超孚，刘艳阳，熊晓英. SSCI 期刊学科分布对社会科学科研

评价指标的影响. 科学学与科学技术管理,2003(11):19-22.
[6] 金武刚. 定量研究中国社会科学:一项来自3199篇论文的内容分析. 情报资料工作,2002(4):52-57.
[7] 姜春林，梁若愚，田文霞. SSCI期刊分布及其对我国社会科学评价的影响. 科技进步与对策,2008,25(1):139-141.
[8] 吴丹青，褚超孚，吴光豪，等.SSCI作为我国社会科学评价指标的若干思考. 统计与决策,2005 (10):36-38.
[9] 程莹，刘念才. SCIE、SSCI期刊跨学科现象的定量分析. 情报科学,2005,23(2):237-240,263.
[10] 张秋.SSCI收录的图书馆学情报学期刊-基于JCR网络版(2003)的分析. 图书情报工作,2006,50,(2):127-130.
[11] 王学勤，章蕾，潘继进，等.SSCI收录的图情学期刊的统计分析与研究. 图书情报知识,2005(5):73-76.

作者简介

夏　磊，女，1978年生，馆员，硕士研究生，发表论文10余篇。

张　帆，女，1972年生，馆员，硕士研究生。

第五节　系列报告的文献研究：框架内容研究和词频分析

在许多领域中，国家政府、机构团体等经常会发表一些年度系列报告，如中国政府发布的年度《中国国防白皮书》、美国国防部发表的年度《中国军力报告》等，对于这类系列报告的研究通常是由相关领域的专家学者研读具体报告内容，根据他们自身的学科知识和经验观点对报告内容进行定性判断、各抒己见，这类研究根据各个专家学者的学识背景、政治立场、生活经历等情况的不同，所阐述的观点应该说具有一定的主观性，但仍然是目前研究的主流方式。

与此同时，由于数字化文本的普及应用和相关工具的逐步成熟，对文本内容的进一步定量分析研究已经成为当前的热门。笔者认为，对单篇文章的定量分析往往会因为参照物的缺失而难以立论，在这方面，系列报告可能恰恰是一个突破口，因为一般而言，系列报告无论在格式还是用语上都属于比较严格意义上的同类文献，因此对系列报告进行的各种定量分析实验，可能会比其他文献在系统性方面略胜一筹。

本文以《中国军力报告》系列报告作为研究样本，尝试采用图情领域的方法，对系列报告进行定量为主、定性为辅的文献研究。

1 《中国军力报告》简介与研究目的

1.1 《中国军力报告》简介

2000 年，美国国会通过国防授权法案，其中要求美国国防部长必须每年就中华人民共和国当前与未来的军事战略递交报告，内容包括人民解放军目前及未来 20 年间军事技术的发展走向，以及中国大战略、安全战略、军事战略、军事组织与作战概念的要旨和可能的发展。由此，每年一份的《中国军力报告》诞生了，这份美国国防部递交国会的年度例行报告，除 2001 年因总统换届而取消外，每年都会发布，到 2008 年一共出版了 8 份[1]。

1.2 研究背景与目的

本文试图采用图情领域的分析方法，尝试对系列报告进行分析研究，采用的分析样本是美国国防部公开发表的《中国军力报告》系列报告。本文的研究基础来源于国家社会科学基金项目“美国精英对华研究的信息源分析”，该项目主要研究美国精英在对华研究过程中撰写著作、报告等文字性资料时参考的信息源情况，课题研究对象选取了 10 本图书、51 份报告和 50 份期刊论文，研究这些文献的引用情况。经过统计，样本总计文献类引文数量超过 16 000 条，而在这些被引文献中，由美国国防部发表的《中国军力报告》系列报告出现频次居首位，由此可见，该系列报告在美国精英进行对华研究过程中，起到了非常重要的作用，是最主要的信息来源之一。

由此，本文将美国国防部2000年至2008年公开的8份《中国军力报告》作为独立样本进行研究，从图情方法角度考察该份系列报告的重点内容和变化趋势以及美国精英对华研究主要信息源的一些特点。

2 系列报告的框架内容研究分析方法

由于系列报告与其他类型文献相比具有周期性、连续性，各年度报告之间有时间和内容上的承接关系，因此在报告关注主题和具体内容上也存在着许多关联之处，分析系列报告的框架结构，可以从总体上考察各年度报告的内容变化发展，了解报告出版和撰写者的主要目的与内容重点，同时又不必逐字逐句研读所有报告的具体内容。

因此，本文提出一种系列报告的框架内容研究分析方法，从总体上研究系列报告的框架体系内容，可以较为有效地在短时间内有重点的了解这些系列报告的核心内容，挖掘系列报告重点内容的变化趋势。

研究系列报告的框架内容最直接有效的方法就是分析对比报告的主要章节标题内容。章节标题是对报告各个段落部分主要内容的高度浓缩和概括，从时间角度纵向对比研究每份报告章节标题的内容变化，可以从总体上发现各时期报告关注的主题变化和研究重点，同时考察其今后的发展趋势与规律。

以《中国军力报告》系列报告为例，对报告的一级章节标题的文字内容进行分析对比，由表1可以发现，报告写作框架格式可以分为两个阶段，第一阶段是从2000年到2004年，报告逐步形成规范格式；第二阶段从2005年至今，报告按照固定格式撰写。2005年与2006年的报告一级章节标题完全相同，2006年与2007年相比仅仅在第四、第五章顺序上改换了一下，其他内容没有改变。2007年和

2008 年报告相比，后者仅在最后增加了一个特别专题章节，其他一级章节标题也是完全一致。

从报告框架的章节内容也可以看出历年报告主要关注内容。首先，中国军事战略和台海安全问题一直是中国军力报告关注的重点，每份报告都有章节论述。另外，中国军事现代化的发展也引起的美国国防部的关注。从 2002 年开始，中国军事现代化一直有独立章节进行介绍。

由上述分析发现军力报告已经按照固定格式撰写，说明《中国军力报告》在整体内容上已经定下了基本框架，以此还可以判断今后《中国军力报告》的主要撰写框架内容。在中美关系、中国军事战略未发生重大改变的前提下，通过框架内容分析，可以推测 2009 年度《中国军力报告》依旧会采用已经形成的框架结构。

表 1　历年《中国军力报告》章节标题

第一阶段				
章节	2000 年	2002 年	2003 年	2004 年
第一章	中国大战略、安全战略和军事战略目标	引言：认知差距和不确定性	引言：认知差距和重要发展	引言：重要发展
第二章	中国军事理论和军事结构的发展	中国战略目标和趋势	中国战略目标和趋势	军事战略、理论和训练趋势
第三章	台湾海峡安全局势	中国军事现代化	领导交接	军事现代化的资源
第四章	/	前苏联和中国的合作	中国军事现代化	军事现代化
第五章	/	台湾海峡安全局势	台湾海峡安全局势	中国军事现代化与台海安全
第六章	/	结论	结论	/

续表

第二阶段				
	2005 年	2006 年	2007 年	2008 年
中国的主要发展	第一章	第一章	第一章	第一章
对中国战略的理解	第二章	第二章	第二章	第二章
中国的军事战略和理论	第三章	第三章	第三章	第三章
推动中国军事现代化的资源	第四章	第四章	第五章	第五章
中国军事现代化的目标和趋势	第五章	第五章	第四章	第四章
军事现代化与台海安全	第六章	第六章	第六章	第六章
解放军现代化的人力资源	/	/	/	特别专题

值得一提的是，在2008年12月底完成的国家社会科学基金项目“美国精英对华研究的信息源分析”中的“《中国军力报告》系列报告研究”专题报告，也通过采用框架内容分析方法得出过以下结论：“在报告的写作班子和美国政府对华战略没有发生重大改变的情况下，可以大胆判断2009年的《中国军力报告》将仍然沿用之前已经形成的写作框架体系，改变之处可能就是像2008年版那样对于某一主题做一特别专题研究。”而在2009年3月25日，美国国防部正式公布了2009年版《中国军力报告》的主要框架内容正是如此，其主要框架仅将第一章节与第六章节位置互换，名称虽改为“每年更新”，但二级标题内容仍然是关于“中国的主要发展”，并且也继续保留特别章节内容，而其他章节标题没有改变。由此，系列报告的框架内容分析结果也得到了印证。同样的框架内容分析方法也可以应用于其他各个领域的系列报告。

3 词频分析方法考察系列报告：关键词、用词模式和变化趋势

词频分析方法的词频统计、关键词分析经常被用于描述某学科领

域的研究状况，进而揭示该领域的研究热点和发展趋势[2]。本文也采用 WordSmith 分析软件的几个词频分析功能来考察《中国军力报告》系列报告的关键词、用词模式和变化趋势。

3.1 总体词频统计分析

首先采用 WordSmith 词频分析软件对《中国军力报告》系列的文献全文内容进行词频统计，研究其用词规律，考察中国军力报告关注重点。通过词频分析软件的 Wordlist 功能，统计出历年报告共用到近 7 500 个词汇以及每个词汇的词频数量并按照词频高低排列。表 2 列出了 2000－2008 年全部报告内容去部分虚词后排名前 50 位的统计结果：

表 2　2000—2008 年《中国军力报告》全部报告内容前 50 位词频统计结果示例

排序	关键词	频次	排序	关键词	频次
1	CHINA	3 353	26	NEW	312
2	MILITARY	1 680	27	SECURITY	303
3	TAIWAN	1 109	28	RANGE	301
4	PLA	1 090	29	WARFARE	300
5	DEFENSE	826	30	ECONOMIC	294
6	BEIJING	730	31	AGAINST	273
7	FORCE	695	32	FOREIGN	271
8	AIR	665	33	FOREIGN	268
9	FORCES	625	34	PEOPLE	266
10	CHINESE	511	35	STRATEGIC	254
11	SYSTEMS	505	36	SYSTEM	254
12	POWER	498	37	NUCLEAR	253
13	OPERATIONS	478	38	TRAINING	252

续表

排序	关键词	频次	排序	关键词	频次
14	DEVELOPMENT	462	39	ADVANCED	248
15	COULD	452	40	SPACE	246
16	STRATEGY	433	41	STATES	239
17	WOULD	432	42	MODERN	236
18	AIRCRAFT	413	43	STRAIT	233
19	NATIONAL	405	44	LEADERS	232
20	TECHNOLOGY	374	45	POLITICAL	229
21	CAPABILITIES	371	46	DEVELOPING	228
22	MISSILE	370	47	CAPABILITY	227
23	MODERNIZATION	349	48	LIKELY	217
24	WEAPONS	331	49	GROUND	214
25	MISSILES	317	50	WAR	208

由表2的词频列表可以考察《中国军力报告》的主要关注内容。“China”和“Military”分别是排序最高的两位，随后排名前十中“PLA（第4位），Defense（第5位），Force（第7位），Forces（第9位）”这些表明军事防御和军事力量的词汇占据了主要位置，理所当然的，美国国防部出台《中国军力报告》研究的主要对象就是中国军事和军力情况。另外，“Taiwan”一词排名第三位，显然台湾问题是军力报告关注的重点。

进一步研究词频发现，在军事领域主题中词频中，依次有“Operations（第13位），Strategy（第16位），Technology（第20位），Modernization（第23位）”，这些词汇相应表明军力报告关注的军事主题包括军事行动、战略、技术和现代化等领域内容。

在军事武器装备方面，通过表2的词频列表还可以发现表征各类武器装备的词汇，依次有“Aircraft（第18位），Missile（第22位），

Weapons（第 24 位），Missiles（第 25 位），Nuclear（第 37 位），Space（第 40 位），Ground（第 49 位），Naval（第 53 位）”，基本可以看出军力报告主要关注的武器装备有飞机、导弹、核武器、空间武器、地面武器和舰船武器。

从表 2 中还能发现，除了表示军事领域的词汇外，还有一些其他领域的词汇也列入了前 50 位。如经济方面有“Economic（第 30 位）”，政治方面有“Political（第 45 位）”，还有和人物有关的有“People（第 34 位），Training（第 38 位），Leaders（第 44 位）”，表明军力报告还对经济、政治、国家领导人以及相关人员培训的情况进行了研究。

3.2 词频分析考察系列报告用词变化趋势

至 2008 年年底，《中国军力报告》已经出版了 8 份，除了可以从总词频中发现报告的关注重点，还可以通过对历年报告的词频分析研究各个年度报告用词的变化，考察各年度报告关注的内容的变化趋势。

3.2.1 各领域关注度变化趋势

结合表 2 的词频列表，选取“Military，Strategy，Technology，Economic，Policy”五个词汇分别代表军事、战略、技术、经济和政治 5 个领域，并且将一些单复数、词性变化的词汇也进行合并，如将“Economy，Economics，Economic”合并入“Economic”，“Strategic，Strategies，Strategy”合并入“Strategy”等，汇聚成一类词频，可得到了历年《中国军力报告》关于 5 个领域的绝对词频变化情况。每年度《中国军力报告》的词汇数量各有不同，因此，根据各年度报告词汇量对词频数据进行修正后得到了相对词频变化趋势。

从图 1 中可以发现表示军事的“Military”词频一直保持上升趋势，而且词频一直高于其他几个领域的词汇，差距也逐年拉大，到 2006 年达到最高峰。可以说报告对于军事领域的关注度逐年加大。而表示技术领域的词汇“Technology”则逐年呈下降趋势，直到 2008

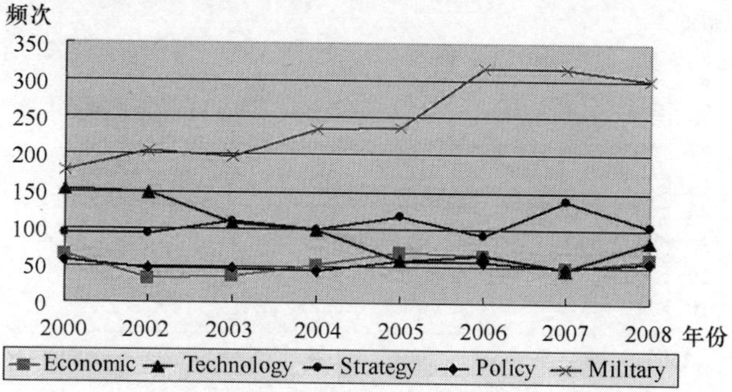

图 1　历年《中国军力报告》关于五个领域的
相对词频变化情况

年才稍有回升。分别表示战略、经济和政治的词汇“Strategy，Economic，Policy”一直保持较为平稳的词频，相对军事领域来说，报告对于中国战略、经济和经济问题关注度变化不大。

3.2.2　军事装备关注度变化趋势

历年《中国军力报告》关注最多的还是中国军事领域情况的变化，而各种武器装备的情况也是历年报告主要的构成部分，因此，对“Space，Nuclear，Ground，Aircraft，Navy”这几个词进行分析，考察报告对于各类武器装备的关注度变化。其中将“Naval，Navy”的词频合并入“Navy”进行统计，然后再根据历年报告词汇量考察各词汇的相对词频变化趋势。

从图 2 看出，2000—2003 年之间，各个词频略有变化，但“Aircraft，Navy”词频量一直高于“Ground，Space，Nuclear”，其中表明核武器的“Nuclear”排在最后。而 2004 年开始报告对各种军事装备的关注度开始有了较大的波动和差异，特别对于核武器与空间武器装备，“Nuclear”的词频从 2004 年开始快速上升，到 2006 年超过其他所有领域词汇到达最高峰。而“Space”的词频在 2007 年突然骤然上升，并在 2007 年和 2008 年都保持在各个领域第一。表示地面部队和装备的“Ground”一词，从 2003 年的第三位开始下降到 2005 年以后

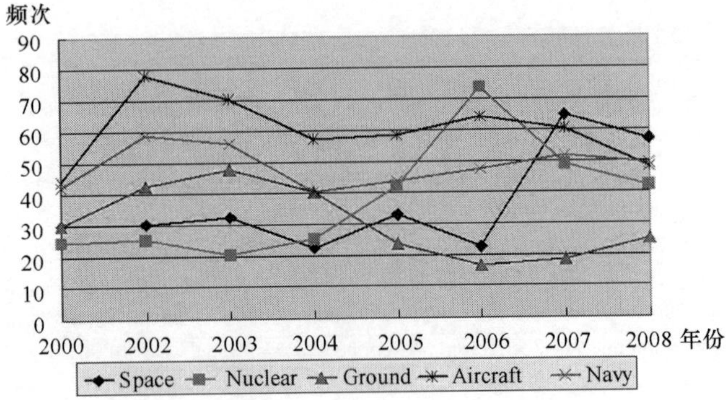

图2　历年《中国军力报告》对各种武器装备词汇相对词频变化情况

的最后一位。而表示海军和空军的“Navy，Aircraft”仅在2002年有所上升，之后一直小幅下降，2004年以后基本保持恒定。应该说这个词频变化情况大致反映了历年《中国军力报告》对中国各种军事力量和装备的关注变化——从常规性武器装备逐步转向核武器、空间武器等装备。

3.3　关键词用词模式分析

Wordsmith软件具有Concord用词模式分析功能，可以进行词组研究，特别是分析指定关键词的用词搭配方式，以此了解关键词用词规律和模式。

台湾问题一直是中美关系中最为重要和敏感的话题之一，每年度《中国军力报告》都会有对台湾问题进行专门论述。采用WordSmith的Concord功能对所有年份报告中“Taiwan”一词进行模式分析（见表3），在去除部分虚词后可以发现“Taiwan”之前的动词主要是“Preventing，Compel，Degrade，Attack，Prevent”这类具有进攻、迫使、防止等敌对意义的词语。

表 3 "Taiwan"一词的使用模式

左侧第一词	中心词	右侧第一词
AGAINST	TAIWAN	STRAIT
OPPOSITE		INDEPENDENCE
OVER		ISSUE
BEYOND		MILITARY
ENABLE		CONFLICT
PREVENTING		PRESIDENT
COMPEL		DEFENSE
DEGRADE		FORCES
ATTACK		AIR
PREVENT		CONTINGENCY

另外，通过用词模式分析也可以发现，除了"The Taiwan Strait"一部分名词词组外，和"Taiwan"搭配使用频率较高的动词词组主要有"Force Against Taiwan"，"Invasion Of Taiwan"和"Action Against Taiwan"等。这表明《中国军力报告》在台湾问题方面主要关心的是台海军事力量平衡以及台湾地区受到武力威胁的问题。

当然，其他任何关键词都可以采用同样的方法进行用词模式分析，分析它们在文中主要的词组搭配，寻找语义规律。

4 图情方法在《中国军力报告》中应用研究的结论和体会

本文采用图情研究方法对《中国军力报告》系列报告进行了研究分析，考察系列报告的总体框架结构、关键词、用词模式和变化趋势，研究方法与结论是对相关领域专家及学者研究的一种补充，作为一个独立的研究，并非取代或驳斥他们的研究方法和观点。

通过采用框架内容研究发现了《中国军力报告》系列报告已经

形成固定框架格式，同时在中美关系、中国军事战略未发生重大改变的前提下，通过框架内容分析，也可以推测 2009 年度《中国军力报告》仍会采用固定的框架结构，并且也得到了相关印证。通过采用词频分析中的关键词用词模式和变化趋势分析，可以发现历年报告的关注重点以及各个领域内容的变化趋势。因此，由于系列报告在时间和内容上的连续性，框架内容研究和词频分析在系列报告研究中可以发现相关的规律与特点。

另外，本文选择的样本《中国军力报告》涉及军事、政治等内容，因此，词频分析等图情方法在对中美关系等其他学科领域的研究中也具有用武之地。当然，词频分析这一方法是具有其局限性的，特别对于中美关系这样较为复杂和敏感的领域，并非能够依据简单的词频高低来判断所述内容的重要性的，而且词语在句中不同的位置和组配方式也可能形成完全不同的含义。

当然，单独来看本研究的结论本身可能在中美关系的研究领域里不具有很大学术价值的，但是作为情报分析研究的成果，这样的工作对于那些专业研究人员应该有所启发和帮助，可以为他们定性地研判提供某些新的视角。在方法上，本研究仅仅是初步尝试，希望以这样的思路有更多领域的试验，并可以尝试工具化软件化，以逐步提高实用的效果。

参考文献

[1] U. S. Department of Defense. Annual Report to Congress: Military Power of the People's Republic of China. [2009-03-01]. http://www.defenselink.mil/pubs/china.html.

[2] 邱均平，谭春辉，文庭孝．2004 年国内外情报学研究重点及其演进．图书馆论坛，2005(6):71-75.

作者简介

罗天雨，男，1981 年生，工程师，发表论文 5 篇；

郑晓乐，女，1980 年生，馆员，发表论文 7 篇。

第三章　开展技术竞争情报过程研究

技术竞争情报作为一个研究领域已经引起了国内外同行专家的重视，并借鉴竞争情报理论与实践、企业战略管理、科技发展战略研究以及情报学理论与方法等的研究成果，逐渐明确了其研究方向，深化了其研究内涵。但是，技术竞争情报的研究和应用还有赖于对技术竞争情报机制的分析，从实践总结中明确技术竞争情报的运作过程。因此，研究技术竞争情报过程是深化技术情报在技术创新过程中作用的关键点，也是开展技术竞争情报系统建设的理论基础。

在美国、德国、法国、英国、荷兰、加拿大、瑞典、西班牙、日本等国家，不同研究机构都积极开展了技术竞争情报过程的研究，从企业技术活动和技术竞争情报活动的案例调查出发，研究技术竞争情报在企业技术创新和技术决策中的作用，总结企业技术竞争情报流程和模式，构建企业技术竞争情报系统的运行框架。Pascal Savioz① 以 Institute Straumann AG 公司为案例，分析了技术型中小企业的技术竞争情报过程，指出了技术把门人在企业技术竞争情报系统中的地位与作用。Eckhard Lichtenthaler②③ 通过对 25 个跨国企业在技术关键时期

---

① Pascal Savioz. Technology intelligence: Concept design and implementation in technology-based SMEs. USA: PALGRAVE MACMILLAN, 2004.

② Eckhard Lichtenthaler. Technological change and the technology intelligence process: A case study. J. Eng. Technol. Manage, 2004 (21): 331 – 348

③ Eckhard Lichtenthaler. Managing technology intelligence processes in situations of radical technological change. Technological Forecasting & Social Change, 2007 (74): 1109 – 1136.

的技术竞争情报过程管理的研究，分析了三种企业的技术情报过程以及技术竞争情报的扫描和监测过程。我国部分学者也开始了对技术竞争情报过程与模式的总结，但是大部分研究还只是针对一些技术竞争情报的相关概念和内涵进行框架设计，还没有开展有效的技术竞争情报过程研究，仔细分析技术竞争情报的关键过程和作用点。

为了加强技术竞争情报的过程研究，指导技术竞争情报的实践应用，本专题组织了5篇文章，从不同侧面对技术竞争情报的作用过程和关键要素等做了一定的探讨。其中，《企业竞争情报过程模型的关键机制分析》总结归纳了竞争情报过程中的三种机制，即：关键情报课题机制、信任机制和决策整合机制；《技术竞争情报在技术转移过程中的作用研究》以技术转移过程为纲，剖析了技术转移过程中技术竞争情报的作用机制和服务内容，从技术转移全过程中分析了技术竞争情报的作用类型，提出了利用技术竞争情报服务促进技术转移的措施；《一种关键情报课题管理模型》从竞争情报的管理过程出发，提出了新的关键情报课题管理模型，有效地表示有关情报需求、情报支持和情报要素，帮助竞争情报专业人员更好地搜集、分析和整合决策者的情报需求；《开放式创新模式下的技术搜索及其流程研究》研究了技术搜索的内涵和特征，从技术情报作用流程的角度构建了一个技术搜索的概念模型与工作流程，并对流程各阶段的工作内容进行了详细剖析，明确了技术搜索在技术竞争情报过程中如何有效发挥作用；《北京市高新技术企业技术竞争力实证研究》以北京市的企业为实证研究对象，通过调查问卷所得数据分析了北京市企业的技术竞争力发展现状，分析了影响企业技术竞争力的要素，提出了加强企业技术竞争力的建议与措施。

中国科学院国家科学图书馆研究员
刘细文

第一节　企业竞争情报过程模型的关键机制分析

1　引　言

竞争情报过程与流程一直是竞争情报研究的基本问题[1]。竞争情报流程是开展竞争情报工作的基本程序，由竞争情报工作开始到决策付诸实施的各个环节构成；竞争情报过程模型则是对竞争情报流程及相关要素的简单、直观描述。目前，国内外学者已经构建了不同的竞争情报过程模型，这些过程模型包含特定的竞争情报主体和关键的工作机制，随着竞争情报的演化，这些主体和关键机制也出现了相应的变化，若能清晰地认识这些主体和关键机制，并揭示它们的变化特点，对于我们认识竞争情报过程和开展竞争情报工作具有一定帮助。

2　竞争情报过程模型

企业竞争情报是一个实践先于理论的领域，早在20世纪50年代美国的一些跨国公司就开展了竞争情报活动[2]，至今，现代意义的竞争情报经历了几十年的发展历程。美国匹兹堡大学的Prooootts教授将竞争情报的演化历程划分为4个阶段：①1980年之前的“竞争数据搜集”阶段，竞争情报主要面向战术决策；②1980至1987年的“行业和竞争对手分析”阶段，竞争情报仍面向企业战术决策；③1988年至今的“竞争情报”阶段，竞争情报除面向企业战术决策外，还服务企业战略决策；④将来的“以竞争情报为核心能力”阶段，竞争情报面向企业的战略决策[3]。纵观竞争情报的演化过程，笔者围绕企业的关注重点和竞争情报的工作重心，归纳了三种竞争情报过程模型，即传统的过程模型、用户驱动的过程模型和面向知识管理的竞争情报过程模型。

2.1 传统过程模型

传统的竞争情报过程模型通过改进军事领域的“国家安全模型”（National Security Model）而来，它以竞争情报循环（CI cycle）为基础。二战后，竞争情报的热点从军事领域开始延伸到科技、经济领域，企业开始借鉴“国家安全模型”以开展竞争情报工作；在20世纪70、80年代，企业竞争情报工作的重点是竞争数据的搜集，尤其是对市场情报的搜集，对行业结构和竞争对手的分析虽然得到加强，但大多数企业的竞争情报工作仍然面向战术决策。在这段时期内，企业关注的问题是建立竞争情报部门，并顺利开展竞争情报活动，因此，从军事领域沿袭的过程模型在企业中仍然具有适用性。

Herring模型是传统过程模型中的典型。20世纪80年代中期，美国国家安全局职员Jan P. Herring离开国家安全局，进入摩托罗拉从事竞争情报工作，他将“国家安全模型”引入到商界，用于指导摩托罗拉的竞争情报工作。经过改进的“国家安全模型”后来被称为Herring模型，该模型在业界得到了广泛认可与应用。

2.2 用户驱动过程模型

用户驱动的过程模型实际上是一种竞争情报人员与企业决策者之间交流互动的模型。20世纪80年代后期，美国竞争情报从业者协会（SCIP）的成立推动了竞争情报理论和实践的发展，竞争情报在企业中如火如荼地开展起来，其中不乏经典的成功案例，但也有很多失败的例子。企业关注的重点不再是如何启动竞争情报工作，而是如何将竞争情报如何融入企业决策过程，使竞争情报工作取得成功。为此，美国生产力和质量中心（APQC）启动了一系列Benchmarking项目，开展了竞争情报最佳实践案例的研究[4]；用户驱动模型就是在2003年的“用户驱动的竞争情报：策划价值定位”（User-Driven Competitive Intelligence：Crafting the Value Proposition）项目中，由Prescott和Williams提出的[5]。

2.3 面向知识管理与决策过程模型

面向知识管理的过程模型是一种将竞争情报融入企业知识环境，服务于企业知识管理战略的模型。战略管理从20世纪60年代正式建立以来，经历了从市场观到资源观的转变；而知识作为企业最重要、最有价值的战略资源和资产[6]，是其他企业在短期内难以模仿的，是企业竞争优势的来源，因此，知识管理战略也就成了企业新的战略方向。对于实施知识管理战略的企业，如何将竞争情报融入知识环境中，服务企业知识获取、知识共享、知识应用和知识创新，正是学界和业界研究的热点。美国的 Waynre A. Rosenkrans 博士研究了 Herring 模型在企业的整个知识文化中的演变过程，提出了一种综合的面向知识管理的过程模型，简称为 Rosenkrans 模型。

3 Herring 模型的机制分析

Herring 模型围绕的主体是竞争情报人员，描述的是企业开展竞争情报工作的整个流程。该模型开始于决策者的竞争情报需求，经由规划与定向、情报搜集、情报处理、分析与情报产品和情报传播5个步骤，将情报结果传递给决策者、情报用户和其他用户，竞争情报人员根据用户反馈，再对竞争情报工作进行优化调整，从而形成一个竞争情报循环[7]，如图1所示。

情报需求分析是 Herring 模型的重点内容，它是企业竞争情报工作的起点，也是竞争情报各个工作环节的关键基础，决定着竞争情报部门采用的情报搜集和分析方法以及提供的竞争情报产品类型，同时也影响着决策者对竞争情报产品的满意度。因此，确定决策者真实的竞争情报需求是企业竞争情报工作成功的关键。Herring 模型为企业提供了一种有效的竞争情报需求分析机制，即关键情报课题（Key Intelligence Topics，KITs）机制。

KITs 机制包括 KITs 文化、KITs 流程和 KITs 三部分。KITs 机制是企业启动竞争情报工作的关键。在具体实施中，企业 KITs 文化的

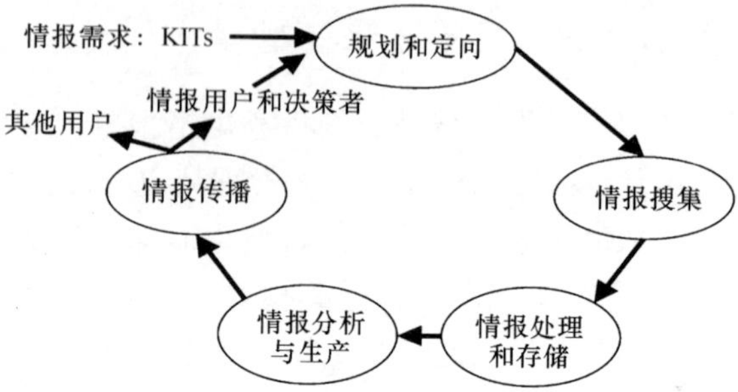

图1 Herring 模型

参考：Jan P. Herring. Key Intelligence Topics：A Process to Identify and Define Intelligence Needs. Competitive Intelligence Review，1999，10（2）：4－14.

创建和 KITs 数量的确定是需要解决的关键问题。企业要形成良好的 KITs 文化，就需要竞争情报人员对决策者进行竞争情报培训以及对决策者进行情报需求采访，而培训和采访工作并非任意竞争情报人员都能胜任，这就要求竞争情报部门合理安排培训和采访人员；企业 KITs 数量多少才合适，这与企业实际的情报需求以及企业对竞争情报部门的支持力度相关，竞争情报部门需要根据实际情报需求和不同类型情报课题之间的比例，调整竞争情报部门的人员结构，合理安排人力、资金等资源。而上述问题都可归为竞争情报部门建设问题，从此意义上讲，KITs 机制可以说是企业竞争情报部门建设的一种有效机制，其作用是优化企业竞争情报部门，促使企业竞争情报工作顺利开展。

4 User-Driven 模型的机制分析

User-Driven 模型由 Herring 模型调整而来，比 Herring 模型多了"共同执行"这一环节，包括规划和定向、情报搜集、情报处理和存储、共同生产、共同传播、共同执行 6 个环节。该模型涉及竞争情报人员和企业决策者两个主体，两者之间存在密切的信任关系，通过这种信任关系，竞争情报人员参与到企业决策的制定与执行过程之中，同时，企业决策者也被纳入竞争情报循环，参与竞争情报工作，如图2所示。

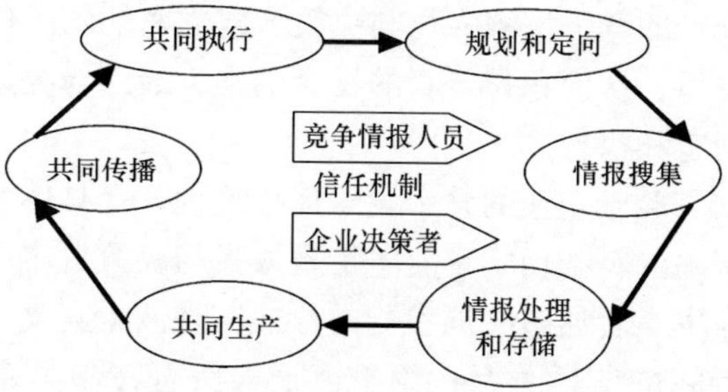

图2　User-Driven模型

在User-Driven模型中，企业竞争情报工作的重心出现了转移，对竞争情报人员的角色、职责及其影响的关注减少，更加重视竞争情报产品对企业职能部门的支持程度及其应用效果。而企业决策者利用竞争情报产品的程度，取决于决策者与情报人员之间的信任程度，因此，要提高竞争情报产品的决策支持力度，关键是要在竞争情报人员与企业决策者之间建立信任关系。User-Driven模型提供了一种有效的信任机制，用于建立两者之间的信任关系，如图3所示。

图3　信任机制

参考：John E. Prescott，Rachele Williams. The User-Driven Competitive Intelligence Model：A New Paradigm for CI. Competitive Intelligence Magazine. 2003，6（5）：10－14.

User-Driven模型的信任机制包括密切的工作关系、信任关系、社会资本和信任机制结果4部分内容[5]。信任关系是发展密切工作关系的结果；当竞争情报人员与决策者之间建立了密切的工作关系并形成了信任关系时，竞争情报人员也就积累了自身的社会资本；而共同生产、共同传播、共同执行则是信任机制的目的。实际上，信任机制是竞争情报人员与决策者之间的一种互动过程，通过两者互动实现信任关系的提升，即竞争情报人员与决策者建立密切的工作关系，进而发展到信任关系，从而积累自身的社会资本，最终与决策者共同参与企业决策的制定和执行。

信任机制贯穿于企业的整个竞争情报流程，在具体实施中，信任机制重点要解决的是如何实现竞争情报人员与决策者之间的互动。竞争情报人员与决策者通过共同参与的形式实现两者互动，从而逐步建立和提升两者间的信任关系；竞争情报人员直接参与企业的决策过程，了解决策者的情报需求，与决策者共同制定、执行企业决策，提高竞争情报部门对企业决策的支持力度；企业决策者则是参与企业的竞争情报流程，与竞争情报人员共同生产、传播和应用竞争情报产品，提高竞争情报产品的应用效果。这种共同参与过程其实是企业竞争情报流程和企业决策过程相互融合的过程，从此意义上讲，信任机制也是企业竞争情报流程和企业决策过程的融合机制，其作用是提高竞争情报工作的效果，以及竞争情报部门在企业中的地位。

5 Rosenkrans 模型的机制分析

Rosenkrans 模型描述的是在知识环境下，企业竞争情报工作如何服务企业的知识管理战略，如图 4 所示。

模型中的知识环境包括企业内部和外部环境，内部环境是指企业内部的智力资本和知识资本，它们是企业竞争优势的重要来源；外部环境是与企业利益息息相关的知识要素，包括外部知识创造者、系统创造者和数据创造者，这些知识要素对于企业管理模式变更、战略目标调整和竞争情报工作开展有着重要影响。该模型中，Herring 模型处于企业内部知识环境中，重点面向企业高层决策者，服务于企业的知识管理战略。

Rosenkrans 模型包含了两个新的主体，即情报整合者和情报知识

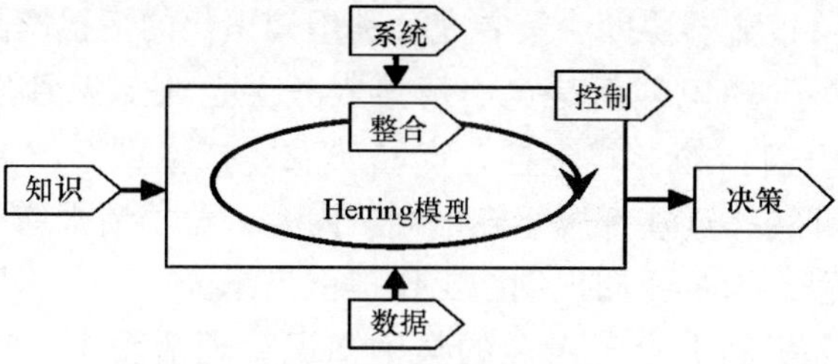

图4　Rosenkrans 模型

参考：Waynre A. Rosenkrans. Past，present and future directions for technical intelligence. Competitive Intelligence Review. 1998（2）：34－39.

控制者[8]。情报整合者的任务是将竞争情报流程与企业战略决策过程进行融合，建立与高层决策者的交流渠道，同时将决策者纳入竞争情报流程，生产出高附加值的竞争情报产品，并将这些产品用于企业决策的制定和执行过程。而情报知识控制者处于企业与外界的交界处，其任务是在企业内部和外部知识环境之间做好把关工作，保护内部的智力资本和知识资本。

在知识经济环境中，知识是企业竞争优势的来源，企业实施知识管理战略的目的是不断进行知识创新，以提升或保持这种优势，可以说，知识创新已经成为企业的一种核心能力；相应地，企业竞争情报工作也发生了一些重要转变，竞争情报主要面向企业知识管理战略，更加强调对企业知识创新的支撑力度。在这种情况下，竞争情报工作要实现对企业知识创新的有效支撑，知识服务机制是关键。

知识服务机制描述的是竞争情报如何服务于企业的知识获取、知识共享、知识应用和知识创新活动。竞争情报通过完善的情报网络（包括组织网络、信息网络和人际网络）帮助企业获取内部和外部知识。借助竞争情报交流渠道和知识库，竞争情报能够助力企业知识共享，交流渠道是竞争情报人员与情报用户之间建立起来的沟通渠道，这些渠道在知识共享中同样适用，而竞争情报知识库的共享能够实现知识在企业中的广泛传播。借助竞争情报流程与企业决策过程的融合机制，竞争情报能够协助决策者充分利用知识化的情报产品，提高知识应用的效果。知识创新是竞争情报服务于企业知识管理的最终体现，企业知识创新的形式多样，产品研发、技术创新、业务流程创新、战略目标转移这些都属于知识创新内容，竞争情报通过跟踪这些知识创新过程，为企业知识创新工作提供支撑。

知识服务机制贯穿于企业的整个知识管理活动中，在具体实施中，需要解决的关键问题是竞争情报与知识管理的整合。竞争情报和知识管理的整合是一个复杂的过程，包括 CIS 和 KMS 的整合、组织人员调整、工作流程重组等多方面，其中，竞争情报和知识管理之间的相似性和互补性是两者整合的前提，为整合提供了可能和必要，而服务企业知识管理战略则是两者整合的驱动力。通过竞争情报与知识管理的整合，竞争情报能够在战略层面发挥作用，更好地服务于企业知识创新。

6 结 语

通过上述竞争情报过程模型的机制分析可以看出，不同模型的关键机制之间存在很大差异，这些关键机制具有不同的特点，对竞争情报工作意义和作用也不同。

KITs 机制是一项关于竞争情报流程本身的机制，也是企业启动竞争情报工作的关键机制。KITs 机制是竞争情报项目的起点，其实质是情报需求分析；KITs 机制是开展竞争情报项目的最基本机制，如果将竞争情报工作看成是一系列竞争情报项目，那么它也是竞争情报工作的最基本机制。KITs 机制的意义在于帮助企业优化竞争情报部门，保证企业竞争情报项目顺利开展。

信任机制是一项关于竞争情报人员与决策者之间信任关系的机制，它贯穿于企业的整个竞争情报流程当中。信任机制强调竞争情报人员与企业决策者之间的互动，通过这种互动逐步建立信任关系，从而提高竞争情报工作的效果和竞争情报部门的地位。信任机制的意义在于实现竞争情报流程和企业决策过程的融合，提高竞争情报对企业决策的支持力度。

企业知识服务机制是一项关于竞争情报服务和企业知识管理的机制，它贯穿于企业的整个知识管理活动中。知识服务机制将竞争情报植根于企业的知识管理战略，一方面使竞争情报能够在战略层面发挥作用，更好地服务企业知识管理活动；另一方面使竞争情报工作能够在企业中稳定开展下去，避免受企业高层变动、经营方针调整等因素的影响。知识服务机制的意义在于实现竞争情报与知识管理的整合，提高竞争情报对企业知识创新的支撑力度。

在企业竞争情报的发展过程中，形成了不同的竞争情报过程模型。随着这些模型的演变，模型中的主体也在不断扩展，从最初的竞争情报人员逐步扩展到企业决策者、情报整合者和情报保护者这些与竞争情报密切相关的主体，而模型中的关键机制也在发生转移，从竞争情报循环本身逐渐转向企业决策过程、企业知识战略这些外围因素。可见，竞争情报过程模型的转变过程实际上是竞争情报主体不断扩展、关键机制逐渐转移的过程。

参考文献

[1] 刘冰．动态环境下的企业竞争情报价值链研究．情报杂志，2007(7):40－42.

[2] 彭靖里．国内外竞争情报研究发展综述．情报科学,1998,16(3):268－271.

[3] Prescott J E. The evolution of competitive intelligence designing a process for action. The Journal of the Association of Profosal Management Professionals. 1991,spring:38－52.

[4] APQC. User-driven competitive intelligence: Crafting the value proposition. [2009－03－24]. http://www.apqc.org/portal/apqc/ksn/01_UserDriven_ExSum.pdf?paf_gear_id=contentgearhome&paf_dm=full&pageselect=contentitem&docid=111491.

[5] Prescott J E, Williams R. The user-driven competitive intelligence model: A new paradigm for CI. Competitive Intelligence Magazine. 2003,6(5):10 –14.
[6] 蒋日富,霍国庆,谭大鹏,等. 企业知识管理战略研究综述. 图书情报工作,2007,51(2):2 –6.
[7] 谢新洲. 企业信息化与竞争情报. 北京:北京大学出版社,2006:87 –90.
[8] Rosenkrans W A. Past, present and future directions for technical intelligence. Competitive Intelligence Review. 1998(2):34 –39.

作者简介

刘细文，男，1965 年生，研究员，发表论文 20 余篇；

刘锟发，男，1984 年生，硕士研究生。

第二节　技术竞争情报在技术转移过程中的作用研究①

1　引　言

企业技术创新活动是一个综合利用企业内外资源，实现资源增值并为企业带来价值的过程。在这个过程中，企业需要引进外部技术资源来解决内部的产品和技术问题，也需要实现创新成果与技术向企业外部的转移，为企业带来直接或间接的经济价值。技术资源在企业内外的流动需要技术转移发挥作用，技术转移是企业技术创新工作中的

① 本文系北京市科学技术研究院萌芽计划基金“地方科学院科技创新联盟合作模式研究”研究成果之一。

一项重要活动，是实现技术快速发展的有效途径。

技术转移（Technology Transfer，TT）是指科学技术通过其载体（人、物、信息）在国家、地区和行业之间的输入与输出过程[1]，它的核心是技术信息或知识，而技术竞争情报（Competitive Technology Intelligence，CTI）正是对技术信息进行搜集、整理、分析、加工的过程以及这个过程所形成的情报产品，李艳（2006 年）将其定义为：技术竞争情报是指能给组织的竞争地位带来重大影响的外部科学或技术的威胁、机会或发展的信息，以及这些信息的获取、监控、分析、前瞻和预警过程，是竞争情报理论和方法在科技领域中的应用[2]。从两者的定义可以看出，技术竞争情报是技术转移活动中重要的信息服务活动，对技术转移的成功、高效实施具有积极的促进作用。但是，从我国目前的发展来看，技术竞争情报在技术转移过程中的应用还没有得到广泛开展，尤其企业在实施技术转移过程中没有形成对技术竞争情报的足够重视，与发达国家相比还存在较大差距。本文将基于对技术转移过程的解析，分析技术竞争情报在其各个环节所起的作用，探索技术竞争情报在技术转移中应用的理论支撑。

2 技术竞争情报服务于技术转移活动的实践

技术竞争情报服务于技术转移工作由来已久，日本是利用技术竞争情报实现产业技术腾飞的典型成功案例，之后，韩国、美国等国家也充分利用技术竞争情报的手段和方法推动技术转移工作，取得了良好的成效。

日本从 1950 年起开始实施引进国外先进技术战略。为了获取技术转移的有效信息，日本于 1958 年在通产省下设立日本贸易振兴会（Japan External Trade Organization，JETRO），系统的收集整理、分析加工和传递报道国外经济与科技情报。截至 1963 年，所有的日本跨国公司都设立了专职的科技情报部门。

韩国在 1962 年成立了韩国贸易振兴社（Korea Trade-investment Promotion Agency，KOTRA），其职能类似于 JETRO。该机构成立后，

大量收集和传递与成果转化有关的新技术、技术人才以及装备、设施等信息，帮助韩国陆陆续续在多个领域引进了国外先进技术。2000年，韩国又成立了韩国技术转移中心，隶属于国家产业能源部，它是韩国首家全国性的基于技术竞争情报的技术转移组织[3]。

20世纪80年代初，在美国中央情报局前国家科学技术情报官Jan Herring的领导下，摩托罗拉成为美国首个拥有正式情报部门的公司之一。之后随着1986年竞争情报从业者协会（Society of Competitive Intelligence Professionals，SCIP）的成立，企业的技术竞争情报工作也逐步发展起来。现在，美国已形成包括大学里的技术转移办公室、联邦实验室的技术转移组织、联邦政府的中介机构、国家专门成立的具有特别任务的组织等多种形式的技术转移中介体系。利用技术竞争情报服务于技术转移活动是这些机构的一项重要职能。

我国早在1956年就开始了科技情报工作，到了20世纪60年代初，国务院各专业部（委）和全国绝大部分省市先后建立了科技情报研究所，相当一部分企业和事业单位也建立了科技情报机构。但是，在计划经济体制下，科技情报工作很少涉足市场竞争和商业运作，因此与技术竞争情报工作还是存在一定差异的。目前我国对技术竞争情报的研究还处于起步阶段，将技术转移与技术竞争情报相结合进行的研究也较少，仅有李艳、仪德刚等人对国外的经验进行过介绍，针对我国企业的理论研究和实证研究都还没有开展。

在实践操作中，企业在技术转移的实施过程中都或多或少地应用了技术竞争情报，但是大部分从事技术转移工作的科技单位及个人都还不了解技术竞争情报的内涵，也没有充分认识到技术竞争情报对于促进技术转移有效开展的重要作用。

3 技术转移过程中的信息流动机理

技术转移就其一般意义来说，是指为经济目的而发生的关于技术的信息流动过程。剖析技术转移过程中的信息流动机理，有助于发掘技术转移工作对技术竞争情报的需求。

3.1 技术转移的一般过程描述

技术转移过程中的信息流动可以发生在科技与生产部门之间，也可以发生在不同的生产领域之间；可以在国际间，也可以在国内；可以通过市场途径，也可以通过非市场途径进行。技术转移可以表现为知识形态，也可以表现为实物；既可以是有组织、有计划的过程，也可以是自发的过程[4]。

技术转移作为一个过程，实际上是由技术供给方与需求方共同努力才得以实现的。在技术转移过程中，技术的供给方与需求方是相互联系，相互制约的[5]。

技术转移可以看成是从技术提供方流向技术需求方的一种技术流，这种流动源自技术转移双方的技术输出和技术吸收愿望，又受制于各自的技术输出能力与技术吸收能力。宏观上技术转移过程可表述如图1所示。

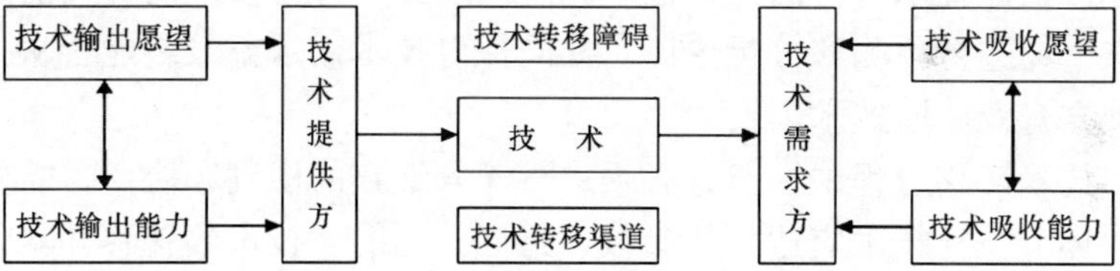

图1 技术转移宏观过程

技术转移主要强调提供方和需求方相互作用的一个过程，而且这个过程涉及多个关键环节，从产生技术需求开始直到技术需求方完全掌握该技术时才结束。具体过程可表述如图2所示。

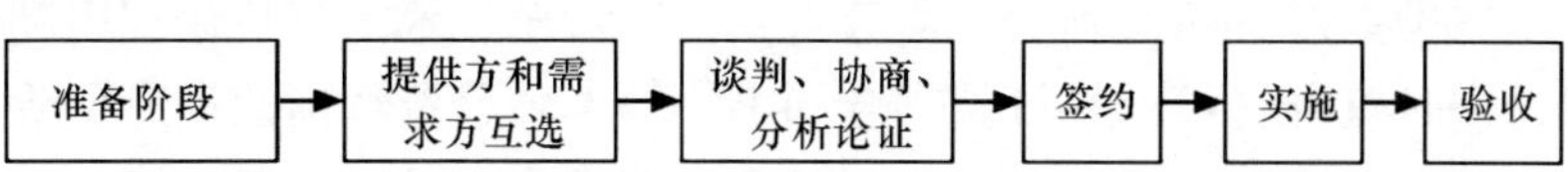

图2 技术转移具体过程

3.1.1 准备阶段

在技术转移的准备阶段，技术提供方通过明确技术的有效范围、界限，决定对技术进行转移；技术需求方根据发展需要，明确技术需求，开始寻找技术。

3.1.2 互选阶段

技术转移的客观条件形成后，供需双方进入相互选择阶段。技术需求方对获取的相关技术信息、技术提供方的研发能力信息、外部的政策信息等进行分析和筛选，甄别出基本符合本企业需要的适用技术及其拥有者。技术提供方则针对来自于技术需求方的需求信息与反馈信息以及技术需求方消化、吸收技术的接受能力情况进行分析，寻找合适的技术需求方。当技术需求方与技术提供方通过某种渠道接触，并对技术需求达成初步共识时，供需互选阶段完成。

3.1.3 谈判、协商、分析论证阶段

完成互选后，技术提供方与技术需求方开始进行谈判、协商，共同分析论证技术转移的可行性。此阶段双方将针对技术的开发前景和未来市场进行预测和分析论证，共同探讨技术需求方最终能否从技术提供方有效获取技术。

技术转移过程中，双方必须进行深入细致的谈判和协商，需要确定的环节包括技术应达到的参数、指标、功能，技术的转移和验收方式等。同时，供需双方将针对技术的价值进行合理的评估，协商一致，确定彼此能够接受的技术交易价格。

如果谈判、协商、论证失败，则双方需要再次进入寻找与互选阶段。

3.1.4 签约阶段

当供需双方的谈判、协商取得共识，对于技术的分析论证得到确定，这时双方就可以签订技术合同书，技术转移过程由前期筹备阶段进入转移实施阶段，同时双方之间也由合作意向进入法律程序。

3.1.5 实施阶段

签约之后，供需双方进入技术转移的实施过程。在这个过程中，

技术提供方将针对技术需求方的技术需求，或直接转让成熟技术，或研发新技术。技术需求方则为技术实施做准备，如人员、资金、技术应用环境等。实施阶段实质是技术供需双方实现技术对接的关键时期，既技术信息转移的阶段。

技术转移的实施阶段可以延伸至信息渗入阶段，既技术需求方在提供方的帮助下，学习技术，消化、吸收技术，直到真正使用技术，把技术变为产品，进行生产，进入市场。

3.1.6 验收阶段

在实施阶段完成后，技术供需双方将根据签订的技术合同书，对技术进行验收。

3.2 技术转移过程中的信息资源

技术转移过程中的信息涉及范围十分广泛，这些信息对于技术转移过程的顺利推动起着关键作用，信息资源主要包括：

3.2.1 技术的需求和供给信息

这是技术转移能够实现的关键性信息，是产生技术交易的动因。

3.2.2 技术内容信息

这是技术转移过程中的核心信息，包括技术的原理、生产的工艺、参数标准等等。技术内容信息是解决技术需求的关键要素，是体现技术先进性的衡量指标。

3.2.3 技术的市场信息

这是技术转移的外部环境信息，通过技术的市场信息，技术供需双方可以了解市场上同类技术的供应情况，并且为技术的未来市场前景提供有效依据。

3.2.4 技术的匹配信息

这是保障技术需求方获取技术后，能够顺利实现技术引进、消化、吸收的客观信息资源，通过对引进技术和需求方自身技术环境的有效评估，实现待引进技术与自身技术能力的匹配。

3.3 技术转移过程中的信息流动

技术转移过程中的信息流动，可以描述为信息在技术提供方与技术需求方之间的传递与反馈的过程，也就是信息的流动与配置过程。

技术转移中，技术提供方根据调研的需求信息，加以分析处理，确定拟开发技术的可行性。技术需求方根据自身发展制定技术需求计划。然后，供需双方发布供求信息。供需双方根据双方提供的信息选择合作方，进行谈判、协商，分析论证。确定合作方后，进一步确定合作方案。签订合作协议后，开始实施技术信息的转移，即将技术内容信息转移给技术需求方。完成信息转移后，进行验收，并进入后期的技术消化吸收阶段。如图3所示。

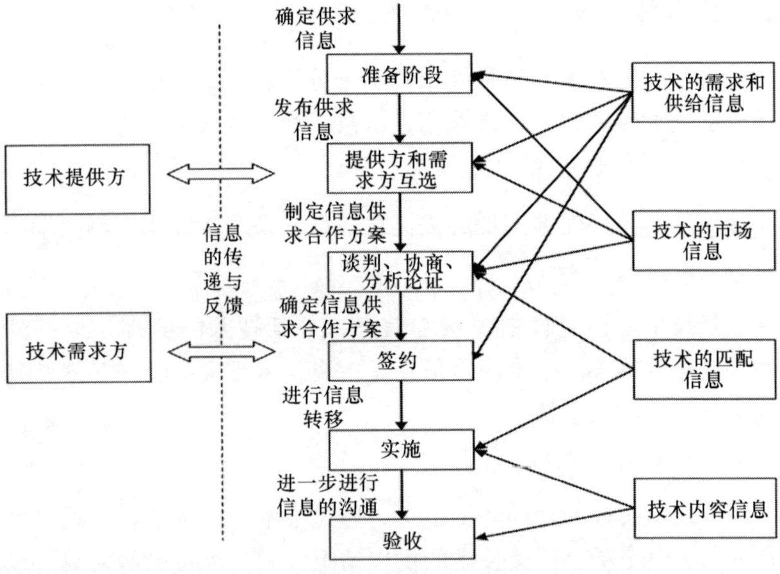

图3　技术转移过程中的信息流动描述

技术转移是一个以信息为导向的系统过程。一般模式的技术转移信息传递机制是信息在信息要素间的传递规律及产生的相应作用[6]。技术转移中的信息活动主要是由各个信息要素之间以信息处理为主体的活动，主要表现为基于信息供需、以信息配置为主的各类信息活动。

4 技术竞争情报在技术转移过程中的作用

企业内、外的信息流动贯穿了技术转移的全过程，技术竞争情报在这个过程中扮演了技术信息和技术市场信息的收集、分析和咨询服务的角色，起到了十分重要的作用。

4.1 技术转移需要技术竞争情报工作

技术转移过程实质上可以看成是信息转移过程，而技术竞争情报正是指能给组织的竞争地位带来重大影响的外部科学或技术的威胁、机会或发展的信息，积极开展技术竞争情报研究，对技术转移的成功具有十分重要的支撑作用。

技术竞争情报可以用于监视技术发展趋势和新兴技术、突破性技术；监视技术的新市场、新应用；监视改进的工艺和制造方法；监视目标领域中与自己从事相似研究的组织等等。利用技术竞争情报，研发部门可以确定是追求新技术、延伸（或减少）现有技术还是改进现有技术；确定项目和产品的优先次序；改进研发项目的选择与评价，如决定是否立项、项目是否继续或终止。利用竞争情报进行技术分析和预测，利用调研或统计等分析方法来评估技术实力并展望技术今后发展趋势[7]。通过对外部技术竞争环境的监视，企业能够对自身技术在行业环境中的定位形成正确的认识，能够识别出外部的机遇和威胁，从而做出引进技术、建立技术合作（联盟）或对技术威胁做出早期预警的技术安排。

技术转移的内容——技术信息，可视为技术竞争情报产品。而作为一种过程，技术竞争情报又是实现技术转移的有效手段，可以将产生于公司外部的技术信息转化为公司的技术知识和情报。如果将技术竞争情报活动整合到技术转移过程中，定当促进技术转移过程中的信息转移水平。

4.2 技术竞争情报在技术转移过程中所起的作用

技术竞争情报的研究过程简单来说可以概括为：计划、组织和指导技术竞争情报行为，收集情报信息，对数据进行分析，发布情报研究结果[8]。在技术转移过程中，技术竞争情报发挥的作用贯穿始终，见表1。

表1　技术转移过程中技术竞争情报作用汇总

<table>
<tr><th>技术转移过程</th><th>技术提供方</th><th>技术需求方</th><th>技术竞争情报作用</th></tr>
<tr><td>准备阶段</td><td>以市场需求为导向，开展技术推广，搜寻技术需求信息。</td><td>因市场竞争和科技发展，产生技术需求，发布技术需求信息。</td><td>技术战略和策略研究，技术搜索，技术监测</td></tr>
<tr><td>供需双方互选</td><td>寻找技术需求方。</td><td>明确技术需求，寻找适合企业需求的技术及技术提供方。</td><td>技术评估，机构评估，技术预测</td></tr>
<tr><td>谈判、协商，分析论证</td><td colspan="2">对技术交易的可行性进行分析论证；对技术交易的商务、技术内容、技术价格进行谈判和协商。</td><td>制定技术标准，技术价值评估</td></tr>
<tr><td>签约</td><td colspan="2">签订技术合同。</td><td></td></tr>
<tr><td>实施</td><td>直接转移技术或研发技术。</td><td>学习技术；消化、吸收技术。</td><td>技术信息的流动和配置，技术的内部化</td></tr>
<tr><td>验收</td><td>交付完整技术信息资料</td><td>对技术进行评估或预估</td><td>技术效果评估</td></tr>
</table>

4.2.1 准备阶段

在技术转移的准备阶段，技术竞争情报工作可以帮助技术提供方完成对自有技术的未来发展方向、先进性、市场前景以及技术转移的有效途径等展开分析，从而辅助制定技术发展战略和技术转移策略；技术竞争情报工作可以帮助技术需求方完成内部技术资源和能力审计，发现达到市场目标或完成产品开发所需要的关键技术及其性能、参数，以及可能的技术获取渠道、获取方式等，从而辅助制定技术引进策略。在这个过程中可以用到的技术竞争情报研究方法包括技术搜索、技术监测等等。

4.2.2 互选阶段

供需双方进入相互选择阶段，技术竞争情报工作可以帮助技术需求方评估技术提供方的企业情况、研发能力，并对其提供的技术信息进行技术分析和技术预测，甄别出符合技术需求方实际发展需要的技术提供方。技术提供方则可利用技术竞争情报深入分析技术需求方的技术需求，以及技术需求方消化、吸收技术的能力，寻找合适的技术需求方。

4.2.3 谈判、协商、分析论证阶段

此阶段，供需双方可通过开展技术竞争情报工作，对技术的开发前景和未来市场进行预测和分析论证，共同探讨技术需求方最终能否从技术提供方有效获取技术信息，成功实现技术转移。与此同时，供需双方利用各自掌握的技术竞争情报完成对技术价值的合理评估，商定技术交易价款。通过谈判、协商，最终确定技术交易的合作方案。对技术竞争情报的有效利用，有利于避免双方因对技术转移的细节把握不足，约定不够准确，影响技术转移的实施过程。

4.2.4 签约阶段

当供需双方的谈判、协商取得了共识，对于技术的分析论证得到确定，供需双方达成最终转移意向，这时就可以签订技术合同书，技术转移过程由前期筹备时期进入转移实施时期。

4.2.5 实施阶段

在技术转移的实施过程中，技术提供方要充分利用对技术竞争情报的搜集、整理、分析，参考外部环境技术发展态势及业内竞争对手的技术指标，确保研发出的技术既能满足需求方实际应用，又具有一定的技术竞争力。技术需求方则要为技术实施做准备，如人员、资金、技术应用环境等。在这个阶段中，技术信息及其他辅助信息处于流动和有效配置状态。

4.2.6 验收阶段

在实施阶段完成后，技术需求方将根据签订的技术合同书，利用技术竞争情报对技术进行效果评估。

5 促进技术竞争情报服务于技术转移的建议

在全球化的环境中，跨国界、跨区域的技术转移活动日渐增多，技术转移过程中牵涉的因素更加复杂、多样，这就导致了技术转移的不确定性和风险增加。为了降低这种风险，企业需要加强对技术竞争情报的研究和应用。结合我国的实际，可以从以下几个方面促进技术竞争情报在技术转移过程中的应用。

5.1 加强技术转移工作者的技术竞争情报意识

目前我国的技术转移工作已经开展的较为成熟，但是对于技术竞争情报的认识与发达国家相比还存在较大差距，尽管在实际工作中经常会使用或涉及技术竞争情报，但是却没有对其形成清晰的认识，缺乏系统的研究和分析，没有将技术竞争情报的作用充分发挥出来。从事技术转移工作的科技工作者或技术经营者应该加强对技术竞争情报的充分认识，系统学习获取、分析、使用技术竞争情报的途径和方法。

5.2 明确技术供需双方如何开展技术竞争情报工作

技术提供方应利用技术监测及时把握所拥有技术的发展趋势，做好该项技术的长期追踪，积极搜集该技术潜在价值空间的相关信息，做出权衡与取舍，同时应注重适当的技术信息发布，使各类信息对称，保证技术转移各个环节能够顺利运行，减少成本消耗，增加转移实效。

技术需求方应重视技术竞争情报的搜集整理工作，技术吸纳与引进的过程是一个对技术相关信息处理、协调、配置的过程，即技术竞争情报的处理分析过程。

5.3 企业内部技术竞争情报与技术转移机构在组织上的融合

目前，多数企业的技术竞争情报功能都由研发部门或者竞争情报部门来承担，而技术转移工作则由专门的技术转移中心、市场部或者研发部来承担。了解技术转移过程中的技术情报需求并提供有针对性的服务，是有效发挥技术竞争情报功能的基本要求，而组织上的融合为这两项工作的结合提供了基本的保障。为了灵活地实现两项工作的分工与合作，可以采取多种形式的组织融合方式，比如部门合并、定期的工作交流、互派兼职人员、向共同的领导汇报等等。

5.4 完善技术转移中介机构的技术竞争情报服务职能

技术中介机构在法律允许的范围内提供技术竞争情报服务具有天然的优势，比如它们掌握了大量的技术供给和需求信息、实现同种功能的不同技术或技术方案信息，它们具备广泛的技术专业人际网络等等，这些优势决定了技术中介机构能够提供高质量的技术竞争情报服务。具体来说，技术中介机构可以加强技术转移信息系统建设，储备基础信息资源；加强咨询人员的技术竞争情报技能培训，储备技术竞争情报服务人才；从技术供给或需求方的角度出发，开发技术竞争情报公益产品，建立技术竞争情报咨询品牌；提供定制化的技术竞争情报专题研究，匹配技术供需双方的技术能力和需求，促进技术转移的高效实施等等。

参考文献

[1] 李艳,赵新力. CTI 与技术转移:国际经验与启示. 竞争情报,2007(1):10－15.

[2] 李艳,赵新力,齐中英. 技术竞争情报的现状分析. 情报学报,2006,25(2):242－253.

[3] 仪德刚,李艳,赵新力,等. 世界主要发达国家基于 CTI 的技术转

移成功经验评析.中国软科学,2006(6):76-81.

[4] 李冰.技术转移中的信息资源配置研究[学位论文].吉林:吉林大学,2008.

[5] 张钢,范保群.供需合作与技术转移过程.科研管理,1996(7):43-46.

[6] 傅正华,林耕,李明亮.我国技术转移的理论与实践.北京:中国经济出版社,2007.

[7] 秦铁辉,刘佳.试论竞争情报在企业研发决策中的地位.江西图书馆学刊,2007(3):3-5.

[8] Norling P M, Herring J P, Rosenkrans W A, et al. Putting Competitive Technology Intelligence to work. Researchyd Technology Management, 2000, 43(5):23-28.

作者简介

李　诚，男，1982 年生，工程师，信息资源部副主任。

柯贤能，男，1982 年生，助理研究员，发表论文 12 篇。

第三节　一种关键情报课题管理模型①

1 引　言

现代企业面临着越来越复杂的内外协作和竞争环境，而剧烈的竞争又迫使企业不得不更快地做出决策，以应对市场的快速变化和竞争者的挑战。因此，当今的竞争情报（CI）专业人员必须为企业的决

① 本文系北京市科学技术研究院科技创新工程项目“市科研院科技创新工程：竞争情报与创新评估重点实验室建设”（项目编号：IE012009870026-1）研究成果之一。

策者提供实时的、切合需要的竞争情报，并保证企业的决策者能够充分地共享这些情报。面对这一挑战，一个重要的成功因素就是确定决策者的真实需求，并以此来指导整个竞争情报工作，这也是竞争情报循环中计划与定向阶段最重要的任务。没有正确的情报需求，情报采集者可能会采集错误的信息，分析者可能会纠缠于错误的问题，所有的情报工作都可能付诸东流。

为了有效管理决策者的竞争情报需求，Herring 在 1999 年提出了关键情报课题这一概念[1]。关键情报课题方法是一种系统、正式地识别和分析决策者重要情报需求的方法和过程。这一方法或过程所获得的结果称为关键情报课题。需要注意的是，关键情报课题不是一些简单的情报需求，它不仅包含管理者因竞争环境的变化而不断变化的情报需求，还包含为有效地满足这些需求所采用的计划、方法和所需要的资源。成功实施关键情报课题方法的关键是通过和决策者的交流掌握决策者真正的情报需求[2]。CI 专业人员通过访谈、例会等形式，和决策者进行面对面的交流，搜集决策者关注的情报，并通过分析和归纳，形成关键情报课题。关键情报课题在国内得到了很多学者的关注，一些学者专门撰文介绍国外关键情报课题的使用方法和经验[3]，并对我国企业如何实施关键情报课题提出了建议与看法[4]。

关键情报课题已经成为竞争情报工作循环中定向与规划阶段的核心，是管理竞争情报需求最常用的方法。但当前竞争情报系统对关键情报课题方法的支持非常有限。Fuld & Company 被公认为竞争情报咨询业中的权威，由美国著名的竞争情报先驱人物 Fuld 创建。Fuld & Company 从 1998 年开始每年推出竞争情报软件调查报告，其 2008—2009 的报告[5]采用 5 级评分标准（优秀、非常好、好、一般、差），并在定向与规划阶段根据软件对以下 3 项功能的支持，对 13 个常用竞争情报软件进行了评测：

- 记录关键情报课题和关键情报问题。
- 记录竞争情报需求。
- 管理情报工作流程和情报项目流程，以支持 CI 专业人员之间以及和企业其他员工之间的协作。

在评测的 13 个竞争情报软件中，仅有 4 个获得了优秀，2 个评分为非常好，5 个评分为好，另有 2 个评分为差。国内学者在对竞争情报软件的研究中也认为，当前竞争情报软件仅能为竞争情报需求管理提供一个方便组织和跟踪的框架结构，关键情报课题还是要由熟悉公司情况的竞争情报人员来完成，也难以随着企业情报需求进行动态跟踪和修改[6-7]。

从以上研究结果中，我们可以看到，在关键情报课题的实际操作和竞争情报软件提供的功能之间还存在着一定差距。在竞争情报系统中信息和工作流程是按关键情报课题组织的，并没有记录 CI 专业人员是如何对决策者的需求进行分析和归纳，并形成关键情报课题的，决策者的需求和关键情报课题之间的关系没有得到体现。也就是说，竞争情报系统仅记录了关键情报课题方法的结果，而没有记录关键情报课题形成过程中的重要信息——情报需求是如何分解和整合形成关键情报课题的。这种差距显然不利于对决策者需求的不断跟踪和分析，不利于追踪提出原始情报需求的决策者，并将情报及时分发给这些决策者。

这个问题发生的根本原因是与决策者的交流和对决策者需求的分析和归纳是一项智力活动，需要 CI 专业人员的知识、经验和方法，而当前的竞争情报软件并不具备这些专业的知识、经验和方法，因此无法记录关键情报课题形成过程中的重要信息，而只能记录关键情报课题的结果。

针对这一问题，本文提出了一种关键情报课题管理模型，这个模型中蕴含了 CI 专业人员关于竞争情报和竞争环境的专业知识和经验，可以搜集并记录决策者的情报需求，按 CI 专业人员的要求对情报需求进行分类、整合，形成关键情报课题。本文还将详细介绍利用这个模型生成关键情报课题，利用模型中记录的信息来采集与情报需求相关的信息以及利用模型来实现情报共享的方法。

2 模型结构

模型由任务模板、情报模板、情报要素、情报要素值和元素值的别名5种元素组成。图1给出了这5种元素和它们之间的关系。

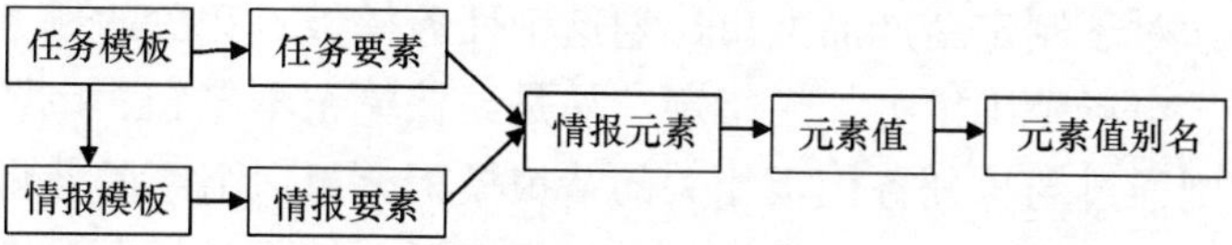

图1 模型的构成

任务模板代表决策者对情报的需求。决策者的情报需求来源于决策者需要完成的任务，如制定某项决策，或需要了解某些竞争态势等。相同类型的任务需要相同类型情报的支持，由相同的情报元素来说明（参见下文对情报模板和情报元素的说明），所以称为任务模板。任务模板可以是战略级的，如制定投资、并购或产业调整计划，也可以是战术层面的，如制定某种新产品的上市方案，还有可能是需要对市场环境、产品技术、或竞争对手的监控等。

任务模板中包含了对情报的需求，换句话说，要完成这种类型任务，需要一定的情报作为支持。不同类型的情报用不同的情报模板来表示，如某种产品的销售价格，或某个行业的利润率等。因为情报模板代表了情报的类型，而不是具体的情报，所以称为情报模板。每个情报任务需要的情报用一组情报模板来表示，同一个情报模板也可以为不同的情报任务提供情报支持。例如，制定一项新产品上市计划可能需要市场容量、客户偏好、同类产品销售价格、常用销售渠道、推广方式、促销方案、竞争对手的产品竞争策略和可能采用的对策等相关情报的支持。而与市场和竞争对手相关的情报模板也可能是市场或竞争对手监控情报任务中包含的情报模板之一。

情报元素是竞争情报中的一些关键要素，如产品、竞争对手、销售价格、时间等。情报元素按取值方式可以分为枚举型和数值型两类，如产品、竞争对手这类情报元素的取值范围可以用一组固定的字符串来表示，属于枚举型，而价格、数量、时间这类情报元素则属于数值型。一方面，情报元素用于说明任务模板，用于说明任务模板的情报元素称为任务要素。当限定了任务模板相关情报元素的值后，就定义了一个具体的情报任务，表达了对一组由情报模板代表的情报的需求。如对于制定新产品上市计划这个任务模板，相关的任务要素包括产品、市场范围等；如果指定产品是高档笔记本电脑、市场范围是台湾，则通过与该任务模板相关的情报模板，可以清晰的获得决策者的情报需求。另一方面，情报元素也用于说明情报模板所代表的情报中应包含的信息，与情报模板相关的情报元素称为情报要素。如对于同类产品销售价格这个情报模板所代表的情报应包含产品制造商(竞争对手)、批发商或零售商、产品名称或型号、销售地区、售价等信息。一旦决策者定义了高档笔记本电脑在台湾的上市计划这个情报任务，相应的也指定了同类产品销售价格这个情报模板中产品为高档笔记本、销售地区为台湾。

元素值用于指定枚举型情报元素可能的取值范围，如指定公司的竞争对手都有哪些，或公司经营的市场范围可以划分为那些地域等。

元素值的别名用于记录代表同一元素值的不同字符串，如电脑也称为计算机等。通过使用别名可以提高信息自动搜集过程的查全率。

3 模型应用

上文详细地介绍了本文提出的模型，以下将阐明这个模型如何有效地表示 CI 专业人员的知识和经验以及利用这一模型进行关键情报课题管理、信息采集、和情报共享的方法。

3.1 CI 专业知识表示

在这一模型中，包含了以下三类 CI 专业知识：

- 决策者的情报需求类型，即决策者需要情报的用途，这类知识用任务模板来表示。CI 专业人员可通过对企业不同职责、不同岗位决策者的情报需求进行归纳总结，定义为任务模板，将关于决策者情报需求的知识固化、记录下来。当然，还要与决策者不断交流，跟踪决策者新的情报需求，以对任务模板进行完善。

• 完成情报任务所需要的情报类型，即完成一个情报任务需要哪些情报，这些情报中应包含哪些信息，这类知识用情报模板来表示。CI 专业人员可以通过对任务模板的分析，指明完成这类任物所需要的情报，以及这些情报中应包含的信息，来定义情报模板。

• 关键情报要素的取值范围，类似于常用的关键词列表，但这个列表是按情报要素进行分类的，而且代表相同语义的关键词通过别名关系组织起来。这类知识用元素值和元素值别名来表示。

这三类 CI 专业知识由熟悉企业情况的 CI 专业人员掌握，是 CI 专业人员知识、技能和经验的结晶，是搜集、分析决策者情报需求并最终形成关键情报课题的基础。通过本模型，可以将这些 CI 专业知识固化在系统中，并随着竞争情报工作的不断发展而不断完善。具有这些知识的系统将能更好地辅助 CI 专业人员搜集、分析和汇总竞争情报需求，制定情报工作计划。

3.2 关键情报课题管理

关键情报课题管理的主要任务，就是搜集决策者的情报需求，通过分析归纳，生成关键情报课题。

使用本文提出的模型，决策者可以通过选择任务模板，指定任务要素的值，来提出对任务模板中的情报模板所代表的情报的需求。选择任务模板并具体指定任务要素的值，称为定义一个情报任务。同时，这些任务要素的值也传递给情报要素，这些部分情报要素已经赋值的情报模板，就详细地表示了决策者的情报需求。这样，通过定义情报任务，决策者有效地提出了情报需求，将决策者所需要的情报与决策者要完成的任务关联起来，给进一步的信息采集和情报分析工作提供了指导。Breeding 提出，当 CI 专业人员获得一个情报需求时，首先要提出的一个关键问题就是“怎样使用这份情报，或要做出怎样的决策”，因为这样可以使 CI 专业人员深入了解决策者到底需要什么样的情报，而不至于给决策者提供无用的信息[8]。

同时，使用情报任务来搜集决策者的情报需求，也方便了对情报需求的分析。按模型的定义，情报元素可以看作是情报需求的属性，如果将所有不同的情报元素作为一个向量空间的不同维度，所有的情报需求都可以转化为这个向量空间中一个向量。通过将情报需求转化为向量空间中的向量，便于使用成熟的数据挖掘或数据仓库技术对情报需求进行分析、挖掘，并整合为关键情报课题。在这个向量空间中，CI 专业人员可以把所有情报任务中包含的情报需求按各种维度进行分类整合，如按不同产品分类，或按不同竞争对手分类，甚至可以建立一个分层次的情报需求分类，如先按产品、再按销售地区、再按竞争对手分类。这样，CI 专业人员可以按实际情况的需要，对情报需求进行各种分类、挖掘、整合，从而更好地定义关键情报课题。

3.3 信息采集

当今的 CI 专业人员每天都面对海量的信息，从这些信息中筛选、提取有价值的、决策者关注的信息，是情报分析的前提。使用本文提出的模型，可以自动将决策者的情报需求转换为信息检索式，从而实现对信息的自动采集。

因为情报需求是由情报要素所定义的，情报要素的取值范围对应情报元素值和值的别名定义，因此，对一个具体的情报需求，我们可以把相关的情报元素值和值的别名组合起来，形成检索式，自动地从信息源中检索符合情报需求的信息。结合信息抽取技术，可以将情报模板看作是信息抽取模板，进一步对采集的信息进行加工，将信息转换为结构化的形式，更方便 CI 专业人员对信息的分析和加工。

同时，通过使用元素值和值的别名，可以在一定程度上缓解信息采集中同义词或多义词带来的语义问题。如“Dell”公司，有的译为“戴尔”，有的译为“德尔”，通过定义元素值“Dell”及其别名“戴尔”、“德尔”，可以避免在信息采集时遗漏关于“Dell”公司重要的信息，提高信息的查全率。

3.4 情报共享

由于关键情报课题是在采集分析、决策者情报需求的基础上，对情报需求进行整合的结果，所以在根据关键情报课题生成最终情报产品后，如何获得提出相关原始情报需求的决策者，通知对这个情报产品感兴趣的决策者，并获得他们的反馈，是竞争情报工作循环中报告和通知阶段的一项重要任务，也是企业竞争情报系统发挥效能、持续发展的关键。

使用本模型后，生成的关键情报课题是对情报需求按情报元素进行分析、挖掘而来，所以最终生成的情报产品按其中涉及的情报元素，可以很方便地和情报需求联系起来。这样，决策者就可以通过自己定义的情报任务，按情报模板的分类查看相关的情报，从而实现情报共享。同时，还可以结合用户职能代理技术，对决策者情报需求的历史记录进行分析，挖掘决策者可能关注的领域，一旦获得了相关的情报或生成了有关的情报产品，就将情报直接推送到决策者的桌面上，为决策者提供更主动的情报服务。

同时，可根据决策者的不同职能、不同岗位赋予决策者相应的职责，并将职责与决策者能够使用的任务模板和任务要素联系起来，限定决策者能够提出的情报需求和获得情报的范围。这样既解决了情报用户的身份验证问题，也能避免决策者访问未经授权的情报。

参考文献

[1] Herring J P. Key intelligence topics: A process to identify and define intelligence needs. Competitive Intelligence Review, 1999,10(2):4-14.

[2] Herring J P. KITs Revisited: Their use and problems. Competitive Intelligence Magazine, 2006,9(5):52-53.

[3] 戴侣红. 关键情报课题. 情报理论与实践, 2000,23(3):200-203.

[4] 李纲，李博．论企业竞争情报的关键情报课题．情报科学，2005,23(1):29－33.
[5] Fuld & Company. Intelligence Software Report 2008－2009. London:Fuld & Company, Inc. , 2008.
[6] 吴晓伟，宋文官，徐福缘．竞争情报软件发展现状和趋势研究．情报杂志，2006,25(6):2－5.
[7] 吴伟．国外竞争情报软件研究．情报理论与实践，2004,27(1):103－106.
[8] Breeding B. CI and KM convergence: A case study at Shell Service International. Competitive Intelligence Review, 2001, 11 (4): 12－24.

作者简介

夏晨曦，男，1975 年生，助理研究员，发表论文 8 篇。

第四节　开放式创新模式下的技术搜索及其流程研究①

1 引　言

现代科学技术的快速更新和市场的开放性为企业技术创新活动带来了挑战。首先，产品的生命周期缩短，要求企业压缩技术创新的周期，并尽快将产品推向市场；其次，技术创新的复杂性、规模和风险增大，导致企业必须寻求技术合作的机会，从自主开发转向合作研

① 本文系北京市科学技术研究院萌芽计划项目“地方科学院科技创新联盟合作模式研究”研究成果之一。

发、技术引进、技术转移等多种创新途径。最后，技术人才的流动性导致了技术资源的流动，这给企业的创新资源保护和获取带来了挑战。企业技术创新是一个发现用户需求并寻求解决方案的过程，解决方案的核心是创新资源的获取和综合利用。在开放式创新（Open Innovation）模式下，创新资源的流动已经跨越了企业的边界，发现、获取和利用企业外部的技术资源是企业技术创新的重要任务，而技术搜索则是获取外部技术资源的有效手段。本文将以开放式创新为背景，对技术搜索的内涵和特征进行界定，并对技术搜索的流程进行详细剖析。

2　开放式创新的特征及其对技术搜索的需求

20 世纪 80 年代以后，随着创新环境的变化，一些企业纷纷对创新模式进行变革，从“封闭式创新”向“开放式创新”转移，IBM，SUN，Intel 等公司是成功实施“开放式创新”的典型代表。

2.1　开放式创新的特征

“开放式创新”的概念最早由哈佛商学院的 Henry W. Chesbrough 教授在 2003 年提出。他指出：当企业着眼于发展新技术的时候，可以并应当同时利用内外部的所有有价值的创意，同时使用内外部两条市场通道。然后，企业利用这些内外部的创意创造价值，同时建立起相应的内部机制分享所创造价值的 部分。企业内部的创意也可以通过外部渠道实现市场化，摆脱企业目前业务范围的束缚，以此获得超额利润[1]。与传统的封闭式创新相比，开放式创新的理念发生了根本性的变革，它们的特征差异如表 1 所示。

表 1　封闭式创新与开放式创新特征比较[2]

比较内容	封闭式创新	开放式创新
职员理念	自己的员工是本行业最聪明的员工	最聪明的员工并不都在本企业；企业应当借助外部的本行业最聪明的外脑

续表

比较内容	封闭式创新	开放式创新
创意和构想来源	行业内产生创意最多最好的企业就一定能竞争获胜	能够充分利用产生于企业内部和外部创意的企业才能成功
研究开发过程	全部在企业内部封闭实现	企业不但需要，而且应当付出成本去分享外部研发成果
外部研究态度	拒绝	有条件地合作研发
市场取胜武器	新技术新产品	把产品推向市场的企业模式
专利使用	禁止市场其他企业获得自己的知识产权	通过专利有偿使用或者股权合作提升和改进企业模式

2.2 开放式创新对技术搜索的需求

开放式创新的理念强调创意和研发成果在企业内外的双向流动，作为一个重要方面，获取并利用外部的创意和研发成果是企业实施开放式创新的重要目的，搜索外部技术资源和知识成为企业研发人员的重要任务。Intel 是典型的成功实施开放式创新模式的公司，该公司在决定内部研究项目之前，总是要先搜集一下相关外部资源，同时，还努力思考如何把分散的外部技术和内部的技术联系起来，利用这些知识和技术创造一个新的架构或系统[3]。宝洁公司的研发计划要求在 5 年内把来源于企业外部创意的指标提高至 50%，并为此设置了外部创新主管职位和 53 个技术搜索小组（Technology scouts），专门负责搜索外部的可能创新源与新产品技术[4]。为了充分收集创意，IBM 发明了独具特色的“创新即兴大讨论”（Innovation Jam），集合内部员工、客户、咨询师、员工家属等“外人”进行关于创新的探讨。2006 年，该讨论吸引了来自 104 个国家的 15 万名参与者。在两场 72 小时的讨论中，参与者共发表了 46 000 个想法。IBM 计划在两年内投资 1 亿美元支持其中的 10 项创意，被称为“1 亿美元买创意”[5]。

为了服务于持续的开放式创新活动，企业必须形成规范的寻找、引进和使用外部创意和研发成果的机制和方法。在此背景下，技术搜索（Technology Scouting）作为一项以外部技术知识为主要对象、以吸收利用外部技术为主要目的的技术信息活动，逐渐得到了应用和发展，并且取得了良好的效果。以 Air Products and Chemicals 公司为例[6]，该公司在其技术搜索项目 APTECH 中，从超过 140 个正规和一些偶尔使用的信息源，以及数千个网络资源中进行技术搜索。每年都有超过 500 种独特的技术和超过 1 000 种信息被送达超过 400 名员工。据内部用户反映，在搜集到的信息中，超过 75% 的是以前没有见过的，有 94% 的是有价值的。该项目每两个星期就能发现一种对研发人员有足够价值的新的技术机会。

3　技术搜索的特征及其概念模型

技术搜索是适应创新模式的转变而产生的一种技术信息活动，它最初在日本企业中得到广泛应用并取得了良好的效果，随后扩散到美国、德国等国家。我国企业中也有技术搜索的实践，比如美的公司等[5]，但是有关技术搜索的理论研究却还没有得到重视，技术搜索作为一个概念仅在少数有关技术创新[4]或者技术竞争情报[7]的研究文献中被提及。

3.1　技术搜索的特征

从可以查到的文献来看，国外对技术搜索的研究起始于 20 世纪 90 年代初，并且以对技术搜索实践的研究为开端，比如 Brenner M. S.（1992 年）[8]和 Bodelle J（1993 年）[9]分别介绍了 Air Products 公司和 Elf Aquitaine 公司的技术（科技）搜索活动。Jean Tibbetts（1997 年）在总结已有研究成果的基础上，从理论层面对技术搜索进行了较为深入的研究。他认为：技术搜索是一种能给企业带来竞争优势的信息收集形式。以最低的成本和最高的质量找到最好的技术，是技术搜索团队最基本的任务[10]。随着对技术搜索本质任务理解的深入和实践的发展，有关技术搜索的定义也不断丰富，较典型的定义有以下几种：

• 技术搜索是指寻找多种资源或技术专家来满足特定技术信息需求的实践[11]。

• 技术搜索是一个有价值的过程，这个过程主要是为一些重要和困难的业务问题识别并提供基于技术的解决方案[12]。

• 技术搜索是企业通过内部员工或外部咨询者收集科技信息，并服务于技术外部获取的一个系统过程[13]。

作为一种技术信息工作，技术搜索和技术情报以及技术管理有联系，也有区别。René Rohrbeck（2006 年）对它们之间的关系进行了论述（见图 1）。

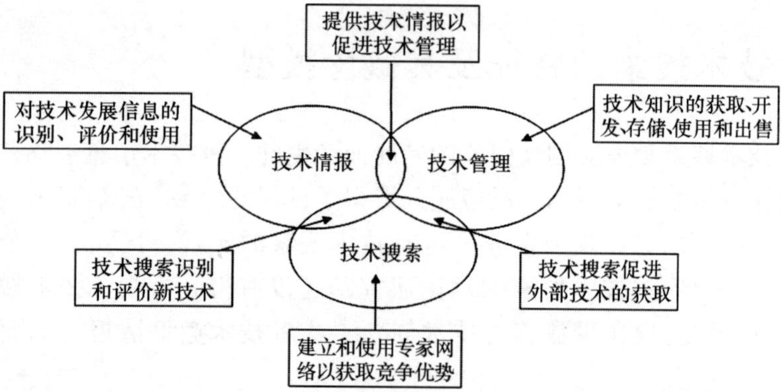

图 1　技术搜索与技术情报、技术管理的联系和区别

资料来源：René Rohrbeck. Technology Scouting-Harnessing a Network of Experts for Competitive Advantage. 4th Seminar on project and innovation，Turku，Finland，2006：15－29.

当然，图 1 仅代表了 René Rohrbeck 个人对三者关系的理解，但是，它仍然能从直观上对技术搜索的情报收集和管理服务职能进行展示。

总结现有定义和实践，技术搜索的基本特征包括：① 对外部技术信息进行收集，满足于企业内部解决技术问题的需求；②有两大基本任务：发现技术的发展和趋势（技术监测和扫描），服务于外部技术获取（Technology Acquisition）；③ 关注外部技术开发释放出的弱信号；④ 依赖于正式和非正式的信息网络，特别是专家网络；⑤ 主要服务于创意开发、概念和定义的形成阶段；⑥ 有问题驱动搜索（被动搜索）和主动搜索两种模式。

当然，也有人以独特的视角来认识技术搜索，比如 L. Felipe Monteiro（2007 年）基于对来自三大洲的多家跨国企业的超过 50 次访谈得出启示[14]：技术搜索的作用可能更加明显地表现为对外部经过验证的知识的快速内部化，而不是对弱信号或者未经验证的知识的识别。

3.2 技术搜索的概念模型

基于对现有研究成果和实践的分析，笔者将技术搜索定义为：技术搜索是一种以企业内部既有和潜在技术需求为驱动，以获取并利用外部技术资源为目的的外部技术相关信息收集活动。依据此定义，可以构建一个如图 2 所示的技术搜索概念模型：

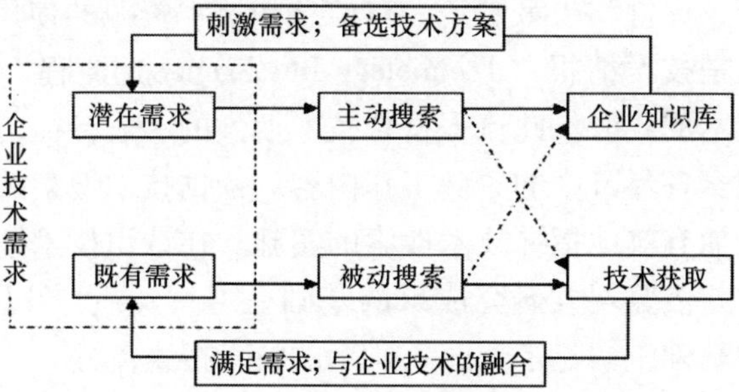

图 2　技术搜索的概念模型

如图 2 所示，在既有技术需求的驱动下，技术搜索人员针对某特定技术领域，开展有针对性的信息收集，获取能解决内部技术问题的某种技术资源，并加以引进和吸收。在被动搜索的过程中，也可能获取一些将来可能对企业产生价值的技术，有关这些技术的描述和评价信息将被存入企业知识库。

为了满足潜在的技术需求，技术搜索人员必须在企业自身技术领域和相关的技术领域中展开更加广泛的信息收集，发现有价值的技术资源并掌握技术的发展和趋势，并将其存入企业知识库。主动搜索的信息可能会刺激企业内部的创新意识，从而激发潜在的需求，也可能直接就满足了企业的某种既有需求。

值得一提的是，技术评价和市场潜力评价是认识技术的创新价值的前提，因此，技术搜索并不仅限于对技术性信息的收集，关于某项技术的商业性信息也是重要的收集内容。

4 技术搜索的实施流程

从本质上来说，技术搜索是一个信息收集、分析和使用的过程，因此，技术搜索的流程与一般的情报活动流程有共同之处，比如：René Rohrbeck（2006）构建了包括6个阶段的技术搜索流程：定义搜索领域，选择信息源和供使用的方法，数据收集，对数据的过滤、分析和解释，评价和决策制定，对信息和技术资源的使用[13]。其中，前5个阶段是技术情报（Technology Intelligence）流程，第6个阶段是对外部技术的获取。此流程符合技术搜索的一般特征，但是，不能揭示技术搜索各环节中的关键工作内容。依据技术搜索的使命构建的流程，将更加有效地指导技术搜索的实施。在认识技术搜索的任务内容和特征，并借鉴现有研究成果的基础上[13-15]，笔者以技术搜索的概念模型为基础，构建了如图3所示的技术搜索流程。

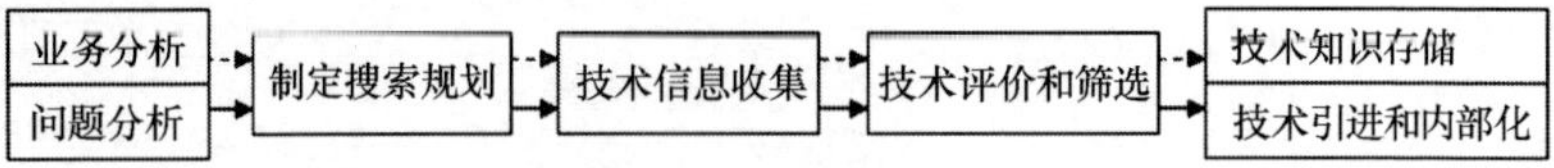

图3 技术搜索的流程

图3所示的技术搜索流程与技术搜索的概念模型相匹配，虚线连接的是主动搜索的流程，实线连接的是被动搜索的流程。以下对流程各阶段的任务内容进行逐一介绍：

- 业务分析/问题分析。业务分析对应于主动搜索。主动搜索是一个持续的过程，没有一个明确的问题导向，为了降低搜索的成本，提高投入产出效率，需要对企业涉及的业务领域、产品特征和技术能力等因素进行分析，以指导目标领域的选择以及搜索标准的制定。

问题分析对应于被动搜索，一般面向特定创新项目中面临的技术问题。通过问题分析，主要了解用户需要解决的关键技术问题以及对搜索项目的成果预期。由于技术搜索项目主要服务于创新的前期阶段，因此，问题分析结果可能只是对搜索需求的一个框架性和概念性描述。

- 制定搜索规划。在业务分析/问题分析阶段，得到了对搜索项目需求的详细描述，以此需求为依据，将制定详尽的技术搜索规划。技术搜索规划包括两个方面的内容：一是对搜索小组结构、人员分工、时间进度和资源使用等的规划和安排，属于管理层面的规划；二是制定搜索标准，这是从需求分析到技术搜索内容的转化，是决定搜索项目成败的一个关键环节。搜索标准主要包括搜索的目标领域，地域范围，信息的时间范围，搜索项目的成本，目标技术或产品及其先进程度、知识产权属性、预期市场前景等。

- 技术信息收集。在制定了详细的搜索标准之后，技术搜索人员要分头开展技术信息（包括技术性信息和市场性信息）的收集工作。决定这个阶段成败的关键是信息源的选择和技术信息的记录。在网络环境下，纸质文献、数据库、互联网、学术会议、展览会等都是有效的信息获取渠道，科技论文、专利文献、产品说明书、报纸等都是有效的信息形式。特别值得一提的是，专家网络是获取技术信息的一个非常重要的渠道，德国电信的技术搜索项目就建立了一个分布在全球范围内的类似于神经网络的技术搜索者网络，该网络由分布在企业、研究机构和高校的全职和兼职技术搜索人员和技术专家构成。

对于搜集到的技术，搜索人员还需要有针对性地对其技术特征进行记录，主要应包括：技术性能、专利和知识产权状态、所有权和已有授权、产品成本、与企业已有生产技术的吻合程度、技术来源、相关的关键文献等。

• 技术评价和筛选。在收集并记录了相关的技术信息之后，就需要依据搜索标准对技术进行技术评价和市场评价，同时，还要考虑技术组合的可能性。平衡计分卡是本阶段用于在不同技术之间进行选择的有效工具[15]。通过评价和筛选，企业能够定位到对现在或将来的创新项目可能有用的一种或几种技术资源。

• 技术知识存储/技术引进和内部化。对于主动搜索项目，通过评价和筛选的项目可能会应用到目前正在从事的创新项目中，但多数情况下，这些技术会被作为储备资源存储到企业知识库中，存储的内容则是该技术的详细描述信息。

对于被动搜索项目，在定位到可用的技术资源之后，应该尽快进入到技术引进的商务环节。在这个环节中，需要确定技术引进的形式，比如合作开发、技术许可、技术购买等等，并进行价格谈判。在引进某项技术之后，技术搜索人员的任务还没有结束，他们还需要辅助完成技术内部化的工作。所谓的内部化是指将外部技术用适合本企业的逻辑、语言和材料形式等进行表达，同时，需要与企业内部的相关技术和所服务的创新项目中的技术进行融合，最终促进该技术转化成企业的技术能力和市场价值。

5 结 语

企业技术创新模式的转变从根本上改变了企业对外部创新资源的态度和使用策略，技术搜索是在开放式创新模式下诞生的技术信息活动，是企业获取和有效利用外部创新资源的重要手段。本文以开放式创新为背景，对技术搜索的内涵和特征进行了界定，并构建了一个技术搜索的概念模型，以此为基础，构建了技术搜索的流程模型。对于我国的技术创新活动来说，还需要加强对技术搜索实践和理论的研究，以加强对世界范围内的创新资源的获取和利用，促进我国企业创新能力的提升。

参考文献

[1] 胡承浩,金明浩.论开放式创新模式下的企业知识产权战略.科技与法律,2008(72):49-53.

[2] 郑小平,刘立京,蒋美英.企业开放式创新理论的研究述评.中国科技论坛,2007(6):40-44.

[3] 杨静武.开放式创新模式下的技术创新能力研究.财经理论与实践,2007(2):98-102.

[4] 范保群.开放式创新趋势下美国高技术公司创新管理新动向与启示.调查研究报告,2006(235):7.

[5] 王圆圆,周明,袁泽沛.封闭式创新与开放式创新:原则比较与案例分析.当代经济管理,2008,30(1):39-42.

[6] Brenner M S. Technologll intelligence and technologll scouting. Competitive Intelligence Review,1996,7(3):20-27.

[7] 金炬,梁占平.美国的竞争性技术情报及其对我国的启示.图书情报知识,2006(4):71-77.

[8] Brenner M S. Technology scouting at air products. Les Nouvelles, 1992,27(4):185-189.

[9] Bodelle J, Jablon C. Science and technology scouting at elf aquitaine. Research-Technology Management,1993,36(5):24-28.

[10] Tibbetts J. Technology scouts//Bradford A W, Klavans R A. Kooping Abreast of Science and Technology: Technical Intelligence for Business. Columbus, Ohio: Battelle Press, 1997:217-257.

[11] The technology scouting process. [2009-02-09]. http://www.montegen.com/Montegen/Business_Profile/The_A_S_T_I__Strategy/Technology_Scouting/technology_scouting.htm.

[12] What is technology scouting. [2009-02-20]. http://www.innovationspectrum.com/technologyscouting.html.

[13] Rohrbeck R. Technology scouting-harnessing a network of experts

for competitive advantage//4th Seminar on project and innovation, Turku, Finland, 2006: 15 - 29.

[14] Monteiro L F. Connecting the dots: uncovering the technology scouting process. [2009 - 02 - 09]. http://www-management.wharton.upenn.edu/SeminarPapers/Felipe_Monteiro.pdf.

[15] Shohet S. Using technology scouting as part of open innovation. [2009 - 02 - 20]. http://www.frost.com/prod/servlet/cpo/142130204.

作者简介

柯贤能，男，1982 年生，助理研究员，发表论文 12 篇；

王　强，男，1982 年生，助理研究员，发表论文 1 篇；

靳晓宏，女，1981 年生，助理研究员，发表论文 2 篇。

第五节　北京市高新技术企业技术竞争力实证研究①

1　引　言

随着知识经济时代的到来和经济全球化步伐的加快，技术竞争力已成为企业竞争力中最关键的部分，尤其是对于高新技术企业来说，技术竞争力是企业的命脉，关系着企业能否可持续发展，其产品是否具有国际竞争力。而从现有文献看，目前国内的学者对于企业技术竞

① 本文系北京市科学技术研究院科技创新工程项目“竞争情报与创新评估重点实验建设”（项目编号：IE012009870026 - 1）研究成果之一。

争力研究还较少，对于企业技术竞争力的内涵也没有形成统一的认识，因此本文首先界定企业技术竞争力的内涵，然后分析其影响因素，并以调查问卷的形式对北京市的企业进行实证研究。

2　企业技术竞争力的内涵及影响因素

按竞争主体的经济层次区分，竞争力可分为国家竞争力、产业竞争力、企业竞争力等；按竞争客体所指的对象区分，形成竞争力的要素有技术竞争力、产品竞争力、管理能力竞争力、企业文化竞争力等。技术竞争力也有国家、产业和企业的层次区分[1]。长期以来，国内外学者对各种竞争力都进行了广泛的研究，但从现有文献看，有关企业技术竞争力的研究比较少。周寄中等人（2005）借鉴世界经济论坛（WEF）《全球竞争力报告 2002—2003》和瑞士洛桑国际管理发展研究院（IMD）的《世界竞争力年鉴》论述的相关因素和指标，从投入产出的角度，将我国企业技术竞争力的主要指标设计为 4 个：发明专利、R&D 经费支出、R&D 人员和 R&D 强度（R&D 经费支出/销售额）[2]。费冬青等人（2005）从基本现状、战略与策略、技术价值创造、企业物理技术系统、人员水平和技术管理系统等方面对上海民营高科技企业核心技术竞争力进行实证研究[3]。曾繁华等人（2008）指出，从战略上讲，技术竞争力包括技术创新竞争力、技术垄断竞争力和技术利用竞争力，并从这三个方面构建了企业技术竞争力评价指标体系[4]。

本文认为企业的技术竞争力是一个企业特有的，竞争对手难以模仿的，能够在技术上给企业带来长期竞争优势的能力。企业的技术竞争力应该包括内在因素和外部因素两个部分：内在因素是企业的技术创新能力，这是企业技术竞争力中最重要的部分，是技术竞争力形成的源泉与动力。尤其是在科学技术日新月异的今天，一个企业的技术能否保持持久的竞争力，关键取决于技术的可持续发展性，只有不断创新，才能使企业始终位于该技术领域的前沿，核心技术不会轻易地被竞争对手模仿。技术创新能力包括了企业的技术发展战略与策略、科技人员的比例及学历构成情况、创新的投入产出情况等。外部因素是指企业的创新环境和支撑保障条件，主要包括政府政策的支持和企业内部创新激励制度等。外部因素可以为企业技术竞争力的形成和提升创造良好的环境，使企业享受到更多的优惠政策和资金支持，从而

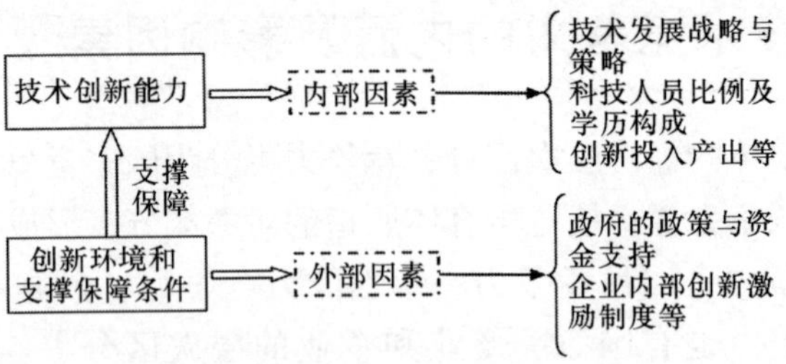

图1　企业技术竞争力影响因素关系

更有信心进行技术创新来提高技术竞争力。两者的关系如图1所示。

3　企业技术竞争力的实证研究——以北京市企业为例

本文根据以上所论述的企业技术竞争力的内涵和主要影响因素，以北京市的企业为实证研究的对象，以调查问卷的形式进行了调研，力图能全面、准确得反映出北京市企业技术竞争力的现状。

3.1　调研基本情况介绍

本次调研选择了在北京市科学技术情报研究所进行科技查新、技术合同登记以及北京市科学技术研究院下属的部分企业，共发放问卷96份，回收有效问卷80份。这些企业包含了中关村科技园区及各个区县，可以较真实地反映出北京市企业的技术竞争力。

为了能全面地了解企业的基本情况，从企业性质、企业所属行业、企业人员规模和企业资产规模4个方面对企业进行了调查，结果如表1和图2所示。

表 1　企业性质、人员规模、资产规模对比

项目	类别	数量（个）	百分比（%）
企业性质	民营企业	54	69
	国有企业	8	10
	合资企业	2	3
	其他	14	18
企业人员规模	20 人以下	17	22
	20 ~ 100 人	43	55
	100 ~ 500 人	13	17
	500 人以上	5	6
企业资产规模	100 万元以下	7	9
	100 ~ 3 000 万元	51	68
	3 000 ~ 30 000 万元	13	17
	30 000 万元以上	4	6

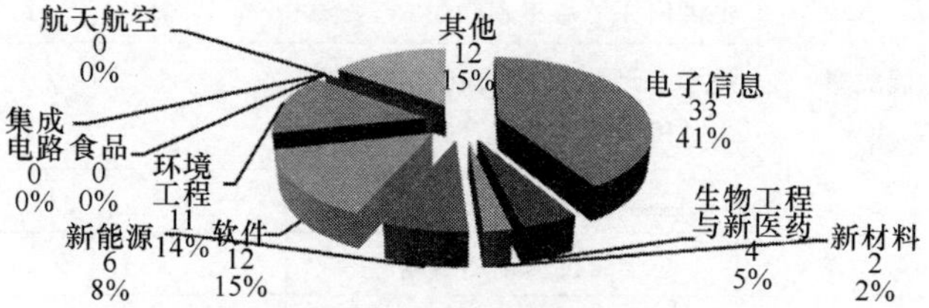

图 2　调研企业所属行业类型分布

可以看出，本次调查的企业以中小型民营企业居多，多数分布在电子信息行业，这与北京市企业性质、规模和行业总体分布基本一致。因此，本此调研的结果能在一定意义上反映北京市企业的技术竞争力现状。

3.2 企业的技术创新能力分析

3.2.1 企业的技术创新战略与策略分析

技术创新是推动企业发展的关键因素，企业的技术创新能力能否充分发挥和能否取得良好的创新绩效在很大程度上取决于企业技术创新战略的合理性和有效性。因此，企业要根据自己的生产经营目标、发展战略、内部条件和外部环境等因素，制定有利于企业技术创新能力充分发挥和取得良好创新绩效的技术创新战略。

调查问卷从技术发展战略和技术能力获取战略两个方面调查了企业的技术创新战略与策略，如表2所示。

表2 企业技术创新战略与策略情况对比

项目	类别	数量（个）
技术发展战略（可多选）	市场缝隙战略（在选定的市场范围内保持技术领先）	43
	技术合理化战略（在选定的市场范围内保持技术的适用性）	35
	全面技术领先战略	33
	全面技术跟随战略	9
技术能力获取策略（可多选）	自主研发	73
	合作研发	36
	技术引进	23
	技术并购	4
	成立合资企业	4
	其他	2

数据表明：在技术发展战略中选择市场缝隙战略的企业最多，共有43家，这说明北京市的多数企业技术能力和竞争力还较弱，为了避免与优势企业的正面竞争，选择在大企业的夹缝中求得生存和发

展。这也与对企业基本情况调查后的结论相符，北京市的大多数企业为中小型企业，由于资金和自身规模的限制影响了企业技术竞争力的提升。在技术能力获取策略方面，在被调查的80家企业中，选择自主研发的有73家，选择合作研发的有33家，这说明北京市的多数企业的技术来源主要依靠自主开发技术，但并不排除合作研发和与技术引进。

3.2.2 企业的人力资源建设情况分析

企业科技人员的水平与科技人员占总人员数量的比例在一定程度上可以用来反映企业的技术研究与开发实力，因为在一定程度上高素质的研发人员是企业的核心能力，是企业不断研究新技术、开发新产品，并不断在市场竞争中获取优势地位的先决条件。

因此，从科技人员比例和人员学历构成比例两方面调查了企业人力资源建设情况，如表3所示：

表3 企业人力资源建设情况对比

项目	类别	数量（个）	百分比（%）
科技人员比例	50%以上	34	46
	30%～50%	24	32
	10%～30%	13	18
	10%以下	3	4
人员学历	本科比例	54.68%	55
	本科以下学历比例	23.53%	24
	硕士比例	18.57%	19
	博士和博士后比例	2.59%	2
技术培训	经常	49	62
	偶尔	21	27
	很少	7	9
	没有	2	2

统计数据表明，有将近一半的企业的科技人员比例在50%以上，只

有4%的企业科技人员比例在10%以下；在人员学历构成方面，本科以上学历的人员所占比例达到了75%。这说明北京市由于自身优势和拥有较多的高校和科研机构，吸引了大量的高学历的科技人才，从而为北京市的企业能拥有高素质的科技人才提供了便利条件。此外，大多数企业都会有技术培训，这充分说明了企业对人员素质与能力的重视。

3.2.3 企业的创新投入产出情况分析

企业的创新投入产出中最重要的一个指标就是R&D投入强度，即企业用于研究与开发的支出与销售收入之比，这也是度量企业技术竞争力的一个重要指标。技术创新活动需要投入，R&D投入强度是衡量一个企业乃至一个国家科技竞争力的重要指标，也是企业不断开发新产品使获得持续竞争力的根本保障。2005年英国贸工部发布的第15次“全球企业研发排行榜”（The 2005 R&D Scoreboard）中，根据研发投入值的大小对全球1 000家公司进行了排行和分析，排在前三名的国家美国、德国和日本，其研发强度均在4%~4.5%；研发投入最多的行业，如医药和生物制品、软件和计算机服务，其研发强度在10%~15%。而根据调查问卷的数据分析可以看出，北京市约70%的企业R&D投入强度在5%以上，约30%的企业在10%以上（见表4），这说明北京市的企业R&D投入强度是比较高的。

表4 企业创新投入产出情况对比

项目	类别	数量（个）	百分比（%）
企业R&D投入强度	10%以上	23	29
	5%~10%	30	39
	2%~5%	15	20
	2%以下	7	12
创新产品销售比例	60%以上	22	28
	40%~60%	15	19
	20%~40%	28	36
	20%以下的	13	17

续表

项目	类别	数量（个）	百分比（%）
企业拥有专利数	50 件以上	0	0
	10 ~ 50 件	7	9
	5 ~ 10 件	13	17
	5 件以下	38	49
	申请专利数为 0	20	25

创新产品的销售比例是指企业销售收入总额中，创新产品销售收入所占的百分比，一项好的高科技企业新产品，其销售额占总产品销售额的比例一般不会低于 60%。而根据调查的统计数据表明，北京市的企业创新产品销售比例在 60% 以上的企业仅为 28%，这说明新产品的市场竞争力还较弱。

此外，笔者还对企业所拥有的专利数进行了调查，结果表明专利数在 5 件以下的企业所占比例为 50%，而专利数为 0 的企业所占比例达到了 25%，这说明企业拥有自主知识产权的产品还较少，技术竞争力还较弱。

3.3 创新环境和支撑保障条件建设情况分析

创新环境和支撑保障条件是决定一个企业技术竞争力的外部因素，外因是事物存在和发展的外部条件，因此良好的创新环境和支撑保障条件对企业技术竞争力的形成和发展也是至关重要的。在创新环境和支撑条件建设方面，笔者从获得政府科技资助数量、科技信息资源建设、知识产权保护情况、研发激励制度 4 个方面进行了调查分析，如表 5 所示：

表5　企业创新环境和支撑条件建设情况对比

项目	类别	数量（个）	百分比（%）
获得政府科技资助数量	500万元以上	1	1
	100~500万元	19	25
	50~100万元	13	17
	50万元以下	22	28.5
	0万元	22	28.5
科技信息资源建设	有	53	70
	无	23	30
知识产权保护情况	非常完善	4	5
	完善	22	28
	比较完善	37	47
	不完善	16	20
研发激励制度	项目奖金	25	46
	职位升迁	24	22
	技术成果奖金	53	21
	技术成果入股	10	9
	没有采用任何奖励措施	2	2

调查数据表明，获得政府科技资助在100万元以上的企业所占比例为25%左右，有30%的企业没有获得任何资助。在知识产权保护方面，仅约33%的企业认为自己的保护制度完善或非常完善。在研发激励制度方面，采用奖金方法的企业最多，比例达到了近80%，这说明奖励措施还比较单一。此外，有70%的企业有进行科技信息资源建设，这说明北京市企业对此方面比较重视。

4　企业技术竞争力建设面临的问题

通过对调查数据的统计分析，发现企业在技术竞争力的建设方面存在一些共性的问题，这些问题在很大程度上制约了企业技术竞争力的发展，主要有以下几个方面。

4.1　自主研发的技术缺乏竞争力

调查发现绝大多数企业的技术能力获取策略都是自主研发。而理论上自主研发的开发投资大、周期长、风险大，适用于技术开发能力强，经济实力强或掌握了独特技术垄断权的企业，因此这种策略与中小型企业自身的实力不相符，不适用于中小型企业。而中小型企业由于受到经费和自身规模的限制，自主开发的技术或产品也只是针对少数公司和客户，满足他们在某一方面的技术需求，而无法进行大规模、深入的技术研究，因此他们的技术始终不能达到该领域的先进水平，更多的是进行技术集成，没有真正具有竞争力的技术和产品。

4.2　R&D 投入产出比例不平衡

从统计分析得到的数据可以看出，北京市企业的 R&D 投入强度是比较高的，但是创新产品的销售比例和企业拥有的专利数都较少，投入与产出不成比例。中小型企业由于规模较小，自身资金和资源有限，即使 R&D 投入强度在 10% 以上，也只是很小的一部分，很难保证研发的成功率。此外，由于开发出的技术和产品缺乏竞争力，因此所带来的利润也不会很高，也缺少持久性。在这种循环中，企业的研发能力始终难以得到较大的提升。

4.3　研发资金不足

即使企业将销售收入中的较大比例都投入到了研发中，但是中小型企业的科技创新活动还是面临着比较大的资金压力。同时，由于中小企业的技术竞争力较弱，创新产品创造持续利润的能力也较弱，这些因素都为中小企业规模的扩大和长期的发展带来了困难。同时，在政府的资助方面，很多企业获得的来自政府的科技资助在 50 万元以下或没有得到政府的任何资助。因此，多方面的压力，从客观上导致中小企业的生存和发展举步维艰。

4.4 外部支撑保障条件不足

以北京市为例，虽然政府颁布了很多政策来促进中小企业的发展，如北京市和中关村科技园区每年都有中小企业创新基金，但从调研结果可以看出，能享受到优惠政策的企业并不多，获得政府科技资助数量在50万元以下及没有获得任何资助的企业数达到了一多半。这说明企业享受到优惠政策的门槛还很高，企业在创办、起步、发展、壮大过程中，遇到技术、资金、人才等方面的困难，很难得到政府以及金融、税务等部门的支持，甚至可能错过了发展的大好时机，给企业带来了损失。

此外，对于科技人员的研发奖励制度过于单一，很多企业只是采用了项目奖金这一方式。要提升技术竞争力，科技人员的研发动力和热情是十分重要的，尤其是对于那些掌握了核心技术的科技人员。单一的奖励措施不能很好的激发员工的创新动力和热情。

5 提升企业技术竞争能力的政策建议

近几年，北京市的企业总体来说有了较大发展，技术竞争力有了一定的提高，但依旧存在一些制约企业技术竞争力的问题，因此需要企业自身不断地改进，同时也需要政府制定相关政策帮助企业解决问题，不断提高其竞争力。

5.1 制定科学合理的技术创新战略

战略是企业在未来很长一段时间内的发展方向，而企业技术创新战略则是企业在技术创新领域内重大的带有全局性或决定全局的谋划。企业应该按照自己的实际情况制定出科学合理的技术创新战略，可以首先对自身的外部环境和内部条件进行详细的分析，然后制定出战略目标和战略方案，再规划出战略实施的要点，还要将企业的技术创新战略与企业的总体战略联系起来，同时还要符合市场的发展趋势。

5.2 加大对中小企业的政策扶持和资金资助

2007年，我国的R&D经费支出总额中来自企业的资金占70.4%，来自政府的资金占24.6%，其他方面的资金占5.0%，企业是我国R&D活动的资金投入主体，同时也是R&D活动的主要执行部门，其在我国R&D活动中的主体地位已不可动摇[5]。但是对于中小企业，由于受到自身条件和规模的限制，科研资金不足，融资困难，还需要政府通过多种渠道对企业进行政策扶持和资金支持，比如搭建面向中小企业的科技咨询服务平台、科技成果转化服务平台和融资平台等，通过多种平台的建设加强对中小型企业的资金投入力度，并且辅助它们将一些创新支撑活动转移出来，集中有限的人力、物力和财力于创新性的研发活动中。

5.3 培育核心技术，健全知识产权保护与服务体系

提高企业的技术竞争力，关键是要培育企业的核心技术，更要提高企业的知识产权保护的意识，政府应该加大对知识产权保护的宣传力度，对企业在专利申请、标准制定等方面予以支持，形成一批拥有自主知识产权、知名品牌和较强国际竞争力的优势企业；健全知识产权保护与服务体系，强化知识产权执法部门之间的协作，加快知识产权中介服务机构发展，建立知识产权信息服务平台；对企业申请和取得国内外专利、建立专利数据库、进行专利预测预警研究给予资助。

5.4 防止企业核心技术流失

核心技术的流失，比如核心团队成员或技术、业务骨干被挖走，以及由此引起的技术流失，会给企业带来极大的损失。防止核心技术流失的方法是实行分类分级管控：一是对核心技术、核心商业机密一级管控、知晓和掌握的范围愈小愈好；二是建立健全核心要素的内控机制，不可让一人或一个部门独立掌控企业的全部核心技术；三是与核心技术人员签订完备的《劳动合同书》和《保密协议》，明确公司与核心技术人员之间的权利义务，防止核心技术的流失或泄密。

参考文献

[1] 陈爱娟,赵琳,艾芳. 我国主要低渗透油田技术竞争力评价. 科学管理研究,2007(7):70－72.

[2] 周寄中,蔡文东,黄宁燕. 提升企业技术竞争力的四项指标. 科技管理研究,2005(10):26－30.

[3] 冬青,徐飞. 上海民营高科技企业核心技术竞争力. 科学学研究,2005,23(1):92－96.

[4] 曾繁华,龙苗. 企业技术竞争力评价指标体系研究:构建、测评与结论. 统计与信息论坛,2008,23(8):9－14.

[5] 企业是我国R&D经费的主要来源和R&D活动的主要执行者. [2009－01－19]. http://www.sts.org.cn/nwdt/gndt/document/09011903.htm.

作者简介

谢新洲，男，1964年生，教授，博士，博士生导师，发表论文100余篇；

王世雯，女，1984年生，发表论文1篇；

肖　雯，女，1965年生，馆员，发表论文10篇。

第四章　网络计量与知识计量研究

网络计量的相关研究始于20世纪90年代后期，以1997年丹麦学者T. C. Almind和P. Ingwersen提出“Webometrics”这一概念为其诞生的标志。自此，国内外许多学者都投入了网络计量的研究并取得了长足进步和丰硕成果：从一开始研究网络影响因子、外链和内链等的概念界定和经典文献计量定律在网络环境下的适用性，到研究网络链接动机，再到网络学术信息交流与合作模式的研究等。从以上发展轨迹来看，网络计量的研究越来越深入，得到的关注也越来越多。知识计量诞生于知识经济的大背景下，其发展大致经历了三个时期：即以文献计量、科学计量为基础的知识计量；以信息计量、情报计量为基础的知识计量和以知识经济的测度为基础的知识计量。前两个阶段主要是对知识的间接计量，第三阶段则是对知识的直接计量，也是知识计量发展的高级阶段。从上可以看出，网络计量和知识计量都根植于文献计量学，有着很多共性，尤其是在测度的方法方面。另外，网络计量和知识计量都是当前我们学科领域研究的热点，也是难点，需要广大学者运用多学科知识和方法进一步深入研究，而且需要及时交流成果，切磋学术，共同推动这一新兴领域的研究和发展。基于以上考虑，我们特组织“网络计量和知识计量”这一专题研究，希望对这一领域的研究有所启迪和促进。

本期专题共4篇文章，其中邱均平等以《图林博客的社会网络分析》为题，利用共链、互链等网络计量方法、核心边缘模型等社会网络分析方法以及计算机可视化方法对图书情报领域的博客进行了深入的计量分析；阎劲松、沙勇忠等以《单一网站网页数量增长规律的实证研究》为题，对搜狐新闻频道网站的网页按照时间进行数据收集并进行了模型拟合，通过研究发现单一网站在其成熟期内的网页累积数服从二次曲线增长规律；张洋的《网络信息计量学与搜索引擎研究》一文，主要研究了网络信息计量学中搜索引擎的应用，并且研究了网络计量对搜索引擎的改进方法，同时对网络计量和搜索引擎的相互关系进行了较深入的分析研究；余以胜等撰写的论文《知识的计量与评价研究》，详细阐述了知识计量与评价的三个发展阶段、研究内容、计量方法和当前面临的困难。四篇文章既有微观计量又有宏观理论总结：前两篇文章对博客和新闻网页进行了计量研究，针对当前的研究热点，细致且有新意；后两篇文章从理论层面对相关问题进行了思考和凝练，既总结了前人的研究成果，又得出了自己的新的研究结论，对以后的相关研究有一定的指导意义。希望这四篇文章从理论和实证两个角度都为大家带来一些启迪和思考，共同推动网络计量与知识计量领域的研究不断深入发展。

武汉大学信息管理学院教授、博士生导师
武汉大学中国科学评价研究中心主任　邱均平
《图书情报工作》编委

第一节　图林博客的社会网络分析[①]

1　引　言

在科学领域里，文献信息的引证分布具有一定的规律性，这是信

① 本文系国家自然科学基金资助项目“网上学术信息的分布与变化规律研究及其应用”（项目编号：70673071）研究成果之一。

息计量学理论的重要组成部分。期刊结构关系和学科内容联系的研究是文献计量学的热点问题之一。如果知道任意两种期刊间的某一数量关系（如共引强度、引证次数、共词频度），就可以绘制期刊间的二维矩阵，再进行矩阵的处理分析，从而能直接反映出学科间的相互关系。该领域的研究人员运用了各种研究方法和工具来研究上述问题，比较常用的就是引文分析。

引文分析，是指利用各种数学及统计学的方法和比较归纳、抽象、概括等逻辑方法，对学科期刊、论文、著者等各种分析对象的引证与被引证现象进行分析，以揭示其数量特征和内在规律。通过文献的相互引证与文章的同被引等指标可以统计出某一学科学者的分布、作者相互间的关系、核心的研究机构等[1]。

互联网已经成为人们获取、发布信息的主要平台。互联网上不仅仅是页面包含着信息，各个页面之间的超链接更是包含着丰富的、不易察觉的潜在信息。网页间的超链接与传统文献中的引文有着很多相似之处，链接在一定程度上体现了网页之间的“参考”、“引用”和“推荐”等关系。

由此，在对网络链接的研究中，引文分析的一些方法被运用到其中。文献计量学中的同被引和引文耦合的概念应用到了网页的链接分析中，产生了共链分析（co- link analysis），共链分析被用于提高网络信息检索效率、开展企业竞争情报等研究，取得了一定的成果。如1996 年，加州大学伯克利分校的情报学家 Larson 最早研究了共链现象。他认为通过网络链接可以观察网络空间的结构，并利用 Altavista 获取了关于地球科学、地理信息系统、卫星遥感三个学科的共链数据，建立共链矩阵进行实证分析；为了提高信息检索效率，有学者提出基于相似度分析模型的算法，其重要思路为利用两个网页被其他网页所链入的数目（共链频次）以及两个网页共同链接其他网页的数目（耦合频次），来判断两个网页的相似度，并在此基础上进行页面聚类；也有学者将共链分析用于竞争情报领域，如 Vaughan 于 2004 年夏季对 32 家电信公司在 Yahoo 全球和 Yahoo 中国上的共链情况进行了分析，利用多维尺度分析正确的描述出了这些公司在电信业务领域中的关系分布图[2]。

本文将传统的引文分析法用于网络中的链接分析，用于分析图林博客各个博主之间的社会网络关系。下面对本文涉及的一些概念做简要的介绍：

1.1 互链分析

科学文献之间并不是孤立的，它们的相互关系突出地表现在文献之间的相互引证方面。一篇完整的科学论文通常要包括正文部分和参考文献部分。在这里，首先要明确两个术语“参考文献”和“引证文献”。普赖斯在论及引证与被引证关系时曾建议：每一篇被引文献，对于引证者（论文作者）来说，就是有了一篇参考文献，而对于被引证者来说，则是有了一篇引证文献。

期刊中的互引反映了期刊间的相互影响相互作用，期刊互引的研究有助于发现期刊内在的结构关系，从而挖掘学科间存在的有机联系。类似的，对于网站中的相互链接的研究也有助于发现网站间的相互影响和相互作用，由此也可以挖掘出网站内在的结构关系。本文将博客的相互链接称为互链。通过构造互链矩阵，分析研究对象之间的相互关系。

1.2 共链分析

在信息计量学中，同被引，又称同引、共引，是指两篇或两篇以上的文献同时被别的文献引用的现象，并以引用它们的文献数量作为测度，称为同被引频率或同被引强度。

引文耦合：当两篇文章同时引用一篇或多篇相同的文献时，这种现象称引文耦合，这两篇文献就具有耦合关系。引文耦合的文献之间总存在着这样或那样的联系，其联系的程度称为耦合强度。

网络环境下的共链分析是传统文献计量学中的同被引和引文耦合的概念在网络环境下的应用。链接可以分为链入链接（inlink）和链出链接（outlink），共入链类似于文献计量学中的同被引，共出链类似于耦合。

共链分析的假设前提为：①如果网页 p 和 q 同被引，则它们可能是相关的，同被引强度越大，相关度越大；②如果网页 p 和 q 耦合，则它们可能是相关的，耦合强度越大，相关度越大[6]。

本文中主要根据第一个假设进行分析。即两个链接同时被其他网站“引用”的现象。并以共链的数量作为测度，这类似于文献计量学中的同被引频率或同被引强度，本文称之为“共链强度”。

2 研究对象与研究方法

2.1 研究对象

学术博客之间的关系可以从一个方面反映出网络上学者的分布情况及其在相关领域所处的地位等潜在信息。本文选择了 20 个比较著名的图情博客，统计、分析其相互链接和共链数据。这 20 个博客的相关信息如表 1 所示。

表 1 博客列表

编号	简称	博客名称	博客 URL
1	老槐	老槐也博客	http：//oldhuai. bokee. com
2	超平	超平的博客	http：//mzgw. bokee. com
3	游园	游园惊梦	http：//youmeng. bokee. com
4	编目	编目精灵 II —On the Fly	http：//catwizard. blogbus. com
5	数图	数图研究笔记	http：//www. kevenlw. name
6	雨禅	思考的乐趣 —雨禅的博客	http：//rainzen. bokee. com
7	焕文	程焕文的博客	http：//blog. sina. com. cn/huanwen
8	学林	学林望“道”	http：//yeahfei. bokee. com
9	蓝天	蓝天白云	http：//hi. baidu. com/blueyye
10	河边	河边夜谈	http：//blog. sina. com. cn/u/1245448107
11	老姜	图林老姜	http：//blog. sina. com. cn/u/1258611607
12	书间	书间道	http：//blog. sina. com. cn/u/1412276081

续表

编号	简称	博客名称	博客 URL
13	释怀	图情释怀	http：//blog. sina. com. cn/u/1043887090
14	平凡	平凡博客	http：//infokm. bokee. com
15	图谋	图谋博客	http：//libseeker. bokee. com
16	图表	图有其表	http：//blog. sina. com. cn/u/1197667261
17	小 5	小 5 的博客（大旗底下）	http：//dqdx. blogbus. com
18	高山	高山流水	http：//www. gsls. info
19	丫枝	图林丫枝	http：//www. dlresearch. cn/wjew
20	建中	建中读书	http：//wujianzhong. bokee. com

2.2 研究方法

首先确定研究对象，即表 1 中的 20 个博客，这些博客都是著名的图林博客，博主大部分是图书馆学教师或图书馆工作人员。笔者通过手工方式收集博客间互链数据，构造互链矩阵。通过 Yahoo，设计相应的检索式获取共链数据，构造共链矩阵，将两个矩阵保存在 Excel 中。其中，互链矩阵是对称矩阵，反映的是博客间相互的“参考”与“引证”关系。如果两个博客相互之间都做了友情链接，则值为 1，如果不是双方都做了友情链接，则值为 0. 共链矩阵也是一个对称的矩阵，非主对角线的值为两个博客被共链的次数，如果排除搜索引擎的稳定性等因素，对于两个博客，在检索式中的顺序对于检索结果应该是没有影响的，因此，这里对每对博客只检索一次。数据收集整理之后，要对其进行处理，通过 Ucinet 和 Pajek 软件分析两个矩阵，采用相应的操作，分析博客间的网络结构，之后对所得到的结果进行进一步分析。

3 实证分析

3.1 数据的收集与处理

对于博客间的互链分析，通过手动方式，逐一打开所研究博客的首页，查找其好友信息。由此，统计这些博客之间的相互链接关系。

互链的数据大部分根据表1中的链接查找，但是有些更新的博客没有相应好友链接，而原来的博客有好友链接，这样极少数博主的数据采用的是原来的博客中的好友信息。

对于博客共链分析的数据，利用搜索引擎的链接检索功能，构造相应的检索式，收集共链的数据。本文采用的搜索引擎是Yahoo。

关于检索式的构造，以“老槐也博客”和“超平的博客”两个blog的共链强度检索为例：初步构造的检索式为：“link：http：//oldhuai. bokee. com AND link：http：//mzgw. bokee. com”这样检索出来的结果大约有5 220条。但是如果看一下检索的结果就会发现，结果中有好多来自“厦门大学图书馆图林网志聚合”这个网站上的信息。笔者认为这个聚合上的信息算做一次比较合理。构造检索式的时候应排除这个聚合的链接。同时，笔者也发现另一个网络聚合即“电子科技大学图书馆网志聚合（图情学）”也会对有些结果产生比较大的影响，由此，在本文所采用的检索式中，将排除上述网站的链接。最后采用的检索式为：“（link：http：//oldhuai. bokee. com - site：wiki. xmulib. org - site：202. 115. 24. 10）AND（link：http：//mzgw. bokee. com - site：wiki. xmulib. org - site：202. 115. 24. 10）”这样检索出来的结果约为1310条。最后统计的时候再将每个结果加上2。

在共链数据的收集中，所用的链接均为表1中的链接。这样难免会漏掉一些信息，比如同一个新浪博客可以对应两个URL，用Yahoo搜索两个链接所得的结果是不同的。本文中，为了便于统计分析，只采用各个博主常用的URL而对其他的URL暂时没有统计。

3.2 数据的处理

3.2.1 对互链数据的处理

通过互链数据的分析，可以发现这些博客间的社会网络关系。社会网络分析法已经比较成熟，可以从不同的角度构建社会网络进行分析。本文主要从结构洞理论出发，分析各个博主间的社会网络关系。

结构洞（Structural holes）理论由美国社会学家罗纳德·伯特（Ronald Burt）于1992年在其撰写的《结构洞：竞争的社会结构》一书中提出，所谓结构洞，即社会网络中的某个体和其他一些个体发生直接联系，但这些个体互相之间不发生直接联系。这些个体无直接联系或关系间断的现象，从网络整体看好像网络结构中出现了洞穴，如图1所示。

图1 结构洞

如图1所示，左边的A具有3个结构空洞，表明与A联系的三个节点必须通过A才能彼此联系；相反，右边图中的A就没有结构空洞，因为与A相连的节点都不必通过A就可以相互联系[3]。

伯特认为，在结构洞中，将无直接联系的两者连接起来的第三者拥有信息优势和控制优势。因此，组织和组织中的个人都要争取占据结构洞中的第三者位置，并且为保持结构洞中自身的优势而不能让另外两者轻易地联系起来。

结构洞理论一经问世，便在西方社会学界、管理学界、战略学界引起了轰动。在我国图书情报领域，包昌火等人在人际情报网络相关研究中也介绍了结构洞理论。本文将运用矩阵分析算法和网络图技术分析图林博客圈中的网络结构和结构洞。

笔者利用Pajek软件的Net- Vector- structural Holes功能计算出这20个blog的结构洞约束系数（aggregate constraint），结果如表2所

示。

表 2　图林博客结构洞约束系数

博客	结构洞约束系数	博客	结构洞约束系数
老槐	0.329	超平	0.354
游园	0.434	编目	0.370
数图	0.367	雨禅	0.408
焕文	0.442	学林	1.000
蓝天	0.353	河边	0.521
老姜	0.000	书间	0.393
释怀	0.000	平凡	0.000
图谋	0.657	图表	1.000
小 5	0.385	高山	1.000
丫枝	0.000	建中	0.000

生成的网络图如图 2 所示。

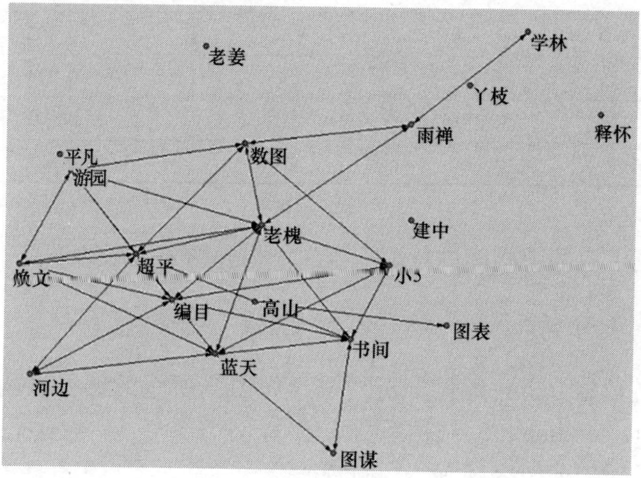

图 2　图林博客网络图

3.2.2 对共链数据的处理

共链分析的基础，就是认为同时被其他网站（网页）链入的网站（网页），在主题上或多或少的都具有一定的相似性或相关性，利用共链强度可以测度网页内容的相关度或相似度。

本文利用收集到的共链数据，应用 Ucinet 测度图林博客的中心度，由此尝试找出图林博客圈中的核心博客。测出的中心度如表 3 所示。

表 3　图林博客中心度

博客	中心度	博客	中心度
老槐	0.449	超平	0.29
游园	0.299	编目	0.433
数图	0.426	雨禅	0.285
焕文	0.012	学林	0.022
蓝天	0.022	河边	0.008
老姜	0.008	书间	0.013
释怀	0.004	平凡	0.005
图谋	0.13	图表	0.014
小 5	0.279	高山	0.003
丫枝	0.279	建中	0.028

根据上表的中心度进行矩阵排列，得到图 3 所示结果。

3.3 结论分析

互链数据分析：经过分析，得到如图 2 所示的结构洞约束系数（aggregate constraint），结构系数大于 0，小于等于 1，在这个区间内，值越小，对应的博客越有结构洞特征。

从表 2 的数据可以发现，这些博客可以分为以下两类：①结构洞系数大于 0，小于 1 的博客：这些博客之间有着或紧密或松散的联系。对这些系数进行从小到大的排序，排在前三位的是：老槐也博客，蓝

	1 老槐	4 编目	5 数图	3 游园	2 超平	6 雨禅	19 丫枝	17 小5	15 图谋	9 蓝天	8 学林	16 图表	20 建中	12 书间	7 焕文	10 河边	11 老姜	14 平凡	13 释怀	18 高山
1 老槐	2683	2682	2682	1402	1322	1322	1372	1252	560	119	104	85	81	73	73	42	40	26	22	5
4 编目	2682	2683	2582	1342	1322	1242	1222	1212	624	79	93	74	428	59	46	36	38	21	21	4
5 数图	2682	2582	2683	1332	1212	1212	1252	1222	500	91	69	37	51	30	61	25	26	12	16	5
3 游园	1402	1342	1332	2683	1272	1242	1202	1252	548	105	99	59	72	71	49	40	37	26	21	7
2 超平	1322	1322	1212	1272	2683	1252	1202	1222	630	112	97	52	73	62	52	29	29	26	9	4
6 雨禅	1322	1242	1212	1242	1252	2683	1212	1222	535	89	100	57	69	45	51	24	22	24	9	2
19 丫枝	1272	1222	1252	1202	1202	1212	2683	1172	524	47	79	50	20	26	12	14	14	12	5	88
17 小5	1252	1212	1222	1252	1222	1222	1172	2683	508	102	86	49	65	43	49	40	36	25	21	4
15 图谋	560	624	500	548	630	535	524	508	2683	36	73	53	28	60	3	38	39	25	21	4
9 蓝天	119	79	91	105	112	89	47	102	36	2683	34	31	61	39	50	34	32	19	21	4
8 学林	104	93	69	99	97	100	79	86	73	34	2683	34	24	36	15	25	22	24	12	3
16 图表	85	74	37	59	52	57	50	49	53	31	34	2683	26	49	6	37	34	26	21	3
20 建中	81	428	51	72	73	69	20	65	28	61	24	26	2683	38	42	26	25	23	7	3
12 书间	73	59	30	71	62	45	26	43	60	39	36	49	38	2683	4	44	40	26	22	3
7 焕文	73	46	61	49	52	51	12	49	3	50	15	6	42	4	2683	3	2	4	2	3
10 河边	42	36	25	40	29	24	14	40	38	34	25	37	26	44	3	2683	37	25	21	3
11 老姜	40	38	26	37	29	22	14	36	39	32	22	34	25	40	2	37	2683	23	21	3
14 平凡	26	21	12	26	26	24	12	25	25	19	24	26	23	26	4	25	23	2683	10	3
13 释怀	22	21	16	21	9	9	5	21	21	21	12	21	7	22	2	21	21	10	2683	2
18 高山	5	4	5	7	4	2	88	4	4	4	3	3	3	3	3	3	3	3	2	2683

图3　图林博客中心度

天白云，超平的博客。②结构洞系数等于1或0的博客：结构洞系数为1的两个博客是图有其表和学林望“道”，这两个博客之间有相互联系，而两者与其他博客相隔离。还有三个结构洞约束系数为0的博客，它们是图林博客圈中的孤岛，与其他博客并未建立相互联系。

从生成的网络图来看，可以直观的看到这种倾向。第一类博客之间彼此有着或多或少的联系，其中老槐也博客，蓝天白云，超平的博客三个博客的结构洞特征比较明显，这三个博客在图林博客中处于比较重要的地位，有着很强的信息与控制优势。

第二类博客处于图林博客圈的边缘位置，甚至形成孤岛。这些博客信息与控制优势很少。

共链强度数据分析：通过分析，得到这20个博客的中心度。该值越大，则说明该博客中心度越大。中心度可以反映博客的重要程度。根据中心度对共链矩阵进行排列，就得到图3，从该图可以明显看出，小5的博客和它前面的几个博客相对应的值明显大于后面的一些博客，那么这些博客可以看作该博客圈中的核心，在圈子中有着比较高的地位。

4　结　语

引文分析是文献计量学中的重要方法。首先提出网络信息计量学概念的 T. C. Almind 认为：“信息计量方法所使用的手段完全可以应用到万维网上，只不过是将万维网看作引文网络，传统的引文由页面所代替。”本文运用信息计量方法所使用的引文分析法，分析了图情博客各博主之间的社会网络关系，得到了相应的分析数据和网络关系图。

在研究过程中也发现一些问题，主要体现在以下方面：①研究对象，即博客的选择对数据收集产生很大影响：收集数据的过程中面临着一个博主有多个博客，同一博客有多域名的问题，不便于统计；②研究工具即搜索引擎自身问题：搜索引擎存在不一致性问题，同时网页的覆盖率有限。③网络中的链接目的难以判断，产生无用信息的干扰：比如一些网络聚合会对检索的结果造成很大的影响。以上因素都会都分析结果产生一定的影响。

参考文献

[1] 邱均平．信息计量学．武汉:武汉大学出版社,2007:315－319,397－412.

[2] 周　倩．共链分析方法的发展与应用研究．图书情报工作. 2006, 50(10):44－47.

[3] 包昌火,谢新洲,申　宁．人际网络分析．情报学报,2003(3):365－374.

[4] 马瑞敏,邱均平．基于 CSSCI 的论文同被引实证计量研究:以图书馆学情报学为例．图书情报知识,2005(10):77－79.

[5] Larson R. Bibliometrics of the World Wide Web: An exploratory analysis of the intellectual structure of Cyberspace. [2008－05－07]. http://sherlock. berkeley. edu/asis96/asis96. html.

[6] Smith A G. Classifying links for substantive Web Impact Factors//Proceedings of the 9th International Conference on Scientometrics and Informetrics ,Beijing ,China, 2003:305－311.

[7] 邱均平,李晔君,李　江,等．实质性共链分析的实证研究——

对全共链分析的修正．情报学报,2007,26(4):488－495.
[8] 段宇峰．网络链接研究中的制约因素分析．图书情报知识,2004(12):8－13.
[9] 邱均平,张 洋．网络信息计量学综述．高校图书馆工作,2005(1):1－12.
[10] 吕俊生．网上信息资源的链接分析研究．情报学报,2005,24(1):78－139.

作者简介

邱均平，男，1947年生，教授，博士生导师，发表论文300余篇，著作20余部；

于长福，男，1983年生，硕士研究生；

马瑞敏，男，1983年生，博士研究生，发表论文13篇，参编著作3部。

第二节 单一网站网页数量增长规律的实证研究

——以“搜狐新闻频道”为例

1 引 言

网络信息增长规律是网络计量学理论动态规律的重要研究主题之一，对优化网络信息资源配置，提高网络管理水平，进而促进网络计量学学科发展具有重要意义。

近年来，国内外学术界围绕网络信息增长规律研究已做了一些富有价值的工作。P. L. Krapivsky、S. Redner运用统计物理学方法从网络节点层面研究网络增长规律，提出网络节点链入数与链出数的变化均呈明显的指数增长规律[1]。R. Albert 等的研究表明，网页链入（出）概率随网页中链接数的增长呈指数增长规律，即高链入（出）率的网页在网络中处于明显的支配地位[2]。B. Tadic 构建了基于外部链接增长的网络信息增长模型[3]。B. A. Huberman、L. A. Adamic 在其互联网增长理论的实证分析中引入了网页随机增长率、新网站建立时间两个因素[4]。F. Menczer 揭示了网页内容增长同网页链接增长之间的指数关系，并构建了网络信息增长的一般逻辑曲线模型和基于内容的逻辑曲线模型[5]。M. K. Bergman 提出深层网络概念，并研究了普通网络和深层网络中网页随时间推移的增长情况[6]。S. Zhou、R. J. Mondragon 从路由与节点层面提出指数增长规律，节点与链接服从“度的分布”，且符合网络聚类现象中的层次结构[7]。侯经川、赵蓉英在对网络信息增长机制的研究中，以“信息转发假设”和“信息创新假设”为基础，尝试将银行货币的扩张机制移植到网络环境，使用规范研究推导出网络信息增长的乘数扩张机制，建立了网络信息总量的增长模型及网络真实信息量的增长模型[8]。邱均平、殷之明以 PC 显卡主题内容为研究对象，利用 Google 检索并统计网络主题内容的数量分布和变化情况，得出网络信息内容呈指数增长的基本判断[9]。

综而观之，网络信息增长规律的研究呈现出角度和研究层面各异的复杂局面，尚无成熟的研究方法可供借鉴。鉴于网络现象固有的复杂性[10]（类型多样、主题丰富、规模海量），本文选定单一网站为分析层面，以网页为分析单元，借鉴“三计学”相关理论开展实证分析，希望得到有意义的研究结果。

2 数据来源

新闻类网站的数据更新较快，网页数量增长现象较为显著，因而选取该类网站作为数据来源更具代表性。本文拟选取“搜狐新闻频道”（以下简称“新闻频道”）作为数据来源，主要基于以下考虑：①网页数量较有规模，内容较受欢迎；②文件类型单一（shtml），可避免由文件类型不同导致的分析偏差；③内容正规，可排除垃圾信息影响；④网页 URL 有规律可循（以发布时间命名），可提高搜索引擎的检准率；⑤具有“往日新闻回顾”模块，可下载网页进行离线分析。

为方便两套数据分析结果的比照，同时为避免新闻频道创建初期网页数量增长的不规律性可能对分析结果产生的影响，本文选择 2006 年 1 月 1 日—2007 年 12 月 31 日作为观测期，并集中于 2008 年 4 月 25 日采集数据。

3 数据收集方法与工具

3.1 离线统计

基于“往日新闻回顾”模块及网页 URL 的规律性，使用 Offline Explorer Enterprise（设置 Levels Limit =5，仅下载 shtml 文件）下载观测期内各目录下的网页，汇总得到原始数据集 1（共 730 条记录，5 个缺失值和 2 个极端值）。

3.2 在线检索

使用 Baidu 检索网页，检索语法：

site:(news. sohu. com) inurl:(http://news. sohu. com/20070707/)

汇总得到原始数据集 2（共 730 条记录，无缺失值或极端值）。

4 数据处理与结果

本文的数据处理程序：使用 Excel 进行预处理；使用 SPSS 绘制散点图，观察大致分布情况；构造样本（如有必要则进行相关分析）；对相关分析效果好的变量进行回归分析并进行统计检验（回归模型的拟合优度检验、回归方程的显著性检验 - F 检验、回归参数的显著性检验 - t 检验）。

4.1 数据预处理

对两个原始数据集（以“天”计，各730条记录）进行预处理：①若以“天”计，则有730条记录，样本代表性强，但在结果展现时散点过于密集，视觉效果一般；②若以“月”计，则有24条记录，样本量小，且每月天数不同，样本代表性差。综上考虑，本文中选取“周”为时间单位，则有104条记录（舍弃最后2天的数据）。

原始数据集1中的缺失值和极端值用当周网页平均数代替，经合计每周发布的网页数（pnew）、网页累积数（pages）可得汇总数据1，如表1所示。

表1 网页数量与时间汇总数据1（By Sohu）

周序号（time）	当周网页数（pnew）	网页累积数（pages）	周序号（time）	当周网页数（onew）	网页累积数（pages）
0	1 283	1 283	…	…	…
1	1 503	2 786	101	1 507	171 197
2	1 328	4 114	102	1 285	172 482
3	1 543	5 657	103	1 470	173 952
共104条记录，完整数据略					

原始数据集2不存在缺失值或极端值，经合计每周发布的网页数、网页累积数可得汇总数据2，如表2所示。

表2 网页数量与时间汇总数据2（By Baidu）

周序号（time）	新网页数（pnew）	网页累积数（pages）	周序号（time）	新网页数（pnew）	网页累积数（pages）
0	30 350	30 350	…	…	…
1	27 190	57 540	101	56 570	3 551 836
2	26 020	83 560	102	56 940	3 608 776
3	21 610	105 170	103	58 050	3 666 826
共104条记录，完整数据略					

4.2 数据处理与分析

本文借鉴文献计量学的相关经验[11]，以网页累积数为依据进行分析。

• 绘制散点图。由图1、图2可见，两套汇总数据的观测值都较集中，可直观看出网页累积数的分布具有某种规律性。图1中的散点明显可分为三段，三段散点分别趋于一条斜率不同的直线。图2中的散点则趋于一条平滑的、规则的曲线。

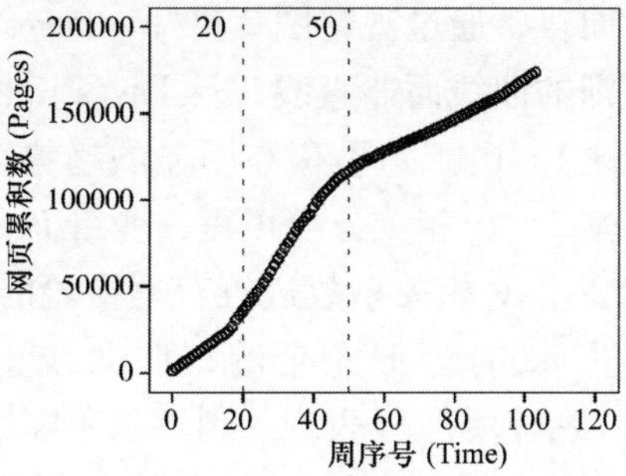

图1　汇总数据1网页累积数随时间分布的散点示意图

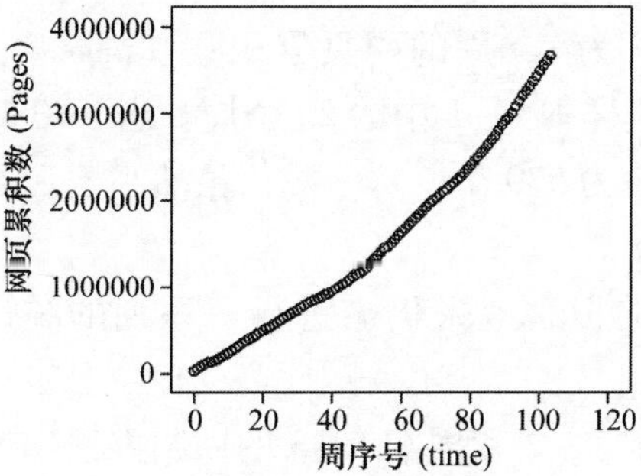

图2　汇总数据2网页累积数随时间分布的散点示意图

经过分析和观察，本文拟选取网页累积数做依据作后续分析。两套汇总数据进一步缩减为仅包含网页累积数与周序号的两列数据。

• 相关分析。对汇总数据 1 而言，通过观察图 1 可知，Pages 随 Time 的变动情况明显分为 3 期（分隔点大致为第 20 周、第 50 周），每期均趋近于一条直线。由图 1 可知，汇总数据 1 分 3 期符合 Pearson 相关系数的适用条件[12]。由相关分析可得，汇总数据 1 的 3 个样本中，变量 Pages 和 Time 的 Pearson 相关系数（r）分别为 0.993、0.998、0.998，且对相关系数进行双尾检验的 P 值均小于显著性水平 0.01。因此，可认为 Pages 和 Time 有显著的正向线性相关关系，随着 Time 的增加，Pages 匀速增加（增长速度为回归线斜率）。

对汇总数据 2 而言，通过观察图 2 可知，Pages 随 Time 的变动趋近于一条平滑、规则的曲线而非直线，且 Pages 增长速度在加快（即曲线斜率越来越陡峭）。由于并不存在明显的趋势突变，可直接使用汇总数据 2 构造样本 2。由相关分析可得，变量 Pages 和 Time 的秩相关系数（r）为 1.000，对相关系数进行双尾检验的 P 值 $\ll 0.01$，所以可认为 Pages 和 Time 有近似完全的正向曲线相关关系，且随着 Time 的增加，Pages 加速增加（表现为斜率的不断增大）。

• 回归分析及统计检验。经回归分析得样本 1－1 的回归方程为：

$$F(t) = 1558.180t + 570.086, t \in [0,19] \qquad \text{（式 1）}$$

其中，F（t）为第 t 周的网页累积数（pages）；t 代表时间序号（time），分别对应样本 1－1 中的 20 个周。当 t＝0 时，可得第 1 周的网页累积数理论值为 570 个，这一数值虽然小于观测值，却具有统计学意义。

为检验式 1 的拟合效果仍需进行一系列的统计检验（均通过，过程略）。

同理，得样本 1－2 和样本 1－3 的回归方程：

$$F(t) = 2\,899.913t + 36\,317.161, t \in [0,29] \qquad \text{（式 2）}$$

$$F(t) = 1\,019.112t + 117\,024.7, t \in [0,53] \qquad \text{（式 3）}$$

式 1、2、3 表明，在观测期内的 3 个时期，新闻频道每过 1 周，网页累积数分别平均增加 1 558、2 900、1 019 个网页，即在每个时期内部，网页累积数是匀速线性增长的，只是在时期更替的时刻网页累积数的平均增长速度才发生“突变”。

对样本2调用SPSS的Curve Estimation过程，以Pages为因变量、Time为自变量，其余按默认设置，同时选择SPSS提供的10种模型进行曲线拟合（逻辑曲线模型除外①），结果如表3所示：

表3　样本2的曲线拟合检验报告[a,b]

模型	缩写	判定系数	F值	P值	b0	b1	b2	b3
Linear	LIN	0.975	3 957.162	<0.01				
Logarithmic	LOG	0.694	231.635	<0.01				
Inverse	INV	0.169	20.796	<0.01				
Quadratic	QUA	0.999	44 346.053	<0.01	89 406.354	13 118.622	198.338	
Cubic	CUB	0.999	64 045.236	<0.01	17 533.571 (0.076)	21 141.342	8.232 (0.643)	1.207
Compound	COM	0.880	749.795	<0.01				
Power	POW	0.987	7 794.583	<0.01				
S	S	0.503	103.106	<0.01				
Growth	GRO	0.880	749.795	<0.01				
Exponential	EXP	0.880	749.795	<0.01				

a. 在进行统计检验时，若P值>0.01，则直接标出或在参数下的括号中标出具体的P值。

b. 为方便比较各模型的拟合效果，此处设初始时刻为t=1。

首先，根据表3，仅保留方差分析结果中F值较大的CUB、QUA、POW、LIN4种模型，其P值均小于0.01（具有统计学意义），而判定系数均大于0.95（拟合优度较高）。对样本2使用这4种模型拟合分布曲线，如图3所示。

然后，观察图3可知，Pages和Time之间除呈现明显的递增曲线

① 在观测期内，样本2的网页累积数的增长速度只有增加趋势而无变缓趋势，因此不宜采用逻辑曲线模型。

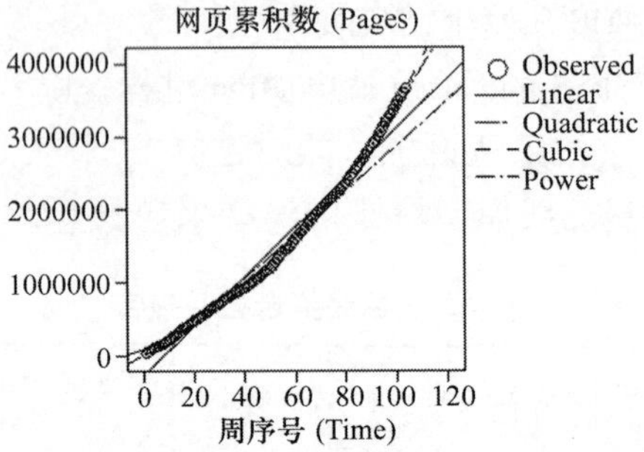

图 3　样本 2 的 4 种拟合曲线

关系（非线性且不可能下降）外，散点有斜率还有逐渐增大的趋势。LIN 与 POW 由于无法反映斜率增大的趋势而被剔除，仅剩 QUA、CUB 模型。

进一步，在表 3 中查看两个回归方程中常数项、回归系数的估计值和 t 检验结果，发现仅有 QUA 的各参数通过了 t 检验（P 值 << 0.01），因此认为二次曲线是最适合的，得样本 2 的回归方程如下：

$$F(t) = 198.338t^2 + 13\,118.662t + 89\,406.354,\ t \in [1, 104]$$

令初始时刻 t = 0，上式可转化为：

$$F(t) = 198.338t^2 + 13\,515.299t + 102\,723.3,\ t \in [0, 103] \quad \text{（式 4）}$$

其中，F（t）为第 t 周的网页累积数（pages）；t 代表时间序号（time），分别对应样本 2 中的 104 个周。式 4 表明，在观测期内，新闻频道的网页累积数会随时间的推移，按照开口向上的二次曲线加速增加。当 t = 0 时，可得第 1 周的网页累积数理论值为 102 723 个，这一数值虽然大于观测值，却具有统计学意义。

5　单一网站网页数量的增长规律及其机理

5.1　单一网站网页数量的二次曲线增长模型

本文原本期望通过双样本的对比分析，揭示较为一致的单一网站内部的网页增长规律，但双样本分析结果却存在明显差异。回溯数据来源，样本 2 中某天新网页数要远高于样本 1 中当天的新网页数。这说明“往日新闻回顾”很可能遵循某个既定的存档机制（例如仅存储每天点击率最高的前 m 个网页，m 在某段时期内是常数），从而造成了由样本 1 得出的规律为分阶段地趋近于直线（3 个时期直线斜率的变动反应存档策略的变化），而样本 2 属于索引数据（存储于搜索引擎的服务器中），不受以上因素影响，因此由样本 2 得出的二次曲线分布更具有代表性、可信度与解释力。

综上所述，仅存在正式交流①过程的单一网站，其成熟期内的网页累积数按照二次曲线稳步增长，增长速度比线性增长快，而比指数增长慢。若用 F（t）表示时刻 t 的网页累积数，则二次曲线规律可表示为：

$$F(t) = at^2 + bt + c(a > 0, b \geqslant 0, c \geqslant 0, t \in [0, +\infty)) \quad \text{（式 5）}$$

其中，F（t）为网页累积数；t 为时间变量；c 为统计初始时刻（t = 0）的网页累积数；a、b 为时间常数，网页累积数的增长速度服从 $F(t)' = 2at + b$ 的线性分布，加速度（即速度增加的速度）的大小为 2a。

5.2 二次曲线增长规律的机理

5.2.1 二次曲线增长规律存在的原因

“正式交流”和“非正式交流”的理论最早由美国社会学家 H. Menzel 提出，后为前苏联情报学家 A. N. Михайлоъ 整理，得到了体系更为严密的广义科学交流系统模式[13]。黄水清、王超提出“根据信息是否经过专职信息人员对其内容进行加工整理”作为网络环境下正式交流与非正式交流的划分标准[14]。根据这一标准，新闻频道属于正式交流过程。王崇德认为，在文献计量学领域，正式交流只能

① 在本文中指网站信息经过专职信息人员（如编辑）的加工整理。

导致直线增长、正式交流与非正式交流同时存在则会导致指数增长[15]。而在网络环境中，处于成熟期的新闻类网站由于出版周期短，内容更新快，则可能出现比直线增长趋势更快的增长趋势；同时，因为没有非正式交流的成份，所以增长速度会比指数曲线慢。因而，在处于成熟期的、仅存在正式交流过程的单一网站中，网页累积数呈现出二次曲线增长规律。

5.2.2 二次曲线增长规律的局限性

二次曲线增长规律的局限性主要表现在两个方面：

- 网页数量并不总按二次曲线函数关系增长。对于发布“正式交流”信息的网站而言，其网页数量在统计观测期内可能服从二次曲线规律，而这一结论不能盲目地扩大到任何类型和主题的网站中去。

- 二次曲线规律不能预测网络未来的增长趋势。由式 5 可知，当时间增加一个正的增量 Δt 后，网页累积数相应的增量为：

$$\Delta F(t) = [a(t+\Delta t)^2 + b(t+\Delta t) + c] - [at^2 + bt + c]$$
$$= a\Delta t(2t+\Delta t)$$

对于一个确定的 Δt（如 $\Delta t = 1$ 周），当 $t \to +\infty$ 时，$\Delta F(t) \to \infty$。这说明随着时间的推移，网页累积数的增量会趋向无穷大。这是不现实的，以新闻频道为例，每天发布的新闻量虽然会随着时间的推移不断增加，但是不可能达到无穷大。暂不考虑网站经费、编辑人员数量、服务器设备等次要因素的影响，新闻频道网页的增长在很大程度上取决于发生社会事件的数量，而依经验，每个单位时间内发生的社会事件数量大致服从正态分布，其增量并不会趋于无穷大，反而可以认为是随机波动的。因此，二次曲线规律仅适用于反映和回溯历史的网页数量增长情况，而用以预测网络未来的增长趋势是不可靠的。

6 结 论

本文以“单一网站”为结构尺度，以“周”为时间尺度构造样本，运用实证分析方法，得到具有统计意义的结果：仅存在正式交流过程的单一网站，其成熟期内的网页累积数服从二次曲线增长规律。与此同时，应注意指出该结果的局限所在，以期在今后的研究中加以改进。

- 本文的实证分析是借鉴“三计学”相关知识规定和处理方法的。比如将时间作为影响网页数量增长的主要因素，而忽略其他次要因素的影响。然而，网络现象本身要复杂得多，仅从单一的主要因素（时间）来分析得出的网页数量增长规律仍需进一步验证和探讨。

- 运用数学和统计学方法得出的规律为经验性规律（Empirical Law），而由规范研究得出的规律为理论性规律（Theoretical Law）。本文属于实证研究范畴，得出的规律为前者。从逻辑上讲，经验性规律与理论性规律是相辅相成的，但经验性规律不及理论性规律可靠[16]。

- 网页数量的增长依信息交流形式、学科/主题领域、研究尺度（包括时间尺度和结构尺度）、研究规模的不同而各异。本文根据双样本的比照得出了合乎统计意义的结果。然而这一结果只有与大量类似实证分析的结果相佐证，才有可能进一步上升为结论，进而揭示出更具一般意义的网络信息增长规律。

鉴于此，在今后的研究中，一方面，应综合运用实证研究与规范研究方法揭示网络信息增长规律；另一方面，应重视吸取和借鉴相关成熟学科的研究方法与成果，综合运用图书情报学、传播学、认知科学、数理统计学、计算机科学等多学科的理论方法进行交叉研究，并注意定量研究方法与定性研究方法的结合，以期在多路并进的综合探索中拨云驱雾，逐步接近网络信息增长规律的本真。

参考文献

[1] Krapivsky P L, Redner S. A Statistical Physics Perspective on Web Growth. Computer Networks, 2002, 39(3): 261-276.

[2] Albert R, et al. Diameter of the World-Wide Web. Nature, 1999, 401(6749): 130-131.

[3] Tadić B. Dynamics of Directed Graphs: The World-Wide Web. Physica A: Statistical Mechanics and its Applications, 2001, 293(1-2): 273-284.

[4] Huberman B A, Adamic L A. Growth Dynamics of the World-Wide Web. Nature, 1999, 401(9): 131.
[5] Menczer F. Growing and Navigating the Small World Web by Local Content. PNAS, 2002, 99(22): 14014 – 14019.
[6] Bergman M K. The Deep Web: Surfacing Hidden Value. The Journal of Electronic Publishing, 2001, 7(1): 1174 – 1175.
[7] Zhou S, Mondragon R J. Towards Modelling the Internet Topology - the Interactive Growth Model. http://arxiv.org/PS_cache/cs/pdf/0303/0303029v4.pdf, 2007 – 04 – 07.
[8] 侯经川，赵蓉英．网络信息的增长机制研究．情报学报，2003，22(3): 267 – 272.
[9] 邱均平，殷之明．网络文献内容增长规律的实证研究——以 PC 显卡相关内容主题的增长为例．中国图书馆学报，2005 (1): 15 – 20.
[10] Mike Thelwall, et al. Webometrics. Annual Review of Information Science and Technology, 2006, 39(1): 81 – 135.
[11] 邱均平．信息计量学．武汉：武汉大学出版社，2007.
[12] 张文彤，闫洁．SPSS 统计分析基础教程．北京：高等教育出版社，2004.
[13] 李国红．A. N. 米哈依洛夫科学交流模式述评．情报探索，2005 (6): 44 – 46.
[14] 黄水清，王 超．网络环境下非正式信息交流的概念、类别与特点．图书馆杂志，2004，23(6): 8 – 11.
[15] 王崇德．文献计量学引论．桂林：广西师范大学出版社，1997.

作者简介

阎劲松，男，1981 年生，助教，硕士研究生，发表论文 3 篇；
沙勇忠，男，1968 年生，教授，博士研究生，出版著作 6 部（含参编），发表论文 72 篇。

第三节　网络信息计量学与搜索引擎研究①

随着互联网（Internet）的不断扩展和功能的不断增强，搜索引擎（Search Engine）在网络社会中的地位日益重要。对于科学工作者来说，搜索引擎研究已成为诸多科学领域所关注的焦点。但是，在情报学领域，人们对“搜索引擎”的认识始终停留在“工具”的层面。即使有所尝试，也因为缺乏合适的切入点，而难以真正介入到这一热门的研究领域中。本文的讨论正是在这一背景下提出来的。我们认为，搜索引擎既是网络信息计量学的重要研究工具，也是重要的研究内容，两者之间存在着十分密切的联系，对两者进行综合研究具有十分重要的科学意义和广阔的发展前景。

1　搜索引擎在网络信息计量研究中的应用

1.1　搜索引擎的重要作用

对于任何计量科学研究来说，系统、全面地收集所需要的原始数据都是开展研究的基本前提。因此，数据收集方法始终是网络信息计量学重点研究的问题。

目前用于网络信息计量研究的原始数据主要有两种来源：结构化或半结构化的数据资源，主要是连接到互联网上的各种专用数据库，包括各种联机信息系统、引文索引、全文数据库、专题网站等。这类数据资源属于高度组织化的信息资源，并配备有专用的信息检索工

---

① 本文系广东省哲学社会科学“十一五”规划项目“网络信息资源定量评价指标的实证研究”（项目编号：07YM02）研究成果之一。

具，使用方便，数据可靠，但数量有限，成本较高，而且其数据一般都不能直接用于网络信息计量研究，需要进一步挖掘；非结构化数据：网上拥有大量的自然语言文本、图像、声音等数据，无法用统一的结构表示，被称为“非结构化数据”[1]。这类数据中隐含着许多非常有价值的信息，如能加以开发利用，将产生巨大的效益。但是，由于具有内容丰富、类型多样、数量巨大、结构复杂、变化频繁、质量不一等特点，对其进行开发利用的难度很大。就目前来看，人们主要依靠各种商业“搜索引擎”来搜集这类“非结构化数据”。

网络信息计量学作为一门以“网络信息”为研究对象的计量学科，自其诞生之日起，就与搜索引擎结下了不解之缘。从最早的T. C. Almind和Peter Ingwersen[2]所做的研究开始，一直到今天，相当多的网络信息计量学研究者都依靠搜索引擎来收集数据。所用到的搜索引擎也是种类繁多，特点各异，包括AltaVista、AllTheWeb、Northernlight、Google、Excite、Lycos、HotBot、Infoseek等在内的众多知名搜索引擎都曾被应用于数据搜集工作中[3]。可以说，没有搜索引擎，网络信息计量学就失去了有效的研究手段，不可能得到如此迅速的发展，搜索引擎无疑是当前网络信息计量研究中最重要的数据收集工具之一。

应用搜索引擎的首要问题就是选择合适的搜索引擎。互联网上的搜索引擎数量众多，且处于不断增长之中，但并非每个搜索引擎都适合于网络信息计量研究。这就需要我们时刻关注搜索引擎的最新进展情况，充分掌握各种搜索引擎的功能特点，在实践中根据具体的研究目标和研究对象，选择最合适的搜索引擎。就目前而言，AltaVista（www. altavista. com）由于其检索功能强，检索途径多，能满足多种计量的需要等优点，成为迄今为止在网络信息计量研究中应用最多的搜集引擎。除了选择合适的搜索引擎之外，恰当地使用它同样是影响数据收集效果的关键。其中最重要的环节就是检索语句的编制。这要求我们要充分掌握搜索引擎的语法格式、指令功能及其正确的使用方法，最终确定高效率、高质量的检索语句来达到研究目的。例如，Ray R. Larson[4]在其研究中就灵活使用了AltaVista的高级检索式：

"link:pubweb.parc.xe2rox.com/map AND link:xtreme.gsfc.nasa.gov"，来获取同时指向两个网址的网页。近年来，随着搜索引擎技术的迅速发展，越来越多的搜索引擎也提供了强大的检索功能，使研究者们有了更多的选择。一般来讲，搜索引擎的基本使用方法可查阅有关的参考书或者搜索引擎网站上的帮助文件。但是，更复杂的使用方法和对使用效果的评价则需要研究者的反复实验和系统总结。

1.2 搜索引擎的不足之处

尽管搜索引擎在网络信息计量研究中具有如此重要的地位，已成为不可或缺的数据收集工具。但与此同时，搜索引擎在实践中也表现出了种种局限性，使其检索效果一直深受质疑，并直接影响到了整个网络信息计量研究的可靠性和合理性。

简单地说，搜索引擎的设计目标可以用“全”、“准”、“快”来概括，与之对应的是评价搜索引擎性能的三个主要指标[5]：查全率（Recall Ratio）、查准率（Precision Ratio）和响应速度。对于一般的网络用户来说，“查准率”是上述指标中最为重要的，这也使得近年来搜索引擎的进步主要表现在“查准率”的提高上。但是，对于以数理统计为基础的计量学科来说，数据的“查全率”无疑具有更加重要的意义。因此，我们在网络信息计量研究当中所使用的搜索引擎，应该覆盖尽量大的网络，这样才能得到较为全面的研究数据。那么，搜索引擎到底覆盖了多少网络呢？

上世纪末，NEC美国研究所（NEC Research Institute，NECI）的Steve Lawrence和C. Lee Giles对AltaVista、Google、HotBot、InfoSeek、Lycos、Northern Light、Snap、Yahoo！等主要商业搜索引擎的网络空间覆盖范围进行了全面而深入的研究，结果于1998年和1999年连续发表在*Science*[6]和*Nature*[7]上。他们的研究表明：尽管处于信息技术飞速发展的时代，单一搜索引擎的最大覆盖率在两年内却由34%降低到16%。这是因为，尽管随着网络信息检索技术不断提高，搜索引擎所能检索的信息量在绝对数量上不断扩展，但其增长速度依然落后于网络的增长速度，这就导致搜索引擎原本就不高的覆盖率继续缩小。而事实上，情况还要糟糕得多。Lawrence 等人在研究中引入了“可索引的万维网”（Indexable Web）的概念，将其测量范围限定在“能被搜索引擎编入索引的万维网”。那么，“不可索引”的部分呢？2001 年，以 Michael K. Bergman 为首的 BrightPlanet 公司（brightplanet. com）的研究者将网络明确划分为表层网络（Surface Web）和深层网络（Deep Web）。前者相当于 Lawrence 和 Giles 所测量的“可索引的万维网”，后者就相当于剩余的“不可索引的万维网”。他们采用交迭分析（Overlap Analysis）估算出“深层网络”的信息量是“表层网络”的 500 倍，且前者的信息增长速度大于后者[8]。美国“How much information?”研究小组的报告[9]进一步表明：前者是后者的 550 倍，证实了 BrightPlanet 公司的结论。综合以上研究成果，我们可以估算出一个令人沮丧的结论：最大覆盖率的搜索引擎在 1999 年的时候仅仅覆盖了 0. 03%（ = 0. 16/550）的网络信息资源（包括“表层网络”与“深层网络”）。而且，按照 Lawrence 等人的研究结果来推论，这一比例还在继续缩小当中。

搜索引擎的覆盖率如此之低，其适用范围自然大打折扣。正如庞景安所言：“由于通常搜索引擎对 Web 的覆盖率有限，所以对这类统计结果应谨慎处理，避免产生荒谬的结论”[10]。除此之外，搜索引擎还存在使用不便、效率低下、功能不足、稳定性差、精度不高、缺乏客观性等其他不足，同样限制了其在网络信息计量研究中的应用。尤其是商业利益的驱动，使得“商业搜索引擎的数据收集和排列，往往受到收费的影响和支配，而导致数据的不可信”[11]。Herbert Snyder 等人更是一针见血地指出：“搜索引擎种种局限性的根源既不在于 Web 的固有属性，也不在于网络信息检索的技术问题，而在于商业搜索引擎的‘市场驱动（market- driven）’本质”[12]。

1.3 困境与展望

一方面，搜索引擎是网络信息计量研究不可或缺的工具；另一方面，搜索引擎所具有的种种局限性，又使得网络数据的搜集仍然缺乏普遍有效的方法，严重制约着网络信息计量学的发展。多年来，研究者们为了突破这一困境，一直进行着不懈的努力。从目前来看，主要有以下几个发展方向：

• 开发专用工具。为了提高数据收集效果，一些学者针对特定的研究对象和研究目的，开发了专用的数据搜集工具，以实现数据的自动收集和筛选工作。例如。Alastair G Smith 和 Mike Thewall[13] 在研究中就使用了自己设计的“爬行器”。“专用工具”虽然具有“量身定做”的优势，但开发周期过长、投入过多、技术门槛过高使得这种方案难以推广。

• 利用网络信息查询平台。近年来，网络上出现了一些专门的信息统计网站，它们提供的统计数据类似于传统文献计量学中的“二次文献”，可以作为开展网络信息计量研究的数据来源。例如，“Alexa”（www. alexa. com）就提供了关于网站统计（Site Stats）、联系方式（Contact Info）、流量细节（Traffic Details）、相关链接（Related Links）等方面的信息。再如，BrightPlanet 公司开发的 DQM（Deep Query Manager）平台就是一个集信息发现、收割（harvest）、管理和分析于一体的的深层网络信息查询平台，不仅可以对位于“深层网络”数据库进行信息查询，还可同时对网络上成百上千个搜索引擎、目录索引和联网数据库中的信息进行自动收割。但是，这些平台有的还处于起步阶段，技术水平较低，涵盖范围有限，难以推广应用；有的需要收费，成本较高，利用困难。

• 专业搜索引擎。搜索引擎作为 IT 行业中炙手可热的投资领域和研究热点，许多国家都投入巨大了资源进行研究，由此产生的技术成果自然十分丰富。如果能够摆脱“商业搜索引擎”这种通用工具的种种局限性，同时又能够充分利用搜索引擎的技术优势，无疑是最理想的选择。以此为出发点，人们开始将注意力投入到“专业搜索引擎”的开发中。这种搜索引擎将检索范围限定在一定的专业领域内，提高了检索结果的有效性。有些还依托特定的数据库，使得“查全率”得到大幅度提高，对于某一领域的特定研究工作是很有效的工具。从总体上来看，开发“专业搜索引擎”是最被看好的发展方向，受到许多搜索引擎厂商的重视。

2 网络信息计量学中的搜索引擎研究

以上，我们探讨了搜索引擎在网络信息计量研究中的应用，它作为数据收集工具，其重要性是显而易见的。但在另一方面，却很少有人意识到，搜索引擎同时是该领域重要的研究对象。事实上，针对搜索引擎的研究始终都渗透在各种网络信息计量研究中，并取得了相当多的有益成果。我们可以按照研究目的和内容的不同，将这些成果大致分为评价研究、应用研究和改进研究等三个方面。

2.1 搜索引擎评价研究

如前所述，选择合适的搜索引擎是应用搜索引擎收集数据的首要问题。搜索引擎评价研究的目的正是通过对搜索引擎的各个性能指标进行比较分析，探讨各种搜索引擎的功能特点和适用范围，为研究人员选择适合的搜索引擎提供依据。

对搜索引擎进行时序跟踪研究是研究者们最常采用的研究方法。这种方法按照一定间隔，在某些特定时间点上收录搜索引擎检索结果的数量、相关性及其结构特征，以便观察是否有大量的变化、不一致性或不规则的现象，探讨搜索引擎的稳定性问题和成长状况。例如，Rousseau[14]于 1999 年对 Altavista 和 NorthernLight 进行了 21 周的连续跟踪研究。结果显示，随着网页的成长 NorthernLight 检索的数据亦呈稳步增长，这与网络发展的步调是一致的。而 Altavista 的结果在某一特定日期前始终处于很大的变化之中，检索结果不稳定，直到后来系统重建才进入到一个相对稳定阶段。他建议利用中值筛选（Median Filtering）来降低这种不稳定性对检出结果的影响。再如，Judit Bar-Ilan[15]分别在 1998 年和 1999 年对当时 6 个主要的搜索引擎进行了连续几个月的跟踪研究，专门研究搜索引擎检索结果的变化及其原因。Mike Thelwall[16]则通过对多个搜索引擎为期 7 个月的跟踪研究，得出了 Google 实时性最强，而 AltaVista 最稳定的结论。2001 年，夏旭等人[17]对性能较好的 10 种医学搜索引擎进行检索和比较分析，结果发现医学搜索引擎的覆盖范围有限，而且检索结果的相关性不如通用引擎。此外，还有的研究者致力于搜索引擎评价的方法研究上，探讨如何对各种搜索引擎的性能进行综合评价。例如，1997 年，Clarke 和 Willet[18]就提出了现实可行的搜索引擎评价方法，并对 A1taVista、Excite 以及 Lycos 三个搜寻引擎作了比较，结果发现 AltaVista 的性能明显优于 Excite 和 Lycos。

2.2 搜索引擎应用研究

尽管目前的搜索引擎存在着种种局限性，但在相当长的时间内，它们仍将是网络信息计量研究者们主要依靠的数据收集工具。那么，如何在现有条件下利用搜索引擎获得尽量“优质”的研究数据就成为一项有意义的研究工作。为此，网络信息计量学的研究者们也做了很多有益的尝试。例如，Steve Lawrence 和 C. Lee Giles[6-7]就曾指出，为了克服单一引擎的局限性，可将几个主要引擎结合起来使用，也可通过利用一些具有自动抓取功能的研究型搜索引擎来获得信息。他们的研究结果表明，多个搜索引擎的覆盖范围组合之和是估计总页数的 42%，远高于单一搜索引擎最大 16% 的覆盖率。2001 年，Alastair G Smith 和 Mike Thewall[19]自己设计的爬行器和 A1taVista 进行了比较，结果表明：A1taVista 更便于做探索性研究，专门的爬行器在验证性的研究上要好一些。2005 年，吕俊生等人[20]对用于网络链接关系检索的搜索引擎进行了系统的调研分析，提出了用于链接分析的搜索引擎的选择方案。2006 年，杨木容[21]对国内链接分析中使用的主要搜索引擎进行了比较分析，明确指出需要进一步开发针对网络链接分析研究的专门搜索引擎。

还有的学者提出通过对检索结果的二次加工来提高检索结果的有效性。例如，2003 年，肖建华等人[22]提出的二次搜索系统，就借助链接分析技术，对搜索引擎搜索结果进行再次处理，为用户提供一个高质量的搜索结果。

2.3 搜索引擎改进研究

随着搜索引擎的地位日益提高，如何利用信息科学技术的新成果、新方法、新工具改进搜索引擎的搜索效果，提高搜索引擎的性能已成为互联网行业乃至整个 IT 领域的关注焦点。一直以来，搜索引擎的开发和改进，似乎都是计算机、网络、通讯、软件工程等信息技术专业的专利。但事实上，网络信息计量学作为研究网络信息的数量特征和内在规律的科学学科，它的许多研究成果同样可用于搜索引擎的改进当中。下面，我们试举一例。

一个搜索引擎系统的核心是其所采用的“信息检索模型”，包括文档和查询的表示方法、评价文档和用户查询相关性的匹配策略、查询结果的排序方法和用户进行相关度反馈的机制等诸要素[23]。正如前文所述，“查询结果的排序”在很大程度上决定了搜索引擎的性能。在过去，搜索引擎主要采用人工判断、竞价排名、检索词频率、登录时间、索引顺序等方式来确定排序标准。但由于主观性强、效率低下、商业因素的干扰等原因，这些排序方法的效果都不太理想。

近年来，许多研究者发现，网络上的链接结构是个非常丰富和重要的资源，通过对链接结构进行分析来确定网页的重要性，作为检索结果排序的依据，可以极大地提高检索结果的质量。其中最成功的例子莫过于“Google”。Google 作为目前最好的搜索引擎之一，其体系结构类似于传统的搜索引擎，但最大的不同处在于对网页进行了基于权威值的排序处理，使“最重要的”网页出现在结果的最前面。这种重要的网页被称为“权威（Authoritive）网页”，其判断依据是 Sergey Brin 和 Lawrence Page 创立的 Pagerank 算法。他们使用该算法计算出网页的“Pagerank 值”，其含义是：“假定用户一开始随机访问网页集合中的一个网页，以后跟随网页的向外链接向前浏览网页，不回退浏览，浏览下一个网页的概率就是被浏览网页的 PageRank 值”。简单而言，Pagerank 算法的基本前提是：一个网页被多次引用，则它可能是很重要的；一个网页虽然没有被多次引用，但是被重要的网页引用，则它也可能是很重要的；一个网页的重要性被平均的传递到它所引用的网页[24]。显然，这一基本前提与传统文献计量学中的引文分析法的基本思想如出一辙，可以说是网络信息计量学特征方法的典型应用。

3 结 语

综上所述，网络信息计量学与搜索引擎之间存在着十分密切的联系，两个领域的研究工作是相辅相成、互相促进的关系。一方面，过去和现阶段的网络信息计量研究主要依赖搜索引擎来获取原始数据，搜索引擎的进步将为网络信息计量学提供更加有效的数据收集手段；另一方面，搜索引擎一直以来都是网络信息计量学的重要研究对象，所取得的研究成果可以有力地促进搜索引擎的发展。因此，我们有理由相信，把网络信息计量学研究与搜索引擎研究结合起来，在这一交叉领域开展综合性、系统性的研究，将是一项十分有意义的研究工作。本文就这一问题进行了初步探讨，权作引玉之砖，希望能为研究者们提供可咨借鉴的参考。

参考文献

[1] 邱均平,黄晓斌,段宇峰,等. 网络数据分析. 北京:北京大学出版社,2004:34.

[2] Almind T C, Ingwersen P. Informetrics analyses on the world wide web: Methodological approaches to "Webometrics". Journal of Documentation, 1997 53(4):404 -426.

[3] 邱均平,张 洋. 网络信息计量学综述. 高校图书馆工作,2005(1):1 -12.

[4] Larson R R. Bibliometrics of the World Wide Web: an Exploratory Analysis of the Intellectual Structure of Cyberspace//Hardin, eds. Proceedings of the American Society for Information Science(ASIS) 59th Annual Meeting, Baltimore,MD,1996:71 -78.

[5] 叶 鹰,主编. 信息检索:理论与方法. 北京:高等教育出版社,2004:29.

[6] Lawrence S, Giles C L. Searching the World Wide Web. Science, 1998, 280(3):98 - 100.

[7] Lawrence S, Giles C L. Accessibility of Information on the Web. Nature, 1999,400(8):107 - 109.

[8] Bergman M K. The Deep Web: Surfacing Hidden Value. The Journal of Electronic Publishing, August, 2001,7(1). [2007 - 12 - 11]. http://www. press. umich. edu/jep/07 - 01/bergman. html.

[9] Lyman P, Varian H R, Dunn J, et al. How much information? [2007 - 12 - 11]. http://www. sims. berkeley. edu/research/projects/how-much-info-2003/execsum. htm.

[10] 庞景安. 网络信息数据采集的质量控制研究. 情报理论与实践,2007 30(4):526 - 530.

[11] 庞景安,周志宏. Web信息数据的计量与采集方法. 情报理论与实践,2007 30(3):392 - 396.

[12] Snyder H, Rosenbaum H. Can search engines be used as tools for web-link analysis? A critical view. Journal of Documentation, 1999 55(4):375 - 384.

[13] Smith A G, Thelwall M. Web impact factors and university research links//Proceedings of the 8th International Conference on Scientometrics and Informetrics, Sydney, Australia: 2001: 657 - 664.

[14] Rousseau R. Daily time series of common single word searches in AltaVista and NorthernLight. Cybermetrics: International Journal of Scientometrics, Informetrics and Bibliometrics, 1998 2(1). [2008 - 01 - 19]. http://www. cindoc. csic. es/cybermetrics/articles/v2i1p2. html.

[15] Bar-Ilan J. Search engine results over time-A case study on Search Engine Stability. Cybermetrics: International Journal of Sciento-

metrics, Informetrics and Bibliometrics, 1998 2/3(1). [2008 - 01 - 19]. http://www.cindoc.csic.es/cybermetrics/articles/v2i1p1.html.

[16] Thelwall M. The responsiveness of search engine. Cybermetrics: International Journal of Scientometrics, Informetrics and Bibliometrics, 2001 5(1). [2008 - 01 - 19]. http://www.cindoc.csic.es/cybermetrics/articles/v5i1p1.html.

[17] 夏　旭,方　平. WWW 网络生物医学信息资源搜索引擎的比较研究. 医学信息,2001(1).

[18] Clark S J, Willett P. Estimate the Recall Performance of Web Search Engines. Aslib Proceedings,1997,49(7):184 - 189.

[19] Smith A G, Thelwall M. Web impact factors and university research links//Proceedings of the 8th International Conference on Scientometrics and Informetrics. Sydney, Australia: 2001: 657 - 664.

[20] 吕俊生,杨金凤. 用于链接关系检索的搜索引擎的比较研究. 情报杂志,2005(2):98 - 100.

[21] 杨木容. 搜索引擎在网络链接分析中的应用研究. 图书情报工作,2006 50(11):91 - 94.

[22] 肖建华,蒋　明,何　瑗,等. 二次搜索系统的设计与实现. 计算机应用研究,2003(9):123 - 126.

[23] 李晓明,刘建国. 搜索引擎技术及趋势. [2007 - 12 - 11]. http://www.se-express.com/se/se07.htm.

[24] 朱　炜,王　超,李　俊,等. WEB 超链分析算法纵览. [2007 - 12 - 12]. http://www.knowlesys.com/research/paper/Web_PageRank.htm.

作者简介

张洋，男，1975 年生，博士研究生，讲师，发表论文 20 余篇。

第四节 知识的计量与评价研究[①]

1 概 述

科学研究过程是一个知识生产过程，生产和创造知识是科学研究活动的基本目标。知识是科研活动的最重要产物，科研成果是最重要的知识产品。正因为如此，通过对知识的测度、计量与评价来评价科学研究活动逐渐引起人们的注意。

但对知识的计量与评价是一个非常复杂的过程，不仅有对知识数量的计量与评价（如总量、存量、流量、增长量等），还有对知识的质量的计量与评价（如知识的价值、知识产品的价值和价格等）；既有宏观层次的知识计量与评价（如以整个人类的知识体系和知识生产体系或以整个国家的知识体系和知识生产体系为对象而进行的知识计量与评价），也有微观层次的知识计量与评价（如以科研机构、企业、个人、项目等的知识体系和知识生产体系为对象的知识计量与评价）。

2 知识计量与评价的发展阶段

知识计量与评价研究的发展大致经历了三个时期：即以文献计量、科学计量为基础的知识计量与评价时期；以信息计量、情报计量为基础的知识计量与评价时期；以知识经济的测度（或经济计量）为基础的知识计量与评价时期（或称为以知识本体计量为基础的知识计量与评价时期）。由于人们认识上的局限，早期的知识计量与评

① 本文系广东省哲学社会科学规划项目“网络信息资源定量评价指标的实证研究”（项目编号：07YM02）研究成果之一。

价研究都通过间接方式来进行，如通过对物化的知识载体的计量与评价来实现对知识的间接计量与评价。随着科学技术的发展，人们认识水平的提高以及知识计量与评价技术、手段、工具和方法的改进与完善，从对知识的间接计量与评价过渡到对知识的直接计量与评价成为发展的必然趋势。

2.1 以文献计量、科学计量为基础的知识计量与评价

该阶段主要是通过对文献信息流的分布规律（如文献量的时间和空间分布）、文献主题分布（如词频统计分析、内容分析、结构分析、关联分析等）和引文分析（如被引量和被引率等），用文献的数量与质量来间接反映知识量和知识的价值[1-2]。但由于文献量与知识量并不等同，文献单元和知识单元是两个完全不同的计量单位，所以很难用文献量来准确反映知识量。同时，也因为文献的价值主要在学术价值、科学价值和社会价值上，因此无法用文献本身的价值来准确衡量文献中知识的综合价值。因为文献是有形的，文献的价值可以通过被使用次数（如被借阅次数、被引用次数）等文献计量指标较为准确地评价，而知识是无形的，也是无价的，其表现形式多种多样，作用的结果也呈现综合性，目前还没有科学的方法和指标对知识量和知识的价值进行直接计量与评价[3]。尽管如此，文献计量与评价、科学计量与评价同知识计量与评价在一定程度上是同步的，目前还只能通过间接方式来对知识进行计量与评价，文献计量与科学计量方法还是用来评价知识量与知识价值较为有效的方法之一。

2.2 以信息计量、情报计量为基础的知识计量与评价[4]

随着现代信息技术的发展与应用以及信息经济的产生，信息、情报作为一种重要的战略资源引起了人们的广泛关注，信息计量学、情报计量学兴起。但信息、情报的直接计量与评价是一件十分困难的事情，因为在计量和评价中如果无法有效确定信息单元和情报单元，就无法实现对信息、情报进行直接计量与评价，也只能通过间接方式进行。特别值得注意的是，信息、情报的价值同知识的价值一样，也是

无形和无价的，而且具有多变性。所以早期的信息计量、情报计量与评价也主要是通过对信息、情报载体（如以各种文献、信息情报产品的计量与评价为基础）的计量来间接完成的。后来，随着信息技术手段日益提高，对信息量的测度与评价不断精确化（如信息熵、比特量、字节量等），但对信息价值的测度与评价仍只能间接完成（如通过对信息产品价值、信息产业、信息经济等的测度与评价）。尽管信息、情报与知识之间的关系十分复杂，但它们在本质上具有很大的相似性，因此对信息、情报的计量与评价能有效地运用到对知识的计量与评价上。只是目前对信息、情报的准确计量与评价还没有取得突破性进展。

2.3 以知识本体为基础的知识计量与评价

随着知识经济和知识管理的兴起，知识作为经济发展的内生变量，作为一种战略资源和经济资源逐渐引起了人们的高度注意。知识对经济发展的贡献到底有多大，知识产业在整个国民经济体系中占有多大的比重，知识本身应该如何测度、计量与评价（包括知识量与知识的价值）等，成为知识计量与评价关注的焦点。人们试图从多个角度、多种渠道、利用多种方法与手段对以知识本身的数量、质量与价值，这也间接导致了知识经济学、知识计量学的兴起与发展[5-6]。

3 知识计量与评价的研究内容

自从1996年联合国经济合作与发展组织（OECD）提出了题为《以知识为基础的经济》（Knowledge- based Economy）的年度报告后，“知识经济”一词随即在全球范围内变得炙手可热，有关知识经济、知识资产、知识产品、知识管理和知识创新的研究风起云涌，此起彼伏。知识经济、知识管理和知识创新的基础是对知识本身的测度、计量与评价，包括知识量与知识价值的测度、计量与评价。

由于知识的无形性和作用效果的间接性，过去人们对知识的测度、计量与评价主要是通过间接方式来进行，即通过知识的物化对物化的知识进行测度、计量与评价，如通过对知识产品（科研成果）的价值测度来间接地对知识的价值进行测度。经济领域对知识资产和知识投入的价值评估即是。而信息计量学与科学计量学领域则主要是通过对知识载体的统计分析来间接测度、评价知识价值。如文献计量，包括文献数量（如增长量、文献分布等）统计分析和文献质量（如被引量与被引率等）统计分析。正如知识经济研究的先驱之一——拉里·普鲁萨克所认为的那样：知识不能被直接测度，能被测度的只是知识的影响力或知识的绩效。而事实上，即使只限于测度知识的结果，也将面临着测度指标本身迅速失效的问题。此外，知识的结果有正也有负，更是无法精确估量。现在越来越多的一种看法是：知识不是存量而是流量，因为新知识的创造并非必然是知识存量的净增量，它的产生可能使以往的知识过时失效，得失相抵，余额才是知识存量的净增量，而这个净增量是难以测度的[7]。

无论是进行宏观知识测度、计量与评价，还是微观知识测度、计量与评价，目前对知识的测度、计量与评价都离不开两个基本方面：①知识的物理测度、计量与评价；②知识的价值测度、计量与评价。

3.1 知识的物理测度、计量与评价

知识的物理测度包括知识的数量测度与知识的质量测度。对知识的数量测度，目前是通过对知识的载体之一“信息”的测度来代替的，而信息存在于“硬盘”（各种人造介质）上和“内存”（人脑）里。各种人造存储介质（如纸张、胶卷、磁盘、磁带、光盘、芯片等）上的知识属于可编码化的显性知识；人脑里的知识则属于隐含的经验类知识，难以编码化。用计算机中的存储单位比特（bit），只能测度可编码化的知识，而对难以编码化的知识，即隐含的经验类知识则无法用比特加以测度。即使对可编码化的知识，用物理载体量和比特来测度也未必科学。因为，知识量与载体量和比特数之间并不存在确定的线性关系。正如知识的质量不能用文献数量多少来衡量、计算机软件的质量不能用比特来衡量一样，实际上，在实现同样功能的

计算机软件中，比特数越少的软件越好。因此用物理载体量和比特数测度可编码化的知识只是一种很一般的测度方法。

而对知识的质量测度难度就更大，因为对知识的质量测度既涉及到人的主观判断，又涉及到市场的客观评判。我们用“知识普及度”的概念来对知识的质量进行测度。无疑，位于各学科前沿领域的知识都是最不普及的知识，也就是质量最高的知识。反之，家喻户晓、妇孺皆知的知识就是质量最低的知识——常识。需要说明的是，这里的质量高低不等于质量优劣，它反映的是知识的层次高低和浓度高低，越是位于金字塔上方的知识质量越高，因为，它的建立所需占有的基础性知识越雄厚，或者说它所包含的基础性知识越丰富。知识不存在质量优劣的问题。

目前对知识进行物理测度主要是通过知识产品（知识的物化）来进行，但这会造成知识的计量单位过多和没有统一标准的问题（如科学评价计量学和文献计量学中的期刊影响因子、论文被引量和被引率等）。知识计量的统一的一般等值物难以确定，这就要求建立一套科学的测度知识的指标体系，分门别类地对知识进行测度。正如对商品的物理测度用重量、容量、长度、面积、体积和许多各不相同的独立计量单位测度商品的数量、用比测度商品数量复杂得多的指标体系测度商品的质量一样，对知识的物理测度指标也一定是多元化的，这是由知识体系本身的复杂性所决定的。但相对来说与千差万别的商品相比，知识作为人脑的产物，其物理属性要单纯得多，因此其物理测度的指标体系也应比较简单。

3.2 知识的价值测度、计量与评价

对知识的测度除了数量和质量以外，还有对其价值的测度。知识作为一种生产要素，它的价值是体现在产品（包括知识产品）的价值之中的。依据知识对产品价值的贡献大小，对知识价值的测度和评价，一般有以下三种分析方法。

3.2.1 投入法或重置成本法

以一定时期内（如1年）实际投入研究与开发（R&D）的费用、

购买专利费用和员工的教育、培训费用来反映知识的价值，也可用替代或重建某种知识状态所需的成本来反映知识的价值，此法反映了知识的折旧与过时。总之，把知识的价值当作一种分摊性的固定费用来看待，出售它的边际成本实际上是零。这种测度方法尤其适用于测度投入，可以计算产出无法用货币计量的没有商业价值的基础研究和非交易性知识的价值。它的问题在于，知识的价值是环境依存的，即因条件而异。取得同样的知识，在不同的时间、不同的国家和地区所需投入的价值是不同的。

3.2.2 市场价值法

又称供求价格法。知识作为一种生产要素，在产品实际生产过程中正发挥着越来越重要的作用。此法以生产要素市场上对知识要素的供求关系所决定的交易价格来衡量知识的价值。它适用于人才或专利、技术使用许可证、商标、版权、艺术品等知识产品的（拍卖）定价。但对非交易性知识（如保密的专利、技术、配方、软件，基础研究的成果等）则不适用，而且相对来说人才要素没有国际市场，因此它的价值是环境依存的。此法需以知识的物理测度研究为基础。

3.2.3 边际生产力法

又称剩余法。此法的基本思想是克拉克于 1899 年在《财富的分配》一书中首先提出来的。将克拉克的边际生产力论应用于知识的价值测度，即总产量扣除劳动、资本和土地的边际贡献后剩余的部分即为知识的贡献。因为劳动、资本和土地都服从报酬递减规律，而知识则是报酬递增的，所以要把知识的贡献作为剩余来看待，该“剩余”价值的多寡以产品的价格为转移。这是一种事后决定法，即通过测度知识的产出来测度所投入知识的价值。

4 知识测度、计量与评价面临的困难

目前，知识的测度、计量与评价主要面临如下困难，使知识的测度、计量与评价难以深入和突破：

• 知识是无形的，知识生产是一种精神生产活动，且其存在形式也多变（如知识可以科学原理、技术设计、思想、艺术、产品等各种不同的形式存在和表达）。而知识的测度却必须用有形的计量单位去衡量知识的物理与价值属性。因此对知识的测度实际上是对知识载体的测度，而不同类型的知识又依附在不同的载体上，有些载体易于测度（如各种人造介质），有些载体则难以测度（如人脑）。没有哪一种载体可以承载所有人类创造的知识。

• 知识的价值是环境依存的。知识的价值是不确定的，知识的生产成本和价格会因人、因地而异。在知识产权的保护下，知识的使用权能被多次以不同的价格出卖给不同的买主（当然，有时为了垄断的目的，知识的使用权甚至所有权也能被一次性买断，但这不是常态）；对同一个买主而言，第二份知识拷贝却一文不值；不同的买主对同样的知识有不同的需求价格；同样的知识在不同的地方生产，其成本各不相同[8]。

• 由于知识效用的多维性和共享性使知识具有正的外部效应，它的价值与价格往往是不统一的，换句话说，用要素市场上的知识价格是不能完全代替知识的真实价值的。如一篇学术论文或一本科学专著的价值与价格之间就有很大的偏离。此外，高精尖的科学专著其市场价值也往往低于世俗的流行小说。

• 知识价值表现形式的多样性。不同类型的知识或知识产品，其价值表现形式不一。有的直接产生效益或效果，有的间接产生效益或效果；有的产生短期效益或效果，有的产生长期效益或效果；有的产生经济效益，有的产生社会效益，有的有学术价值，有的有艺术价值、欣赏价值等，也使得不同类型的知识或知识产品之间无法进行有效地测度、计量、评价与比较。

• 知识类型的差异。自然科学知识与社会科学、人文科学知识，组织科学、管理科学知识与物质科学知识价值存在较大差异。人类知识的这些分支不那么精确，数量上较难测度与计量，质量、价值上也很难准确测度、计量、评价与比较。科学原理、科学思想、科学产品、技术、技术成果、发现科学规律和开发出技术的机构，科学技术的影响及其所影响到的事物等，都是知识测度、计量与评价的难题[9]。

- 知识计量与评价单元的不确定性。不像文献计量、科学计量可以明确的知识载体，即各类文献或知识产品，作为计量与评价单元，知识计量与评价无法找到明确的计量与评价单元，亦即知识单元无法确定，所以很确定知识单元的数量、质量与价值。因此，也无法直接进行知识数量、质量与价值的计量、比较与评价[10]。

5 知识计量与评价的展望

文献计量学、科学计量学、信息计量学等研究虽然在各自领域内都涉及到知识或信息的计量，但由于研究的阶段和目的各不相同，从而使得研究零碎分散，缺乏系统性。虽然一些学者在知识计量、知识测度与知识评价的研究方面取得了一定的进展，但知识计量与评价是传统文献/信息计量学在知识经济时代新的应用和扩展，研究内容新颖而丰富，其应用领域非常广泛，但研究难度极其巨大。其研究的最大难点在于知识及其影响是无形的，知识的基本计量与评价单元以还较难准确地确定，另外对知识评价还缺乏统一的评价指标体系，因此目前无论是从宏观上把整个人类社会的全部知识或某个国家、地区、产业、机构、个人的全部知识作为一个整体，来考察整个知识体系的数量、质量和价值特征，还是从微观上来考察知识本体的数量、质量与价值特征，都无法直接有效地进行，只能通过间接的方式、方法来实现。

正如《科学技术测度体系》（*The Metrics of Science and Technology*）一书的作者，美国科学评价专家埃利泽·盖斯勒在后记中所言[11]，“在我看来，我们不仅仅是发现了科技和知识作为经济中的关键资产价值。真正的变化在于，作为一个社会，我们所处的位置应该重视和认识到科技和知识所发挥的作用。但关键是我们是否知道怎样去恰当地测度这些趋势及其影响，以便能够应对未来的挑战？”

参考文献

[1] 高俊宽. 文献计量学方法在科学评价中的应用探讨. 图书情报知识,2005(2):16－18.

[2] 王 伟,徐桂香,陈 茜. 文献计量研究方法在重点学科评估中的应用. 情报科学,1998(5):416－42.

[3] 庞景安. 文献计量学的研究与发展. 情报理论与实践,1994(3):46－49.

[4] 邱均平. 信息计量学,武汉:武汉大学出版社,2007.

[5] 高新亚,邹珊刚. 知识测度的思考. 自然辩证法研究,2000(2):54－57.

[6] 魏和清. 关于知识测度理论与方法的思考. 当代财经,2005(7):120－123.

[7] 贺 卫,王浣尘. 知识经济中知识的测度问题初探. 软科学,2001(3):10－12.

[8] 张守一. 知识经济学初探. 数量经济技术经济研究,1998(1):18－22,34.

[9] 李富强,葛新权,何燕生. 知识经济与知识产品. 北京:社会科学文献出版社,1998.

[10] 陈 禹,谢 康. 知识经济的测度理论与方法. 北京:中国人民大学出版社,1998.

[11] 盖斯勒. 科学技术测度体系. 周 萍,黄军英,刘 娅,译. 北京:科学技术文献出版社,2003.

作者简介

余以胜，男，1975 年生，讲师，博士研究生，发表论文 10 余篇，参编著作 3 部；

文庭孝，男，1975 年生，副教授，博士研究生，发表论文 50 余篇，参编著作 1 部。

第五章　信息生态系统理论研究

生态学是研究生物及其群体与环境相互作用过程及规律的科学，其目的是指导人与生物圈的协调发展。生态系统理论突出了生物及其群体与环境的整体性和综合性，强调系统的协调运行与和谐发展。该理论作为一种认知观与研究方法，得到理论界的极大认同并被应用到社会科学研究的诸多领域。

为了指导个人和社会组织与信息环境的协调与和谐，信息管理及相关学界已将生态学理论与方法引入信息活动领域，研究信息生态问题。1989 年，德国学者卡普罗在“信息生态学进展”一文中正式提出了“信息生态”这一概念。此后，国外学者对信息生态学的研究增加，研究内容涉及信息生态学的相关概念、研究工具、理论体系以及生态理论在社会组织和信息系统中的具体应用，对人、社会环境以及信息技术之间的关系进行深入的分析，强调人在信息生态系统中的主导作用。1990 年，张新时院士在我国首次提出了信息生态的概念。国内学者对信息生态问题的研究涉及四个方面：信息生态学研究对象和内容；信息生态系统理论与构建；我国信息生态失衡的表现、原因和对策；不同领域的信息生态问题。

信息生态系统是由信息生态主体（信息人）和信息生态环境两类要素相互作用而形成的有机整体。信息生态主体是指需要信息并参与信息活动的单个人或由多个人组成的社会组织。由于任何个人和社会组织都需要信息并进行信息活动，因此，信息生态主体包括所有的个人和所有的社会组织，可分为信息生产者、信息传递者、信息使用者、信息监管者，其衍生概念有信息生态种群和信息生态群落。信息生态环境是指对信息生态主体的生存、生活和发展有直接或间接影响的信息因素的总和，包括信息内容、信息技术、信息时空、信息制度等。信息生态主体之间、信息生态环境之间、信息生态主体和信息生态环境之间存在着相互制约、相互促进、协同进化的关系。信息生态系统有自己的形成与运行机制和规律，信息生态位、信息生态链、信息生态平衡、信息生态系统进化等机制是信息生态系统形成与运行机制的主要内容。可见，信息生态系统理论是信息生态学的核心理论，加强信息生态系统研究是建立信息生态学的基础。虽然国内外对信息生态问题的研究日益重视，研究内容比较广泛，但目前尚未形成完整的信息生态系统理论框架，对信息生态系统中的信息生态种群和群落理论、信息生态系统平衡和进化理论等缺乏专门研究，对信息生态系统中各构成要素的相互作用机制、信息生态位和信息生态链理论等的研究有待进一步深化。

为此，笔者围绕承担的国家社会科学基金项目“信息生态系统理论及其应用研究”，组织了五篇文章，从不同方面对信息生态系统进行了探讨。其中，《信息人与信息生态因子的相互作用规律》在分析信息人与各信息生态因子相互作用的基础上，探讨信息生态因子对信息人的作用规律以及信息人对信息生态因子的适应和改造规律。《信息群落交错区的边缘效应》借鉴生态学中的群落交错区边缘效应理论，探讨信息群落交错区边缘效应的概念、表现及其影响因素。《网络信息种群共生理论及其模型研究》以生物学上的共生理论为基础，以网络信息种群共生体为研究对象，在概念界定和生存条件及行为方式分析的基础上，采用建立数学生态模型的方法来探讨其共生规律，进而分析其共生效益。《信息生态系统的平衡机制》结合生态学及信息生态学的相关理论，探讨信息生态系统平衡的实现机制、维持机制和恢复机制。《信息生态系统进化初探》在分析信息生态系统进化概念的基础上，对信息生态系统进化的动力及方式进行研究。

希望这组文章能够起到抛砖引玉的作用，期待业界同仁对信息生态系统进行更加全面、深入的探讨，以促进信息生态学理论体系的建立与完善。

华中师范大学信息管理系教授、博士生导师
湖北省电子商务研究中心主任
娄策群

第一节　信息人与信息生态因子的相互作用规律①

信息生态系统是信息人与信息生态环境相互联系、相互作用的有机整体。信息人是指一切需要信息并参与信息活动的单个人或由多个人组成的社会组织，包括信息生产者、信息传递者、信息消费者和信息监管者4种类型。信息生态环境是指对信息人的生存、生活和发展有直接或间接影响的信息因素的总和，主要由信息本体、信息技术、信息时空、信息制度等信息生态因子组成[1]。本文仅就信息人与信息生态因子的相互作用进行更加深入的探讨，旨在使信息人清楚地认识到其与信息生态因子的作用规律，充分发挥其能动性，与信息生态环境和谐发展，协同进化，维护信息生态系统平衡。

1　信息人与各信息生态因子的相互作用

信息人与信息生态因子相互依存、相互作用。一方面，信息人作为信息生态系统中具有能动性的要素可以改造信息生态因子；另一方面，信息生态因子可以影响信息人的生存、生活和发展。

---

① 本文系国家社会科学基金项目“信息生态系统理论及其应用研究”（项目编号：08BTQ034）研究成果之一。

1.1 信息人与信息本体的相互作用

信息本体是由信息内容和信息载体构成的实体，或者说信息本体就是指信息本身。一方面，信息本体是信息人的工作对象。具体表现在：信息人可以生产、处理、传递信息。如科研机构和科研人员、技术开发机构与技术人员、管理决策机构与管理人员、作家、记者等信息生产者创造和生产新信息，发现新现象、探索新规律、开发新产品、创造新方法、创作新作品，进行知识创新活动。信息咨询机构、图书情报单位、科技信息中心等信息传递者进行信息搜集、信息组织、信息分析、信息存储等信息活动。另一方面，信息本体是信息人的工作养料。具体表现在：信息可以改变信息人的知识结构，指导和优化信息人的决策；减少企业物质资源的消耗，提高生产力；信息是信息人之间沟通的纽带，可以丰富信息人的生活等。信息生产者如科研人员在做学术研究时往往需要以现有的理论为基础，参考本学科领域或相关学科领域已有的学术成果。具有一定信息需求的信息消费者获取信息的目的往往是将该信息运用到工作或生活中，为所要从事或处理的事务提供决策上的指导。

1.2 信息人与信息技术的相互作用

信息技术是用于管理、开发和利用信息资源的技术设备及其相应的使用方法与操作技能。一方面，信息人能够研发、改进信息技术。信息生产者生产各种电子信息设备，开发出各种信息管理系统，如信息存储与检索系统、管理信息系统、办公自动化系统，决策支持系统等，进行各种技术创新活动，促进信息技术的发展，扩大信息技术应用的广度与深度；另一方面，信息技术能够提高信息人的信息能力。计算机技术、网络技术、通信技术等现代信息技术的运用可以大大提高信息人生产、加工、存储和检索信息的能力，拓展信息人获取和传递信息的途径，改变信息载体的形式，同时极大地活跃社会信息交流。

1.3 信息人与信息时空的相互作用

信息时空包括信息人的信息活动占用的时间以及信息人的生存空间（信息人所在地）和活动空间（即信息人获取信息、传递信息和提供信息服务的空间）。一方面，信息人不仅能适应自然时空环境及其遵循自然时空的规律，而且能根据其目的和需要对时间和空间加以利用、限制和改善，使之更好地适合人的生存和发展；另一方面，信息时空制约着信息人信息活动的时空范围，影响到信息人信息活动的效率和效益。比如某信息人想要获取信息，如果他所处的信息时空范围较大，那么他可以通过多种途径向多方求助，可以从个人资料库中获取，可以通过正式渠道利用信息机构的外借、阅览、定题、检索、咨询服务等多种服务项目获取，可以通过非正式渠道向同行、同事、同学或其他熟人处获取，还可以通过互联网，运用电子邮件、文件传输、远程登录、网络新闻组及电子公告牌等方式获取。

1.4 信息人与信息制度的相互作用

信息制度是被制定出来约束信息人行为的规则，包括信息政策、信息法律、信息标准、信息伦理等。一方面，信息人能够制定、调整和完善信息制度。信息监管者可以根据当前信息生态系统中出现的问题，如信息侵权问题、信息市场的恶意竞争问题、计算机和网络犯罪问题、信息安全问题等制定与完善信息政策及法律，促进信息制度的发展。另一方面，信息制度可以协调和规范信息人的行为。信息政策和法律通过确定不同信息人在信息生态系统中的地位与作用，规定不同信息人在信息活动中的权利和法律责任，鼓励不同信息人在信息活动中互相合作，从而协调信息人之间的关系。信息政策和法律是调整信息人的行为与关系的准则，指导、规范及调整信息人的信息行为和活动，使积极参加并正当进行信息活动成为信息人的自觉行为。

2 信息生态因子对信息人的作用规律

前文阐述了信息人与单个信息生态因子相互作用的方式和内容，事实上，信息人总是处于包含了多个信息生态因子的信息生态环境中，这些信息生态因子对信息人的作用体现出如下规律。

2.1 综合性规律

信息生态环境中包含着许多种信息生态因子，各种信息生态因子不是孤立存在的，而是相互联系、相互促进与制约的。一个因子的变化，能够不同程度地引起其他因子发生相应的变化。信息生态因子对信息人的综合作用是指信息生态因子对信息人的作用不是单一的，而是多个相互联系的因子相互影响，交互、综合作用于信息人。信息生态系统中的信息人同时处于信息、信息技术、信息空间、信息制度等信息生态因子中，所以其信息行为和活动同时会受到多方面因素的影响。例如，对于科研人员来说，在其搜集信息的过程中，信息技术会影响其获取信息的途径和效率，在其创作过程中参考其他专家学者已有的成果，其所处的生存空间和活动空间也会对其信息生产活动产生或多或少的影响，信息伦理和信息政策与法律会对其进行道德自律，约束其创作行为不能侵犯他人知识产权。

2.2 非等价性规律

信息生态因子对信息人的作用的非等价性规律体现在以下两个方面。

2.2.1 信息生态因子对信息人的作用有主次之分

在一定条件下对信息人起综合作用的诸多信息生态因子中，有一个或少数几个是起主要的、决定性作用的因子，称为主导因子；其他的因子则为次要因子。主导因子和次要因子不是绝对的，不能简单地说某个信息生态因子是主导因子或次要因子，例如，信息技术的发展能够对信息人的信息收集、加工、存储、检索等活动产生重要的影响，但不能据此简单地认为，信息技术是主导因子。某个信息生态因子是主导因子或次要因子是根据其在一定时期和条件下对某一特定的信息人产生作用与影响而定的。

对于不同的信息人而言，主导信息生态因子往往是不同的。不同信息人的任务和职能是不同的，因此在其工作或运作过程中，对其产生主要作用和影响的信息生态因子也是不同的。比如，对于科研人员、作家等信息生产者来说，其主要工作是创造和生产新信息，需要以相关领域的信息作为基础，在其创作阶段，对其起主要作用的信息生态因子便是信息本体。信息传递者在收集信息并将其提供给信息消费者的过程中，其提供信息服务的手段和效率是至关重要的，信息技术运用能够变革信息服务手段，显著提高服务水平和效率，所以此时信息技术对信息传递者来说是主导因素。信息监管者在对信息人的信息活动进行监督和管理时，需要依据相关的信息制度，那么信息制度便是其主导信息生态因子。

信息生态因子的主次在一定条件下可以发生转化。处于不同时期和条件下的信息人对信息生态因子的要求和反应不同，某特定条件下的主导信息生态因子在另一条件下会变为次要因子。比如，信息消费者产生信息需求之后，需要从外界获取信息，他可以通过信息服务机构、互联网等途径获取，在获取信息的这一时期，信息活动空间和信息技术能够在很大程度上影响其获取信息的效率，是其主导因子，而信息本体、信息制度、信息生存空间是次要因子，当信息消费者获取到信息之后，将其运用在工作或生活中处理相关的事务时，该信息的运用给其工作和生活产生较大的作用与影响，那么该信息便是主导因子，其他的影响因素就成了次要因子。

2.2.2 信息生态因子对信息人的作用有直接和间接之分

信息生态因子对信息人的作用有直接作用和间接作用两种类型。

信息本体对信息人起直接作用。在信息生态系统中，对信息人的生存、生活和发展产生直接作用的信息生态因子就是信息本身。有的学者认为信息生态系统的构成要素包括信息人、信息和信息环境，认为信息生态是关于信息人—信息—信息环境之间相互关系的总和，可见信息在信息生态系统中的地位和作用非同一般环境因子。随着社会经济的发展、计算机技术和通讯技术的进步，信息在社会经济发展中的地位和作用日益重要。信息是信息人及其活动中不可缺少的要素，是不同信息人之间沟通的纽带，作为一种特殊的信息生态环境因子与信息人直接关联。

其他信息生态因子对信息人起间接作用。计算机技术和通讯技术等信息技术的运用能够提高信息人获取、加工、传递、利用信息效率，信息人所处的生存空间和活动空间也会在一定程度上影响信息人的信息活动效率，信息制度则规范信息人的获取、加工、传递、利用信息的行为必须合法进行。由此可以看出，信息人作为主体在与信息客体发生作用时，信息技术、信息时空和信息制度等因子都只是不同程度地影响信息人获取、加工、传递、利用信息的方式和效率，进而对信息人的生存、生活和发展产生影响，所以这些信息生态因子对信息人起间接作用。

2.3 木桶效应

根据木桶原理，一个由若干木板构成的木桶，其容量取决于最短的那块木板。构成信息生态环境的各信息生态因子对信息人的作用也遵循此原理。假设共同参与影响信息人的各信息生态因子组成一个桶状结构，每一因子的作用相当于这个桶的一部分，缺一不可，那么这些信息生态因子对信息人的作用效果取决于其中的最小因子。比如在信息空间、信息技术、信息制度等信息生态因子都适当的情况下，如果满足信息人的信息需求的信息匮乏，那么信息人所要进行的工作将无法完成。在有些欠发达地区，电脑普及率较低，信息基础设施薄弱，这些地区的信息人无法享受到互联网上浩瀚如海的信息给了其工作和生活的便利。目前，由信息技术开发与应用而导致的数字鸿沟正呈现扩大化的趋势，信息贫瘠和信息孤岛日益突出，产生“马太效应”。信息技术的匮乏直接导致有用的信息不能被信息人获取和利用，将影响信息人的生活与发展。

3 信息人对信息生态因子的作用规律

在信息生态系统中，信息人对信息生态环境的作用方式有两种，即适应和改造。信息人在适应和改造信息生态环境的过程中也体现出一些规律，从这些规律的表现来看，这些规律依然是针对构成信息生态环境的信息生态因子而言的。

3.1 信息人对信息生态环境的适应规律

随着信息生态环境的变化，信息人在信息意识、信息能力、信息行为、信息活动方式等方面作出有利于其生存、生活和发展的改变即是信息生态适应。比如，当信息技术发展时，人们用计算机检索代替了以前的手工检索方式，从而大大提高了检索效率。信息人的生态适应性是信息人与信息生态环境相互作用的结果。信息生态系统中的各种信息人，通过适应性的长期积累，越来越有效地利用信息环境中的资源，从信息环境中获取所需的信息、物质和能量，以确保其生存与发展。

3.1.1 信息人适应信息生态环境的主要方式是学习

在自然生态系统中，生物对环境的适应方式包括：①进化适应，物种通过漫长的过程，调整遗传成分以适合于改变的环境条件；②生理适应，生物个体通过生理过程的调整以适合于气候条件、食物质量等环境条件的改变；③感觉适应，感觉器官对它们所能够感觉到的环境刺激改变的调整；④学习适应，动物通过学习以适合于多种多样的环境改变[2]。从适应方式上看，信息人与自然生态系统中的生物有所不同，信息人适应信息生态环境的主要方式是学习。当信息生态环境发生变化时，信息人需要学习信息生态环境中变化了的信息、信息技术、信息制度等，并将学习的成果运用到所从事的信息活动中，使单个信息人在信息意识、信息能力、信息行为、信息活动方式等方面做出改变，也使信息组织改变传统的操作方式，改变原有的内部组织结构和业务流程，来提高组织运作效率和综合效益，以适应新的信息生态环境。例如，信息技术的飞速发展使得信息生态环境发生了巨大的改变，信息人为了适应变化了的信息生态环境，就要通过学习掌握这方面的知识和技能，在信息活动中利用这些信息技术改变传统的手工操作方式，将计算机作为搜集、组织、分析信息的必需工具，将信息网络作为组织内部人员沟通的平台，改变组织内部管理模式，利用各种信息技术和信息管理系统进行业务流程重组，使重组后的业务流程自动化与网络化。

3.1.2 信息人适应信息生态环境遵循耐性定律

在自然生态系统中，生物对其生存环境的适应有一个生态学最小量和最大量的界限，生物只有处于这两个限度范围之间才能生存，这个最小到最大的限度称为生物的耐性范围。生物对环境的适应存在耐性限度的法则称为耐性定律[3]。信息人对其信息生态环境的适应也在一个耐性范围内。某种信息生态因子不足或过量都会影响信息人的生活和发展。比如，就信息本体而言，信息缺口和信息超载都会对信息人产生负面影响。信息缺口使信息人找不到相关的信息，无法满足其信息需求；信息超载是系统或个人所接收的信息超过其自身的处理能力或信息未能有效应用的状况。从信息消费的角度看，信息占有如果远远大于信息需求也会产生负效应，引起信息不被吸收和信息疲劳，降低信息人的工作效率。

信息人对某一信息生态因子的耐性是长期生态适应和进化的结果，随着信息生态环境条件的变化，信息人的耐性也不断变化。信息人在不同发展阶段对多种生态因子的耐性范围不同，适应可以使信息人对信息生态因子的耐性范围发生改变。不同信息人对同一生态因子的耐性限度也不相同，不同的信息生态环境会导致信息人产生不同的耐性范围。在某些经济欠发达的地区，由于信息技术的缺乏，信息渠道的不通畅，信息人对信息生态环境的适应主要表现在利用书本、杂志等纸质版材料；在某些经济较为发达的地区，先进的信息网络环境使得信息人可以运用丰富的网络资源。但每个地区的信息人对信息生态环境适应的耐性范围永远只是暂时的，当这个地区的信息人自身的意识和能力、当地的经济等主要因素不再与信息生态环境相适应时，信息人将会主动去改造信息生态环境。

3.2 信息人对信息生态环境的改造规律

信息人在适应信息生态环境的过程中，也对信息生态环境产生多方面的影响，使信息生态环境不同程度地得到改造。信息人对信息生态环境的改造作用使得信息生态环境变得更有利于信息人生存和发展，也可对环境资源和环境质量造成不良影响。在自然生态系统中，生物所处的环境是自然环境，所以生物对环境的改造能力是有限的。与自然环境不同，信息生态环境是一个社会系统，其中的信息本体、信息技术、信息时空、信息制度等都是由信息人生产、研发、创造和制定，可见信息人所处的信息生态环境主要由信息人创建，所以，信息人对信息生态环境有很强的改造能力。

3.2.1 信息人改造信息生态环境的根本在于改造信息本体

信息生态环境主要由信息本体、信息技术、信息时空、信息制度等信息生态因子组成。信息人对这些信息生态因子改造的根本在于改造信息，进行知识创新。知识创新为信息人认识和改造信息环境提供新理论与新方法，是信息生态环境进化的源泉。知识创新是技术创新的基础，是新技术及新发明的源泉。任何信息技术的变革都要以理论知识为基础。随着信息技术的进步，信息人的信息行为和信息活动方式会有新的变化，那么信息时空也会发生相应的变化，信息制度也需要做相应地调整和完善。所以说，在所有的信息生态因子中，信息本体的变化是信息生态环境发生变化的根源，信息人对信息生态环境进行改造的根本是对信息本体的改造。

3.2.2 信息人对各信息生态因子的改造必须连锁进行

信息人对信息生态因子的改造必须相继进行，当对其中某个因子进行改造之后，其他因子也需要得到相应地改造。如果某个生态因子得到改造，而其他的生态因子没有或者没有及时得到改造，那么便有可能导致信息生态失衡。比如，随着信息技术的创新、开发、引进和应用，信息人的信息活动内容和方式都发生了极大的变化，信息领域的经济关系和社会关系开始变得多样化和复杂化，这些关系常常因人力的不正当作用而被扭曲，产生矛盾和冲突。不法分子的作品侵权、计算机和网络犯罪等活动变得越来越容易，信息污染、信息侵略、信息壁垒等活动越来越猖獗，这时就需要有相应的信息政策和法律来规范和约束信息人的行为，如果相关信息制度没有及时地制定，那么这些不合理的行为将无法得到控制，相关人员的利益得不到保障，信息生态失衡问题由此产生。

参考文献

[1] 娄策群,赵桂芹．信息生态平衡及其在构建和谐社会中的作用．情报科学，2006,24(11):1606－1610.

[2] 李振基,陈小麟,郑海雷．生态学．北京:科学出版社,2004:66.

[3] 曹凑贵．生态学概论．北京:高等教育出版社,2006:71.

[4] 李美娣．信息生态系统的剖析．情报杂志,1998(4):3－5.

[5] 严丽．信息生态因子分析．情报杂志,2008(4):77－79.

作者简介

周承聪，女，1982 年生，博士研究生，发表论文多篇；

桂学文，男，1964 年生，教授，发表论文 50 余篇，出版著作 10 余部；

武庆圆，女，1985 年生，硕士研究生，发表论文多篇。

第二节　信息群落交错区的边缘效应①

生态学中的群落是一个有规律聚集在一起的有机整体。1890 年，

① 本文系国家社会科学基金项目“信息生态系统理论及其应用研究”（项目编号：08BTQ034）研究成果之一。

丹麦植物学家 E. Warming 在其出版的经典著作《植物生态学》里把群落看成是一定的种所组成的天然群聚。形成群落的种通常具有相似的生活方式，对环境的要求比较接近，也就是说，种与种在生存过程中有着依赖关系，种与种之间联系比较紧密。在此基础上，1877 年德国生物学家 Karl Möbius 在研究海底牡蛎总是与一定组成的其他动物（鱼类、甲壳类等）共同生长的情况后，提出生物群落这个重要的生态学概念[1]。

由生物群落和相关概念引入了信息生态系统中的信息群落交错区及其边缘效应，它们的产生和发挥作用对信息生态系统具有显著的意义。例如，同时处于量子物理和计算机科学群落的信息人在获取两个群落的信息后开辟了量子信息学的新天地，而处于分子生物学群落的信息人在引入计算机科学群落的信息后生产出生物信息学的信息。边缘效应让信息交错区具有相邻群落所共有的信息属性，身处其中的信息人可以拥有更为丰富的信息资源，在相邻群落信息流的作用下，在信息交错区形成崭新的信息结构，进而发展出不同于源信息群落的信息属性。信息交错区信息人的信息位不同于非信息交错区信息人的信息位，他们信息功能独特，具有很强的关联纽带作用，通过频繁的信息因子交换对信息群落乃至信息生态系统的平衡发展有着独特而巨大的影响力。本文从信息群落交错区边缘效应的概念、表现及其影响因素几个方面进行探讨。

1 信息群落交错区及其边缘效应的概念

1.1 信息群落交错区的概念

信息群落可以定义为：在信息生态系统中，相同时间里在特定信息空间或特定信息环境下，所聚集的具有相同（相似）信息结构或信息需求的信息人集合，他们之间及其与信息环境之间进行信息交流，彼此影响、相互作用，并发挥特定功能。在生态学中，群落的交错区是两个或多个群落或生态系统之间的过渡区域。在边缘地带可能发现不同的物种组成和丰度。在信息生态系统里，信息群落的交错区是两个或多个信息群落里同时拥有的信息人所构成的区域。

1.2　信息群落交错区边缘效应的概念

由于群落交错区生态环境条件的特殊型、异质性和不稳定性，使得相邻群落的生物可能聚集在这一交错区域中，不但增大了交错区中物种的多样性，而且增大了某些生物种的活动强度和生产力，这一现象称为边缘效应[2]。信息群落交错区中的信息人获取不同群落里信息，在其中一个群落中可以流转另一个或多个群落里的信息，他们有能力生产横跨不同群落的独特信息，这种的信息对群落的发展产生独特的影响力。信息群落交错区的边缘效应就此产生。

在两个或两个以上不同性质信息群落产生的交错区中，由于某些信息人信息属性的差异和协同作用而引起信息群落信息因子及功能不同于群落内部的较大变化，称为信息群落交错区的边缘效应。

信息群落交错区的信息人受到相邻群落的共同作用而带有它们的共同特征和功能，可以获取各个群落大部分信息。同时，信息群落交错区的信息人也具有由相邻群落相互作用程度所决定而又不同于相邻群落的信息结构，他们不仅具备发挥原来信息群落信息功能的能力，往往还能发挥其特有的信息功能。通常情况下，信息群落交错区的信息人信息结构多样性高于信息群落交错区外的信息人。边缘效应的体现是信息群落交错区信息的丰富性增加，信息人的信息交流活跃，信息群落交错区信息人的信息生态位的变化比非信息群落交错区信息人的信息生态位的变化更频繁、更迅速。信息群落交错区中的信息人具备信息结构多样性，极大地增加群落的信息容量，为群落的存续和发展提供巨大推力或阻力。

边缘效应的产生从根本上说是因为信息人具有主观能动性。信息群落里的信息人对信息群落和信息环境情况做出分析，在信息人的信息生态位满足不了自身的生存与发展时，或在信息群落竞争比较激烈导致信息人的信息生态位状况不理想时，采取主动选择的方式移动到信息群落交错区，促进边缘效应的形成。也就是说，信息群落交错区边缘效应的形成过程中，主观选择起主导作用，边缘效应的形成主要由信息人主观能动性选择和客观信息生存竞争环境两种力量决定。

2 信息群落交错区边缘效应的表现

生态系统中的边缘效应有集肤效应、加成效应和协合效应等三种[3]。在信息生态系统中，信息群落交错区边缘效应的表现有集肤、加成、协同等三种[3]。

2.1 信息群落交错区边缘效应的集肤作用

集肤作用源于1883年Horace Lamb发现电流通过球壳状导体时，会集中在导体“皮肤”部分的现象，1885年Oliver Heaviside将其推广到任何形状的导体[4]。信息群落交错区的信息人处于多种信息力交互作用的地带，比群落其他区域更为复杂、异质和多变，信息量比较丰富，从而刺激对信息需求较高的非群落交错区的信息人向群落交错区集结，这就是集肤作用。由于信息内容的新陈代谢，信息人总是处于信息交换与反馈的过程中，信息人需要追求更新的能满足自身生存与发展的特定信息，缺少这类信息可能会影响信息人自身的信息位状态。信息交流越充分的信息群落，由于信息人不断细分和专业化，对信息人的能力要求日益提高，信息人自身的竞争压力与自我提升欲望也日益增大，而对群落交错区特定信息的获取可能会增强信息人的核心竞争力，这样信息人就会慢慢地向群落交错区靠拢，群落交错区边缘效应的集肤作用因而发生。例如，某个学科前沿的带头人由于不满足自身的信息位状态往往会进行其他学科的信息获取，进入多学科的交叉领域。

2.2 信息群落交错区边缘效应的加成作用

信息人在信息群落中占有一定的信息生态位，若信息群落交错区中信息人生态位的维度重叠，则产生加成作用。从信息人的生态位的维度看，信息人的加成作用有三个方面的内容，下面分别从信息人的时空维度、功能维度和资源维度的角度来分析[5]。

2.2.1 信息人的时空维度

信息人的时空维度包括时间维和空间维。相同时间内信息群落交错区中信息人的生存空间（信息人所在地）和活动空间（即信息人获取信息、传递信息和提供信息服务的空间）的类型（现实空间或虚拟空间）与区位的重叠程度越高，则信息人的信息活动性质和信息时空占有区越接近，信息人在信息群落交错区加成作用就越强。

2.2.2 信息人的功能维度

信息群落交错区中的信息人所充当的角色及其所承担的社会职能重叠程度越高，反映信息人在信息社会中的角色定位和信息人之间的职权定位越接近，信息人的工作任务、活动内容以及对信息资源的需求越相似，他们在信息群落交错区加成作用就越强。

2.2.3 信息人的资源维度

资源维度里包含信息内容资源、信息技术资源和信息客户资源。信息人的生存、活动和发展需要一定种类和数量的信息资源。信息群落交错区部分信息资源的共享性与非消耗性不能改变针对特定需求的信息资源总是稀缺这一事实。信息人在信息群落中占有和利用信息资源越接近，则他们在信息群落交错区加成作用就越强。

2.3 信息群落交错区边缘效应的协同作用

群落交错区的信息人并不仅仅具有简单的加成作用，还具有一种比加成作用影响更深刻的关系，这就是协同作用。协同作用来源于原西德斯图加特大学理论物理学教授哈肯（H. Haken）所创立的协同学，他研究大量子系统组成的系统如何于一定的条件下，由子系统间相互作用和协作孕育出有一定功能的自组织，并在宏观上如何织造出时间结构、或空间结构、或时间—空间结构，从而演化出新的有序状态[6]。群落交错区里，各信息人之间存在着非线性的相互作用，当他们之间的关系以相互联系、相互关联代替相互独立、相互竞争而占据主导地位时，群落交错区的协调、合作使得整体效应得到增强，表现为内部信息交流充分，信息产出明显增大，这就是协同作用。信息人尽其所能，各司其职，相互适应，共生共进，相得益彰，在求得自身的生存和进步的同时，又通过协同，节约资源，求得信息群落整体的平衡和持续发展。当群落交错区的信息人相互协调得好，协同作用得以充分显现，群落交错区发挥的功能大于或等于各区独自发挥功能的总和。反之，则会小于或等于各区独自发挥功能的总和。

边缘效应的加成、协同、集肤这三种作用不是孤立存在的，而是相互联系和相互影响。由于集肤作用，信息人会聚集到群落交错区，随着信息人在群落交错区的数量增加，生态位的维度重叠的可能性越来越高，加成作用就此产生。加成作用的同时会产生一定程度的竞争，为了取得群落交错区和谐与平衡以便使信息人自身和群落整体得到共生共进，信息人也会相互合作、相互适应，协同的效应也就显现出来。

3 信息群落交错区边缘效应的影响因素

3.1 信息群落的发展程度

边缘效应是依托信息群落产生的，因此信息群落整体的发展程度会影响边缘效应的强弱。信息群落整体的发展程度直接影响非信息群落交错区的信息容量，而非信息群落交错区的信息容量的大小决定边缘效应是否能够产生和产生的大小。由于非信息群落交错区内的信息充分增长和交流使得信息人倾向于结合其他群落的信息生产出不同于群落原有的信息，这种新信息能满足群落里其他信息人享受多种信息资源的需求，反过来促进新信息的产生。信息群落的发展程度和成熟状况成为影响边缘效应的重要因素。对于新兴的信息群落而言，由于群落处于发展的初级阶段，非信息群落交错区的信息容量比较小，信息人可利用的信息量很少，这时信息人的分工较粗，信息人角色的种类少，也没有激烈的群落内竞争。因此，信息人向信息群落交错区移动的动力不足，使边缘效应难以发挥。对于成熟的信息群落而言，非信息群落交错区的信息容量比较大，信息人可利用的信息量很多，信息人的分工开始细化，信息人的角色种类增多，每一信息人所承担的信息职能就越少，群落内竞争激烈，信息人为了自身的生存和发展会主动向信息群落交错区转移，这样信息群落交错区的边缘效应就发挥作用。

3.2 信息人生态位宽度

生态学中，生态位宽度是指生态元在特定资源序列上对资源的占有和利用的分布形式，主要表达生态元对资源序列上不同位点的选择差异和适应性。一般来说，一个物种的生态位越宽，该物种的特化程度就越小，对环境的适应能力就越强。信息生态位宽度是指信息人在不同的信息生态维度上对多个信息环境因子适应、占有和利用的范围与数量。信息生态位宽度反映的是信息人利用信息的能力以及自身的竞争水平。信息人在信息群落里担任的信息角色或信息职能越多，则其信息生态位的宽度越宽。一个生存竞争能力较强的信息人，可以在信息群落中充当多种角色，承担多方面的信息职能，占据多种信息资源，在较大的空间范围和较长的时间范围内开展信息活动以及由信息活动而引致的其他社会活动，获得较宽的信息生态位。当信息人生态位较宽时，信息人之间功能和资源占用方面产生较多重叠，竞争也就容易发生，竞争的结果是促使信息人改善自身的信息结构，结合自己的信息特点向相应的信息群落交错区转移，以便利用群落交错区的信息资源充实自身生产出有竞争力的独特信息，从而巩固或提高自己的生态位水平；当信息人生态位较窄时，信息人之间的生态位重叠较小，竞争不强，信息人可能会满足在非信息群落交错区里获取和生产信息，对自身的生态位状况没有危机意识，也就缺乏向信息群落交错区转移的能动性。

3.3 信息群落交错区的大小

信息群落交错区的大小对边缘效应不是简单的线性关系。边缘效应开始随着信息群落交错区的增大而增强。这是因为信息群落交错区的增大说明更多的信息人聚集到交错区，为交错区带来能动要素，信息人根据分工以及外界对其信息职能的需求，依靠自身的信息管理能力，分析处理不同信息群落的信息为自己所用，从而生产不用于以往在群落中产生的信息，这种信息有强大的竞争力，能帮助信息人占据独特的信息生态位，这样信息群落交错区的边缘效应越来越大。但是当信息群落交错区增大到一定程度时，信息群落交错区的信息人具备较多的信息资源，就会形成新的信息群落，导致边缘效应消失。一方面信息群落交错区过小，信息群落交错区的信息人数量不多，产生横跨多个信息群落的信息有限，边缘效应下降；另一方面信息群落交错区过大，当数量庞大的信息人生产出足够多的跨群落信息时，就会产生新的信息群落，也就失去了边缘效应的意义。其关系如图 1 所示。

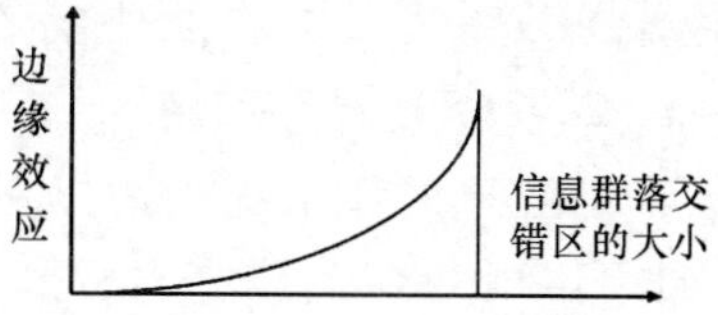

图 1　信息群落交错区的大小与边缘效应的关系

3　结　语

信息群落交错区的边缘效应表面上看是由交错区信息人、信息人之间的信息流所产生的效应，其实，在其内部存在较为复杂的相互关系，信息群落交错区信息人之间的物质、能量和信息流动使边缘效应呈现一定的规律产生、发展和消亡。信息群落交错区的效应对信息群落而言，可能是正效应，也可能是负效应。例如在未经许可的情况下，信息人将群落里的信息带入另一个群落时可能会危害原来群落的存续和发展，这就产生信息安全的问题，出现负效应。信息群落交错区的信息人只有充分利用边缘效应的积极因素，调整自身的信息结构，提高信息流转和利用效率，完善群落功能，以适应它所处的信息环境，才能促进信息群落乃至信息生态系统的协同发展。本文对信息群落交错区的边缘效应的概念、表现和影响因素的描述可以深化人们对信息群落和信息生态系统的理解。信息群落交错区的边缘效应由于其独特的作用机理在旅游规划、区域经济、城镇发展、产业布局等领域具有广泛的应用前景[7-9]。信息群落交错区的边缘效应作为信息生态系统中引人瞩目的现象，其形成过程、发展规律、利用管理以及如何增大交错区的正效应并抑制负效应等问题还有待进一步的深化，从而形成完善的信息群落系统理论体系。

参考文献

[1] 曹凑贵．生态学概论．北京:北京高等教育出版社,2002.

[2] 何妍,周青．边缘效应原理及其在农业生产实践中的应用．中国生态农业学报，2007(5):212－214.

[3] 程鹏．生态原理在信息循环系统中的应用研究．科技创业月刊,2009(2):141－143.

[4] William H H. Engineering Electromagnetics Seventh Edition. New York: McGraw Hill, 2006.

[5] 娄策群．信息生态位理论探讨．图书情报知识,2006(5):23－27.

[6] Haken H. Synergetics, an Introduction: Nonequilibrium Phase Transitions and Self－Organization in Physics, Chemistry, and Biology. New York: Springer－Verlag, 1983.

[7] 田大方,宋春雨．旅游规划中边缘效应的挖掘与创造．哈尔滨师范大学(自然科学学报),2009(1):105－109.

[8] 李战奎．协同效应与边缘地经济发展．理论与改革,2008(6):150－151.

[9] 郭荣朝．边缘效应\与城镇发展空间组合研究．城市规划汇刊,2003(4):34－37.

作者简介

程　鹏，男，1951 年生，研究员，院长，博士生导师，发表论文 60 余篇；

娄赤刚，男，1980 年生，博士研究生，发表论文 3 篇。

第三节　网络信息种群共生理论及其模型研究①

在自然界中，处于同一环境中的两个或多个种群相互依存共生的现象非常普遍。生物学和生态学的研究均表明，自然界的许多生物种群在漫长的进化过程中形成了极其精确和完善的系统，它们具有简单且精妙的结构、可靠且协调的功能，能高效地利用物质和能量。网络信息种群作为一种特殊的智慧型生命体，在应对复杂多变的网络生态环境（由自然、人口、政治、经济、技术、社会文化等组成的宏观网络生态环境和由网站、服务供应商、用户、公众组成的微观网络生态环境）时，同样表现出“共生”的行为特征。因此，研究其共生规律，对于增强网络信息种群应对复杂网络环境的能力具有重要意义。

1　网络信息种群共生理论

1.1　网络信息种群共生的概念

“共生”（其英文为 Symbiosis）一词来源于希腊语，现有的相关研究成果认为，“共生”在生物学中是指不同种属按某种物质联系生活在一起，形成共同生存、协同进化的关系。当共生关系高度发展时，共同生活在一起的两种生物会在生理上表现出一定的分工差异，

① 本文系国家社会科学基金项目“信息生态系统理论及其应用研究”（项目编号：08BTQ034）研究成果之一。

并且创生出新的组织形态结构，形成所谓的特殊“共生体”。

我们认为，网络信息种群共生是网络信息种群与其生存环境中其他因子（如竞争种群、协作组织等）基于某种共生基质，通过共生界面实现物质、能量和信息的交换，产生并分配共生能量而形成的一种关系。

由这一概念可知，网络信息种群共生具有以下几个基本特征：第一，是指两个（及以上）网络信息种群间的共生关系；第二，至少对其中的一方有利；第三，往往形成一种新的特殊结构形态，即共生体；第四，是网络信息种群适应环境的结果。

1.2 网络信息种群共生的构成要素

从共生系统的构成来看，共生包括四个要素：共生单元、共生基质、共生界面和共生环境[1]：

- 共生单元是构成共生关系基本的能量生产和交换单位，为共生体的形成提供物质基础。不同的共生体中，共生单元的性质和持征也相异。本文的共生单元为网络信息生态系统中的各主体，主要包括网民、网站和其他相关机构。
- 共生基质为共生提供必要条件。具体来看，网络共生的基质是共生单元间的互补资源，如信息技术、管理经验、信息资源、人力资源、资金、市场、政策、法律等。共生单元投入共生体的资源特性决定了共生单元间的能量分配方式，共生单元投入资源的不可替代性、难以模仿性越强，其在共生体中的地位就越有利。
- 共生界面是指共生单元之间的接触方式和机制，它是共生关系形成和发展的基础，是决定共生系统效率和稳定性的核心要素。共生界面具有物质交流、信息传递、能量分配和分工协作几个基本功能。
- 共生环境是指共生关系赖以生存和发展的外部环境。如果把网络信息种群看作共生单元，则网络信息种群外部的网络环境、社会和自然环境等构成了网络信息种群的共生环境。

1.3 网络信息种群共生的生存条件

网络信息种群是有智慧的生命有机体，对共生效益的追求是建立在个体利益最大化的基础上的，因此，本文将网络信息种群共生体定义为两个或两个以上个体（种群）为实现相同资源的共享和不同资源的优势互补，将使用网络资源（服务）的各个环节如搜索、处理、存储和传递等联合起来，以提高整体的竞争力，共同实现在复杂多变的网络生态环境里生存和发展的目标。

1.3.1 网络信息种群共生体生存的必要条件

①网络信息种群共生体各个体具有可共享的同类生存资源，如信息、数据等；或具有可互补的异类生存资源，如买卖双方、交流各方、游戏各方等共同组成的网络信息种群共生体。②网络信息种群共生体各个体具有相同或相关的生存发展诉求，即存在网络信息种群共生体的群体目标。

1.3.2 网络信息种群共生体生存的均衡条件

令边际共生经济效益（r_s）=边际共生成本（c_s）

随着网络信息种群共生体共生度S的增大，边际共生经济效益 r_s 将逐渐减小，而边际共生成本 c_s 将逐渐变大。当边际共生经济效益等于边际共生成本时，网络信息种群共生体达到最优共生度。此时，平均共生成本 C_s 最小，而平均共生经济效益 R_s 最大。

1.4 网络信息种群共生的行为方式

网络信息种群共生体的行为方式大抵分为四种：即共享共生的行为方式、互补共生的行为方式、变异共生的行为方式和交易共生的行为方式。

1.4.1 共享共生的行为方式

同类个体作为资源的直接竞争者，表现出明显的竞争关系，如淘宝网上同类商品的卖家种群。然而，同类个体之间必须遵循求同存异的原则，寻求共生的机会以组成共生体，并在共生过程中通过资源共享增强各自的核心竞争力，共同培育和拓展新的市场[2]。由于科学技术的飞速发展，信息新陈代谢的速度不断加快。同时，信息产品（服务）的科技含量越来越高，单个个体开发新产品和开拓市场风险加大，共生体不仅能通过将市场份额做大为各个个体创造共生经济效益，而且可以降低进入新领域和开发新产品的风险，从而实现共生体整体的成长[3-5]。

共享共生的行为方式说明，只有与同类个体进行共生，在资源共享的基础上组成共生体，才能提高在复杂多变的网络生态环境里生存发展的几率。正如相关主题的网站通过建立友情链接，和其他相似网站共存组成共生体来降低独立经营的风险。

1.4.2 互补共生的行为方式

一些网络个体处于自身需要，常常与其他具有互补性的个体通过各种形式（如互建链接等）形成紧密的共生体，如一个讨论组中由拥有各自的观点和信息资源的各个成员所建立的共生体。网络个体通过与互补者组成共生体来增强自身的核心竞争力或满足自身发展的需要，通过发挥双方互补优势共同发展。对于互补共生的共生体而言，建立紧密的联系渠道，以保持协调至关重要。

1.4.3 变异共生的行为方式

经济的发展和技术的进步使网络上的各种新的应用和服务层出不穷，众多以新技术或服务模式为基石成长起来的新生网站（服务模式）威胁着原本占据优势地位的传统网站（服务模式）的生存与发展。同时，优势的传统网站（服务模式）容易沉迷于原有的脆弱的竞争力和以往成功模式，从而忽视新生网站（服务模式）带来的冲击。

比如即时通讯（Instant messaging，简称 IM）的出现彻底改变了传统的交流模式，它允许两人或多人使用网络即时地传递文字、文件、语音与视频交流，可以说是互联网通讯方式的一次革命，迅速地抢占了传统通讯方式（如邮件、FTP 等）的市场。腾讯公司更是凭借腾讯 QQ 一跃成为中国最大的即时通讯服务提供商。

优势传统网站（服务模式）必须采取积极的态度，与新生网站（服务模式）组成共生体，实现自身的变异，否则可能日益衰落，最终失去生存能力。此外，由于新生网站（服务模式）往往具有强大的生命力，传统优势网站（服务模式）应当在其成长的初期，通过控股、兼并等方式与其组成稳定的共生体。比如软件巨头微软公司为保持在软件领域的领先优势，在过去数年通过兼并几十家处于成长初期的小型公司组建成共生体，不断地积累新的更适应网络生态环境的基因，以实现自身的变异和与共生体的协同共生。

1.4.4 交易共生的行为方式

自商品经济诞生，就有了交易行为。随着电子商务的发展，基于网络的交易成为一种新兴的交易方式，且份额不断提升。交易共生是商品经济发展到一定阶段的产物。当个体与其上游的供应商和下游的顾客或消费者共同组成共生体以后，便意味着将交易行为内化为共生体内部的物质、价值和信息的传递，从而达到降低交易成本，提高该共生体的整体竞争力的目的。交易共生的效益已成为当下众多电子商务企业挖掘“第三方利润”的源泉。

如阿里巴巴（china. alibaba. com）是全球企业间（B2B）电子商务的著名品牌，汇集了海量的供求信息，遍布220个国家地区，拥有超过1 400万网商，成为全球商人销售产品、拓展市场及网络推广的首选网站。同时阿里巴巴也是集电子市场、电子贸易、电子信息、电子服务于一体的商人社区。本文认为，以交易共生行为为主要特征的共生体主要是为了实现信息共享，保证其内部的供应商、企业与用户三方以最小费用获取最大效益，实现整体生存成本的最小化。

1.5 不同类型共生体之间的相互关系

可以用资源差异程度和共生程度这两个指标来研究共生体四种行为方式之间的相互关系。变异共生可以看作为共享共生的特殊形式，交易共生可以看作为互补共生的特殊形式。对现实社会中的一个共生体而言，往往同时存在多种共生行为，如互补共生性质的共生体包含共享共生的成分，变异共生性质的共生体包含交易共生的成分。因此，共生体的四种行为方式往往是相互交织的，但彼此之间会因资源差异程度和共生程度而有所区别。

2 网络信息种群共生模型

与自然界中生物种群共生的进化过程相类似，网络信息种群同样经历一个诞生、发展和稳定共生的演化过程。因此，运用动态系统描述网络信息种群的演化过程可能相对更为贴切。

2.1 网络信息种群共生模型的假设条件

假设条件之一：共生的两个网络信息种群个体均服从逻辑斯谛增长模型；

假设条件之二：共生的两个网络信息种群个体的互利系数 α 和 β 的乘积小于 1，表示网络信息种群共生体存在最大共生经济效益问题。

2.2 网络信息种群共生动力学模型

假定存在两个网络信息种群，任何一个网络信息种群在单独增长时满足逻辑斯谛模型，即增长方程为：

$$\begin{aligned} dn_1/dt &= r_1 n_1 \ (1 - n_1/K_1) \ (1a) \\ dn_2/dt &= r_2 n_2 \ (1 - n_2/K_2) \ (1b) \end{aligned} \qquad (1)$$

其中，n_1 、n_2 为网络信息种群 1 和网络信息种群 2 在 t 时刻的密度；

r_1 、r_2 为网络信息种群 1 和网络信息种群 2 的内禀自然增长率；

K_1 、K_2 为网络信息种群 1 和网络信息种群 2 的最大环境容纳量。

两个网络信息种群在独立发展演化的过程中会受到各自环境容纳量的限制，当两者结成共生体后，由于两者的互利作用，使得彼此的环境容纳量发生变化。这里，我们用 K' 表示共生状态下的环境容纳量，则式（1）可改写为

$$dn_1/dt = r_1 n_1 \left(1 - n_1/\left(K_1 + \alpha n_2\right)\right) \quad (2a)$$
$$dn_2/dt = r_2 n_2 \left(1 - n_2/\left(K_2 + \beta n_1\right)\right) \quad (2b) \qquad (2)$$

其中：$K_1' = K_1 + \alpha n_2$

$K_2' = K_2 + \beta n_1$

从式（2）中可以看到，一个网络信息种群的增长，除了受种内竞争的影响，即网络信息种群同种个体每增加一个抑制作用以外，也受到共生体内另一网络信息种群的促进作用，由于这种共生互利的作用使得网络信息种群的环境容纳量增大。

环境容纳量的增大意味着网络信息种群个体能够获取更多的生存资源，获得更多的益处，表现在网络信息种群共生体内各网络信息种群个体平衡点的绝对值将会变大。平衡点概念的引入表明，当网络信息种群个体的规模低于环境容纳量时，网络信息种群个体通过挖掘潜力、增加投入、加强宣传推广等方式增大规模；当网络信息种群个体的规模超过环境容纳量时，网络信息种群个体将会由于过度竞争所导致的效率下降缩小规模。

2.3 模型仿真与分析

- 共生互利系数 α、β 对环境容纳量的增大效应为了验证网络信息种群共生后相对于共生前对网络信息种群演化的影响，设 $r_1 = r_2 = 0.2$，$K_1 = K_2 = 1$，$\alpha = \beta = 0.1$，对模型（2）即式（2）系统仿真的结果见图 1。

当网络信息种群没有共生时，$\alpha = \beta = 0$，此时，网络信息种群的演化曲线如图 1 所示，网络信息种群趋向于环境容纳量 $K_1 = K_2 = 1$；当网络信息种群 1 和网络信息种群 2 结成共生体后，$\alpha = \beta = 0.1$，在互利作用的促进下，网络信息种群的演化曲线如图 1 所示，两个网络信息种群的环境容纳量发生了扩展 $K_1 = K_2 \approx 1.1$。

- 共生互利系数 α、β 对各网络信息种群的影响。

为了验证网络信息种群共生系数 α、β 对各自网络信息种群演化的影响，设 $r_1 = 0.3$，$r_2 = 0.5$，$K_1 = 1$，$K_2 = 2$，$\alpha = 0.2$，$\beta = 0.1$，对模型（2）系统仿真的结果如图 2 所示。

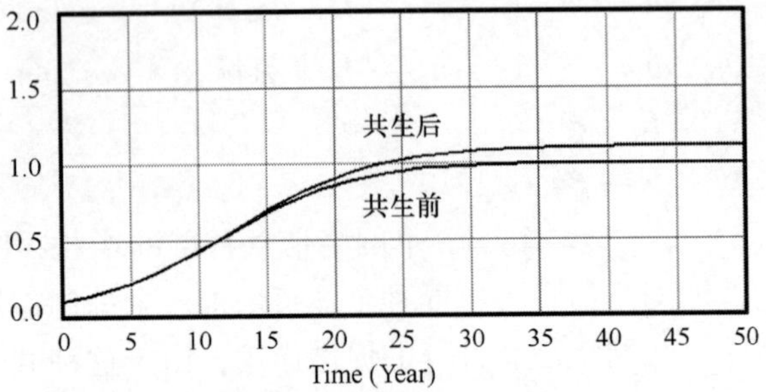

图 1　共生前后对网络信息种群演化的影响

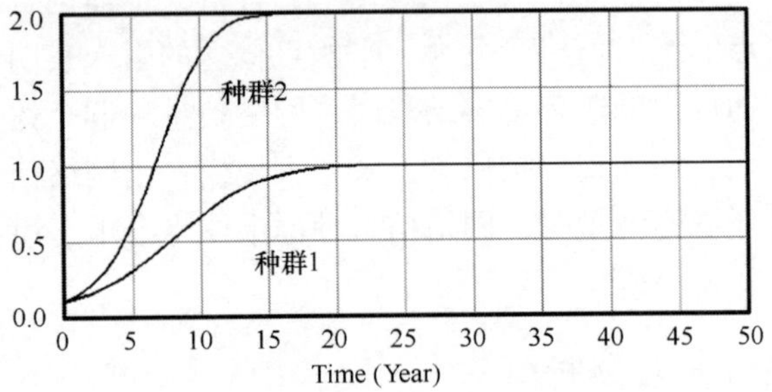

图 2　网络信息种群 1 和网络信息种群 2
共生前网络信息种群演化的曲线

分析以上仿真结果可知，网络信息种群共生系数 α 、β 决定了共生体内一个网络信息种群对另一个网络信息种群的促进程度，上例中 $\alpha > \beta$ ，说明网络信息种群 2 对网络信息种群 1 的促进作用大于网络信息种群 1 对网络信息种群 2 的促进作用。

图 3 是网络信息种群 1 和网络信息种群 2 共生后网络信息种群演化的曲线。由图 3 可知，共生后网络信息种群 2 的环境容纳量扩展了 $K_2' - K_2/K_2 = 0.072$，共生后网络信息种群 1 的环境容纳量扩展了 $K_1' - K_1/K_1 = 0.429$。系统仿真的结果和定性分析的结果相符。

偏利共生对网络信息种群演化的影响种间的偏利共生关系，是指种间相互作用仅对一方有利（偏利），而对另一方无利。具有这种作

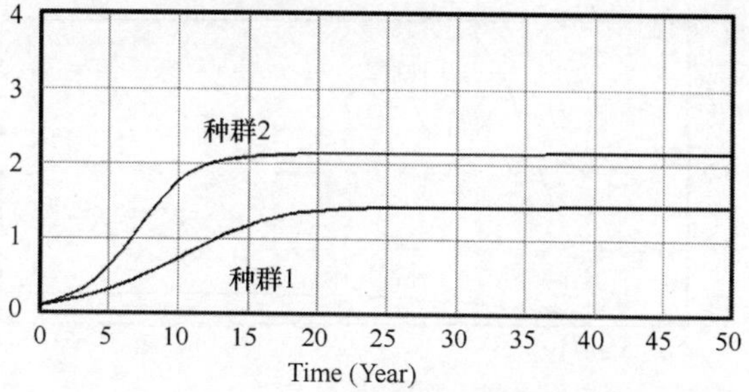

图 3　网络信息种群 1 和网络信息种群 2
共生后网络信息种群演化的曲线

用关系的生物种群是很多的，像附生植物和被附生植物之间就是一种典型的偏利共生关系，如兰花生长在乔木的枝上，使自己更易获得阳光以及根更易从潮湿的空气中吸收养分；藤壶附生在鲸鱼，或螃蟹背上等，都是被认为是对一方有利，而另一方无害的偏利共生关系。在网络社会偏利共生关系也广泛存在，如影响力小的网站通过在门户网站或其他核心网站上建立链接来扩大影响，而他们对门户网站几乎不会带来什么利益。

在偏利作用下，共生系数 α 、β 的关系表现为：

- $\alpha >> \beta \approx 0$ ，即网络信息种群 2 对网络信息种群 1 有极大的促进作用，而网络信息种群 1 对网络信息种群 2 的促进作用几乎可以忽略不计。

- $\beta >> \alpha \sim 0$ ，即网络信息种群 1 对网络信息种群 2 有极大的促进作用，而网络信息种群 2 对网络信息种群 1 的促进作用几乎可以忽略不计。

为了验证网络信息种群偏利下，共生系数 α 、β 对各自网络信息种群演化的影响，设 $r_1 = 0.2$ ，$r_2 = 0.5$ ，$K_1 = 1$ ，$K_2 = 10$ ，$\alpha = 0.5$，$\beta = 0.001$ ，对模型（2）系统仿真的结果如图 4、5 所示：

分析以上仿真结果可知，在网络信息种群偏利共生关系下，由于 $\alpha >> \beta \approx 0$ ，表明共生体内网络信息种群 2 对网络信息种群 1 具有强大的促进作用，而网络信息种群 1 对网络信息种群 2 几乎没有任何

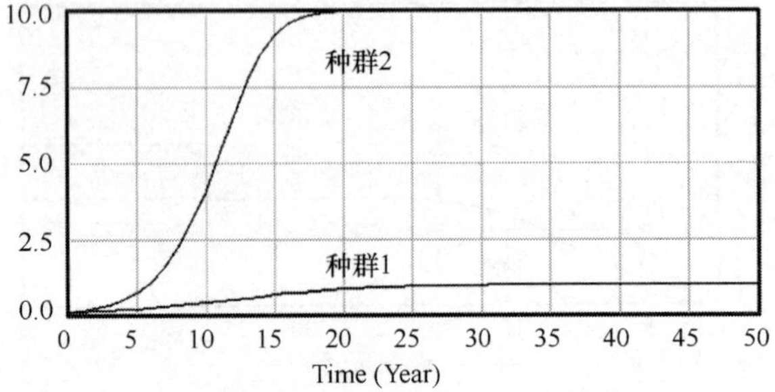

图 4　网络信息种群 1 和网络信息种群 2
共生前网络信息种群演化的曲线

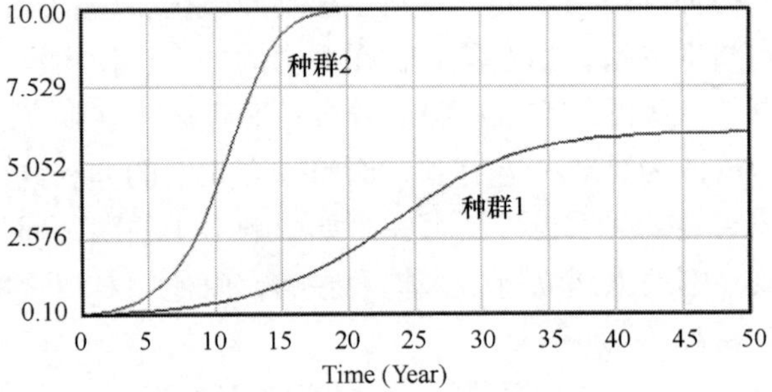

图 5　网络信息种群 1 和网络信息种群 2
共生后网络信息种群演化的曲线

促进作用。由仿真结果可知，共生后网络信息种群 2 的环境容纳量扩展了 $K2' - K2/K2 = 0.6\%$，共生后网络信息种群 1 的环境容纳量扩展了 $K1' - K1/K1 = 500.3\%$。系统仿真的结果和定性分析的结果相符。

3　共生效益的分析与评价

对网络信息种群共生体共生效益的分析与评价对于探讨该类型网络信息种群的演化路径具有重要的理论和现实意义。共生效益是指单个个体之间因同类资源的共享或异类资源的互补所形成的网络信息种群共生体内部或外部的，直接或间接的资源配置效率的改进。共生效益的水平高低取决于网络信息种群共生体直接或间接产生的总效益的大小。共生效益的表现在以下三个方面：

3.1 缓解资源利用瓶颈

在个体的单独运作中，经常存在因某种资源不足或某种资源缺位，从而使个体缺乏竞争优势的现象。通过共生，与其他个体构建成网络信息种群共生体，可以整合不同个体的资源，缓解资源瓶颈，促进发展。这些瓶颈资源，有的因所有者偏好不愿进行交换，还有的本身不具有可交易性，以致难以有效整合这些资源。因此，只有通过组建网络信息种群共生体，才能促成创新资源的合理利用。例如，创新中的某些信息和经验，一般人不愿轻易与人分享，但共生体的内部共生行为规则可以把这些信息和经验运用到各个体的创新过程活动中去。比如，通过上传资料、信息、代码等来获取积分（可以根据用户下载次数或质量评价来确定积分），而利用这些积分又可以下载使用其他用户提交的资料等。

3.2 降低信息获取成本

随着互联网的发展，信息爆炸、信息过载、信息污染等现象使得人们获取所需的信息日益困难。个体能够通过共生行为组建网络信息种群共生体，则可以分散或降低这种困难。

3.3 减少信息交流成本

网络信息种群共生体的客观存在，可实现其内部各个体运作过程的一体化，彼此之间的知识和信息由不稳定交流变成完全内部化的或半内部化的交流，既减少了交流成本，又缩短了资源在各个体间的停留、转换时间；同时，共生体内部的信息反馈系统使各个体的活动质量得到较高的提升。交流成本的减少不仅对个体提高竞争力具有重要意义，更重要的是有利于提高网络信息种群共生体的整体运作效率。

网络信息种群共生体的共生效益是多方面的，这里只是列举了其中较为典型的三个方面。各个体在实践中应当注意观察和挖掘对自身具有重要意义的共生效益，并主动采取各种行为促使其发挥各自的资源优势和潜在价值，以提高个体自身的生存发展空间。

网络信息种群共生体的形成和发展能促进其内部功能的分化，即各个体可专注于培养自身核心竞争力，从而引导资源合理有效地配置，使整体向更高层次、更强生命力的方向进化。网络信息种群共生体的本质特征是共生，是为了提高整体在变幻莫测的网络生态环境里的抵抗能力应运而生的。

参考文献

[1] 袁纯清. 共生理论及其对小型经济的应用研究(下). 改革,1998(2):101－105.

[2] 冷志明. 基于共生理论的城市圈经济一体化机理. 经济地理,2008,28(3):433－436.

[3] *Verspagen B, Duysters G. The Small World of Strategic Technology Alliances. Technovation*, 2004,24(7):563－571.

[4] *Steensma H K, Marino L, Weaver K M, et al. The Influence of National Culture on the Formation of Technology Alliance by Entrepreurial Firms. Academy of Management Journal*, 2000, 43 (5) : 951－973.

[5] 袁磊. 战略联盟合作伙伴的选择分析. 中国软科学,2001(9):53－57.

[6] 孙广才,魏文礼. 种间偏利关系的模型研究. 西北水资源与水工程,2003,14(3):33－34.

作者简介

肖　毅，男，1975 年生，讲师，博士研究生，发表论文 10 余篇；

王　方，女，1980 年生，博士研究生，发表论文 5 篇。

第四节　信息生态系统的平衡机制①

信息生态平衡是指信息生态系统各组成部分之间协调互补，系统结构优化、功能良好的一种相对稳定状态，具体表现为系统中信息人种类和数量等合理匹配、信息生态环境因子相互协调、信息人与信息生态环境高度适应、整个系统的信息流转畅通高效[1]。当信息生态系统的变动处于“生态阈限”范围时，系统凭借自我调节机制，呈现出不断调节、变动而又相对稳定的系统状态，保持着动态的平衡。当信息生态系统的变动超出“生态阈限”范围时，则会出现失衡现象。失衡的信息生态系统要重新恢复平衡，必须依靠人工调控并结合其自身的调节机制。维护信息生态系统平衡对发挥信息生态效应、促进信息有效利用、提升社会的文明程度具有重要意义。本文主要探讨信息生态系统在发展时期的平衡实现机制、在相对稳定时期的平衡维持机制和失衡之后的平衡恢复机制。

1　信息生态系统平衡的实现机制

信息生态系统平衡的实现机制是指信息生态系统从形成、发展直到实现平衡整个过程中表现出来的规律性；具体说，就是一个处于成长中的信息生态系统达到平衡的方式、过程和机理。

1.1　正反馈促进信息生态系统规模快速扩张

系统输出的一部分被回送，重新成为同一系统的出入成分，或者成为同一系统的控制信息，称为反馈[2]。反馈有正反馈和负反馈两种形式。正反馈是指使系统输出的变动在原变动的方向上被加强的反

① 本文系国家社会科学基金项目“信息生态系统理论及其应用研究”（项目编号：08BTQ034）研究成果之一。

馈。以某一信息产业的形成、发展为例，在产业形成初期，该产业的规模会随着原有规模的扩大而扩大，形成正反馈现象。规模意味着可以获得更多的利润，使信息企业有扩大再生产的冲动和能力，导致规模进一步扩大，企业数量快速增加。企业数量的增加，促进了企业功能的分化和产业内部结构的多样化，为信息生态位的分化和信息生态链、信息生态网的形成创造了条件，有利于信息生态系统达到平衡。

1.2 信息生态位的合理分化促进系统结构的有序和功能的优化

信息生态位是指具有信息需求且参与信息活动的个人和社会组织在由其他信息人、信息内容、信息技术、信息时空、信息制度等信息环境因子构成的信息生态环境中所占据的特定位置[3]，它代表着信息人在信息生态系统中占据时空、占有和利用资源、充当角色和发挥功能的状况。

信息生态位的合理分化，意味着有不同的信息生产者生产不同类型、不同层次的信息产品，有不同的信息传递者以不同的方式、不同的技术传递信息产品，以满足信息消费者多样化的信息需求。如果信息生态位的分化程度较低，则意味着信息生态系统的社会分工较为粗糙，信息生产者生产的信息产品的类型和层次、信息传递的方式比较单一，难以满足信息人多样化的信息需求。信息生态位的合理分化，既可以避免信息资源的供不应求或信息资源的浪费，又能保证信息人之间的适度竞争，有利于信息生态系统平衡的实现。

1.3 信息生态链和信息生态网的形成加强了系统内部的联系

信息生态链是指在信息生态系统中，不同种类信息人之间信息流转的链式依存关系[4]。信息生产者是信息生态链上的第一个节点，只有信息生产者生产出信息，信息流转才有“原料”；信息传播者是信息生态链上的第二个节点，为信息流转提供通道，是连接信息生产者和信息消费者的纽带；信息消费者是信息生态链上的第三个节点，从传播学角度讲就是信宿，是信息流转的终点，同时也是下一个信息循环的起点。信息生态链的功能实质是信息流转，而这种流转是双向性的，即在信息生态链上，既有正向的信息流动和转化，又有反向的信息反馈。如果三个节点之间不能形成完整的信息流转，信息生态链就有可能处于瘫痪状态，甚至解体，信息生态系统的平衡就无从谈起。

在一个复杂的信息生态系统中，往往有若干条信息生态链，这些信息生态链又互相交织在一起，形成复杂的信息生态网，使得信息用户可以通过多条信息生态链获取信息，实现了信息获取渠道和获取方式的多样化。信息生态系统中形成复杂的信息生态网，将会促使信息生态系统平衡的尽快实现，并且信息生态网越复杂，对信息生态系统平衡越有利。可见，形成完整的信息生态链和复杂的信息生态网，加强了信息生态系统内部各组成成分之间的联系，有利于信息生态系统平衡的实现。

2 信息生态系统平衡的维持机制

信息生态系统在环境的干扰下会不断地发生波动，需要有一套调节机制维持系统的平衡，否则波动就有可能超出“生态阈限”，使系统失衡乃至崩溃。与自然生态系统不同，信息生态系统中的信息人具有较强的主观能动性，可以根据信息生态环境的变化而作出选择。这就决定了信息生态系统的平衡调节机制与自然生态系统的平衡调节机制有很大的不同。这里探讨的平衡维持机制是指信息生态系统在相对稳定时期，即系统的波动并未超出“生态阈限”范围情况下的系统平衡调节机制。

2.1 价值追求密切了信息人之间的相互依赖关系

在信息生态系统中，信息人不同的价值追求形成了一条价值链。正是这条价值链的存在，信息人之间的关系才得以维持。价值链上不同的信息人通过各自的价值选择调节着信息生态系统的平衡。其调节机理是：在信息生态环境中，信息消费者总是去消费自己需要的并且愿意为其支付成本的信息产品；信息生产者和信息传递者为了获得自己所追求的经济利益或社会利益，势必要尽量生产和传递符合消费需求的信息产品；信息监管者为了给信息生产者、传递者和消费者提供一个稳定、有序的信息流转环境，势必要对信息过程中的不规范行为进行干预。为了获得更多的利益，信息生产者往往会不断开发出新的信息产品，信息传递者往往会采用不同的媒体形式向消费者提供信息产品，从而进一步引导信息消费者的信息需求。不同信息人在价值选择的过程中作出的信息行为，客观上起到了调节信息生态系统的作用，使不同的信息人在信息价值链上形成了密切的相互依赖关系，进而维持着信息生态系统的平衡。

2.2 竞争有利于信息生态系统内部的新陈代谢和优胜劣汰

信息生态系统中的竞争现象普遍地存在于信息人（包括个体和机构）之间，主要表现为争夺有限的信息市场资源。在信息市场资源有限的情况下，信息人种群内部个体的数量越多，争夺资源的竞争就越激烈。在竞争中处于有利地位的个体得到发展，处于不利地位的个体就有可能被迫退出信息生态系统，或者主动调整其信息生态位，以适应信息生态环境；一些本来在信息生态系统之外的信息人也有可能由于收益预期而不断加入信息生态系统，成为系统的一个成分而加剧竞争。

竞争使种内个体数量根据资源的状况而保持在一个合理的范围之内，同时使竞争强度保持在合适的程度，提升了种内个体的质量，有利于保持系统的平衡，是信息生态系统的一个重要的平衡调节机制。

2.3 信息行为自律是维护信息生态系统平衡的道德力量

张久珍认为，信息传播中的自律包括三层含义：第一层含义是自我约束，即信息传播者要约束自己的欲望和感情，对自己的行为有一定的限制；第二层含义是自我保护，例如用户利用过滤软件来保护自己不受不良信息的伤害；第三层含义是自发举报信息传播中不良的信息行为，反应出主体的自律意识已经上升到了公益心的高度[5]。信息行为自律就是通过信息人道德自律和文化内省而对自己的信息行为进行自我约束、自我保护并对净化信息环境承当责任的过程。

在互联网广泛应用、信息自由程度越来越高的今天，信息行为自律显得尤为重要。实际上，许多信息问题是信息人缺乏自律而引起的，如果信息人具有高度的信息自律意识，那么，作为信息生产者就会不生产不良信息，信息传递者不传递不良信息，信息消费者自觉抵制不良信息，并且自觉向信息监管者举报不良信息行为，不良信息行为就会失去市场。

自律发挥作用的机理是以社会公认的信息道德伦理为规范，通过营造社会舆论，对合乎信息道德伦理规范的信息行为给予褒扬，对违反信息道德伦理规范的信息行为给予谴责，使信息人自觉调整自己的信息行为，进而调整和维护着系统的平衡。

2.4 监管是调节信息生态系统平衡强有力的手段

信息生态系统的监管就是运用法律、行政、经济等手段对整个信息生态系统的运行进行监督和管理，进而调节系统平衡的过程。

- 运用法律手段对信息生态系统进行调控，是借助国家强制力，通过信息立法和信息司法，调整信息人之间复杂的利益关系，处理矛盾，解决纠纷，惩办信息违法行为，以维护信息活动的正常秩序。信息法律是一种强制性的规范，是对信息行为的最起码要求，是信息人的信息行为底线。

- 运用行政手段对信息生态系统进行调控，就是指国家行政机关采取命令、指示、行政审批、政府规划等形式直接对信息生态系统进行规划、组织、协调和控制。例如，政府利用公共服务政策，可以调节公共信息服务机构的地区布局，保证公共信息服务的公平和均等；国家信息基础设施由政府出资、规划和建设，有利于保障信息弱势地区和信息弱势群体的信息权利。

- 运用经济手段对信息生态系统进行调控，就是运用产业政策、税收、财政补贴、信贷等经济杠杆调节信息资源分布，调节信息人之间的利益关系，调节信息人与信息环境之间的关系，引导信息活动向系统调控目标（平衡）靠拢。

2.5 负反馈促进信息生态系统在“目标状态”附近保持平衡

负反馈是指使系统输出的变动在原变动的方向上被减弱或逆转的反馈。负反馈使系统的抗干扰能力和应变能力增强，使系统在“理想状态”附近获得必要的稳定。以某一信息产业的形成、发展为例，当产业发展到一定的时期，信息生态系统内的信息人种群数量已经较多，导致竞争加剧，利润空间被压缩，信息企业扩大再生产的冲动受到抑制，产业的规模增速下降，种群数量增加的速度也降低，并保持在系统的平衡点附近。

3 信息生态系统平衡的恢复机制

信息生态系统平衡的恢复包含两层含义：一是把信息生态系统恢复到原来的平衡状态，二是促使建立新的信息生态系统平衡。在信息生态系统恢复的过程中，人工调控作用是系统平衡恢复的主要条件，系统内部调节作用是系统平衡恢复的辅助条件。

3.1 人工调控作用是信息生态系统平衡恢复的主要条件

对于严重失衡的信息生态系统，必须采用人工调控手段才能较快地恢复信息生态平衡。在人工调控过程中，主要通过改造信息环境、协调种群关系、开展生态规划来促进系统平衡的恢复。

- 信息环境指信息生态系统中除信息主体（信息人）之外的并对信息主体产生影响的其它因素的集合，包含信息本体（信息资源）、信息时空、信息技术、信息制度、信息伦理等因子。例如，可以通过提高信息技术、完善信息制度、加强信息基础设施建设、合理配置信息资源、放松信息管制、合理增加信息自由、建设信息文化等措施来优化信息生态环境，促进信息生态系统平衡的恢复。

• 协调不同信息人种群之间的关系，是促进信息生态系统平衡恢复的重要措施。协调种群关系主要包括理顺信息人种群的社会分工、调整信息人种群之间的利益关系。在失衡的信息生态系统中，信息人种群社会分工不明晰、不彻底的现象普遍存在，造成信息人种群的利益关系不协调。例如在广播电视领域，利益较多地向信息传递环节集中；在互联网领域，利益也较多地向网络运营商集中。这样的利益分配格局不利于信息生产，而信息生产才是整个信息过程的源头，是信息数量和信息质量决定者。

• 信息生态系统规划是运用系统分析方法，借助于计算机技术，对信息生态系统的恢复工程进行规划、设计、模拟、评价与实施的过程。通过信息生态系统规划来分析系统平衡恢复的约束条件，明确系统平衡恢复的方向和目标，制定执行性良好的系统平衡恢复方案，可以提高平衡恢复的效益和效率。通过信息生态规划而恢复的信息生态系统平衡，一般不再是原来是系统平衡了，而是发展了的、更高层次的系统平衡，是更加有利于信息交流、更能满足社会需求的系统平衡。

3.2 系统内部调节作用是信息生态系统平衡恢复的辅助条件

系统内部调节作用不仅对维持信息生态系统发挥着重要作用，而且对恢复信息生态系统也起着积极的作用。一些轻微失衡的信息生态系统通过内部调节机制的作用有可能恢复平衡状态，但是这种恢复往往速度比较慢，周期比较长。运用人工调控手段对失衡比较严重的信息生态系统进行平衡恢复的过程中，系统内部调节机制也起到辅助作用，当系统在人工调控作用下而逐渐向平衡方向发展的过程中，内部调节机制的作用甚至有可能逐渐增强。运用人工调控，辅以信息生态系统内部调节机制对生态平衡进行恢复，可以取得更好的效果。

4 结　语

信息生态系统平衡意味着信息生态系统内部关系协调、系统结构合理、系统功能优化，是一种人们所追求的理想的信息生态系统状态。尚未达到平衡态的系统，希望其尽快实现平衡；已达到平衡态的系统，希望其保持平衡；已经失衡的系统，希望恢复其平衡。信息生态系统的平衡总是不断地受到挑战的，探索并掌握信息生态系统平衡的实现、维持和恢复机制，对信息活动健康、有序地开展具有重要意义。

参考文献

[1] 娄策群,赵桂芹.信息生态平衡及其在构建和谐社会中的作用.情报科学,2006(11):1606－1610.

[2] 曹凑贵.生态学概论.北京;高等教育出版社,2005:272.

[3] 娄策群.信息生态位理论探讨.图书情报知识,2006(9):23－27.

[4] 娄策群,周承聪.信息生态链:概念、本质和类型.图书情报工作,2007,51(9):30－33.

[5] 张久珍.网络信息传播的自律机制研究.北京:北京图书馆出版社,2005:84.

作者简介

赵云合，男，1971 年生，副教授，博士研究生，发表论文 10 余篇，出版著作 3 部；

娄策群，男，1956 年生，教授，湖北省电子商务研究中心主任，博士生导师，发表论文 140 余篇，出版著作 10 余部；

齐　芬，女，1985 年生，硕士研究生，发表论文数篇。

第五节 信息生态系统进化初探[①]

1 信息生态系统进化的概念

理想情况下，信息生态系统处于一种内部结构合理、运行高效、与外界环境协调统一的平衡状态。但是随着外界环境的变化，信息生态系统必须进行调整，使整体得到发展，从而继续保持与外界的平衡。信息生态系统进化是指信息生态系统通过优化自身内部结构和功能，系统整体从低层次平衡状态向高层次平衡状态发展的过程。这一概念包括以下几个基本点。

1.1 信息生态系统进化是信息生态系统达到一定程度的优化

一方面，必须将信息生态系统的进化和变化相区别。变化的方向是不定的，既可以向好的方向发展也可以向不好的方向发展，信息生态系统的进化是一种优化，就是说信息生态系统向着更佳的状态发展。例如，随着技术的发展和推广，很多用户可以通过网络发布各类信息，极大地提高了网络中的信息量。在这个过程中，一些人借助网络大量传播垃圾信息，造成网络信息资源污染，虽然网络信息从数量上看是增多了，但是我们不能把这称为优化。另一方面，要将信息生态系统的进化和一般的改善相区别。信息生态进化是具有较大程度的优化，程度较小的改善不能称之为进化。如某一机构只是对原有信息设备进行更新，并没有进行信息技术创新，也未优化该机构的各项信息功能，也不能称之为进化。

---

① 本文系国家社会科学基金项目“信息生态系统理论及其应用研究”（项目编号：08BTQ034）研究成果之一。

1.2 信息生态系统进化是系统整体的发展，局部发展只是进化的一部分

外界环境的变化会对信息生态系统内部各个要素产生一定影响，内部要素在适应变化的过程中不断发展。但是对于不同的要素，这种影响程度是不一样的，信息生态系统内，要素的发展具有不均衡性，这种不均衡性表现在两个方面：一方面，信息生态系统要素发展的速度不均衡。信息生态系统中，某些要素的发展速度较其他要素快。如信息技术的发展速度较快，而信息制度的发展则较慢。另一方面，信息生态系统要素对外界环境影响反应的敏感程度不均衡。信息生态系统中，某些要素对外界环境的影响反应较为敏感，而有些要素对外界环境的影响反应较为迟钝。这两方面的原因使信息生态系统就出现了局部发展的现象。局部发展是信息生态系统的进化的一部分，而不等于信息生态系统进化。信息生态系统的进化是全面的、综合的发展，不能用某一要素的发展作为判断信息生态系统进化与否的标准。当今社会中，信息技术经历了翻天覆地的变化，但它只是信息生态系统的一部分，整个信息生态系统的进化还要考虑信息法律法规的完善，信息伦理道德的加强等其他要素，而不能仅仅只考虑信息技术的变化[1]。

1.3 信息生态系统进化和平衡之间联系非常紧密，又互相区别

信息生态系统的进化建立在平衡之上，进化过程的完成以是否达到更高层次的平衡为依据，然而进化和平衡之间也存在区别。平衡是指信息生态系统中的信息人与信息生态因子协调统一，并与外部环境相适应。进化强调的是一种从低层次平衡向高层次平衡发展的过程。经过进化之后的信息生态系统重新达到和外界环境协调统一的平衡状态，但是这种平衡是内外环境变化之后系统获取的更高层次的平衡。如在信息技术发展之前，人们使用手工操作的方法进行信息传输、交流、存储等各项活动，虽然存在一定的缺陷，但是和当时的外部环境

基本适应，符合人们的日常习惯和实际的技术条件，基本达到了平衡状态。信息技术应用之后，原有平衡状态改变，外界压力迫使其更新现有信息技术设备，建立新的平衡。信息生态系统的进化以平衡为基础，进化的最终结果又是达到新的、更高层次的平衡[2]。

2　信息生态系统进化的机制（见图1）

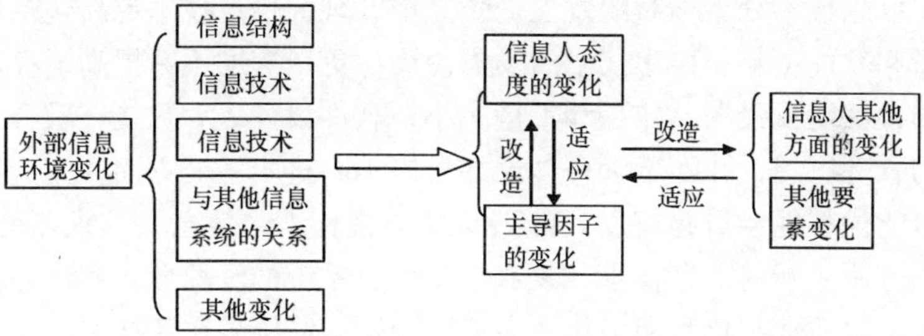

图1　信息生态系统进化机制

信息生态系统的进化是一个复杂和长期的过程，需要信息生态系统内外多方面的共同作用。

2.1　外部信息环境变化是信息生态系统进化的根本动力

信息生态系统处于外部信息环境的包围之中，从宏观角度而言，信息生态系统是整个社会系统的重要组成部分。一个健全的信息生态系统即使已经处于平衡状态也不会停止与外界的物质、能量交换和信息交流。信息生态系统必须与外界相适应才能得以生存和发展，信息生态系统与外部信息环境之间的不协调将使其失去生存和发展能力。外部信息环境是处于不断发展变化之中的，信息生态系统要提高自身与外部信息外界环境之间的适应程度，就必须不断评估自身在环境中的位置和作用，并根据外部信息环境的变化进行调整。因此，外部信息环境的变化可以带动或推动信息生态系统的进化，社会信息结构变化、信息技术更新、信息制度创新、与其他信息系统关系的改变等外部信息环境的变化是信息生态系统进化的根本动力。

社会信息结构主要有信息数量、信息内容和信息形成这三个方面。信息生态系统的基本功能是信息的流转，社会信息结构的变化必然会影响信息生态系统内部，如系统内部信息需求的变化，信息结构的变化，信息流转量与方式的变化以及信息收集处理的变化。这些变化进而会使信息人的思想观念发生改变，促使信息技术的更新和管理制度等方面的改变。

信息技术处于不断的发展变化之中，现代信息技术更新包括硬件更新和软件更新。科学技术的发展使硬件更新速度不断提高，存储量增加，性能更强大，体积和重量减小；软件设计更为智能，融合了先进的管理思想，并随着管理理论的发展不断进步。一方面，先进信息技术的优越性会引起信息人的兴趣和重视，满足信息人的求新心理；另一方面，新的信息技术会改变信息生态系统的资源形式和资源传递方式，也即数字化和网络化，促使信息生态系统采用新技术。

信息制度创新包括信息法规和政策的创新。信息制度能够指导信息人的各项行为，保障信息生态系统健康有序的发展。一旦外界环境中的信息制度及相关制度发生了变化，就会对信息生态系统产生影响。这种影响有两个方面：一是外部信息制度直接对信息生态内部的信息人行为、信息结构、信息技术和信息系统之间的关系进行调整；二是外部信息制度导致信息生态系统内部的信息制度建立与完善，从而间接调整信息生态内部的信息人行为、信息结构、信息技术和信息生态系统之间的关系。

信息生态系统之间的关系主要包括捕食、竞争、合作这三类。信息生态系统之间关系的变化，也会对信息生态系统进化产生较大影响。如两个信息生态系统成为了捕食关系，一个信息生态系统是捕食者，另外的信息生态系统是被捕食者。“被捕食”者进化发展了，“捕食者”也必须相应地进化发展。信息安全部门和“黑客”之间就是一种捕食和被捕食的关系。“黑客”组织攻击网络的技术越来越先进，手段越来越多样，信息安全部门也必须不断提高自身的技术和能力，应对黑客的攻击[3]。竞争关系是指若干信息生态系统拥有相似的信息生态位，必须争夺各种生存资源。信息生态系统之间成为了竞争关系，信息生态系统就要随时关注对手的情况。一旦对手发展变化了，信息生态系统自身也要进化提高，否则就会在竞争中失败。合作关系是指对信息生态系统双方都有利的关系，但这种关系并没有发展到相依为命的地步，如果解除这种关系，双方都能正常生存。两个信息生态系统成为了合作关系，也意味着双方要通过进化达到协调统一。如双方在信息技术上要兼容，信息制度协调，否则就会给合作带来阻碍。

2.2 信息人态度和主导因子的变化是信息生态系统进化的先导

虽然外部信息环境的变化为信息生态系统进化提供了动力，但不能直接引起信息生态系统进化。信息生态系统进化的外部动力首先作用于信息生态系统内部的主要方面，引起这些方面的变化，进而带动其他方面的变化。我们将对外部信息环境反应较快、在信息生态系统中首先发生变化且对信息生态系统其他方面影响较大的因素称为信息生态系统进化的先导因素。并认为，信息人态度的改变和主导因子的变化对信息生态系统进化具有先导作用。

信息人态度的变化是信息生态系统进化的思想先导，是信息生态系统进化的先决条件。信息人是信息生态系统的主体，信息人对进化的积极态度会促使其作出相应决策来推动信息生态系统的进化。外部环境中信息量增加、信息技术更新、信息制度创新、与其他信息系统关系的改变等会不断对信息人产生影响，一旦信息人将这些变化当作竞争压力，就会对信息生态系统进化采取积极的态度，十分关注外界环境的各种发展变化，主动寻求进化的机会，为信息生态系统带来活力，系统内部要素的发展速度提高，系统整体应对外界变化的能力也将增强。如果信息人对信息生态系统进化表现出一种消极回避的态度，希望停留在当前水平上，信息生态系统进化就不可能发生。

主导因子的变化是信息生态系统进化的事实先导，是信息生态系统进化的真正起点。主导因子是信息生态系统中对外界信息环境的变化较为敏感，且在信息生态系统内部影响面广、影响力大的信息生态因子。虽然信息生态系统进化必须有思想观念的转变，但不能仅仅停留在观念上，而是要落实到实际中，只有主导因子发生了变化，才是信息生态系统进化的真正开始，才会带动其他信息生态因子和信息人其他方面的变化。信息人若对外部信息环境的变化采取积极态度，首先会使主导因子发生相应改变来适应外界环境的变化。如外部信息环境中的信息量激增，为了满足信息生态系统的信息需求，信息人认清了这一态势，并认识到了增加系统内信息量的重要性，就会丰富信息收藏内容，增加信息的收藏量，改进信息收藏方法。这时，信息因子就成了信息生态系统进化的主导因子，信息因子的变化就成了信息生态系统进化的先导。在信息因子变化的带动下，其他信息生态因子和信息人的其他方面可能会发生变化。

在大多数情况下，信息人态度变化在先，主导因子变化在后。在某些情况下，也可能是主导因子的变化在先，信息人态度变化在后，即外部信息环境的变化也会直接引发信息生态系统中主导信息生态因子的变化，进而影响信息人的态度。

2.3 其他要素的适应性改造是信息生态系统进化的实现过程

信息人态度的变化和主导因子的变化会影响信息生态系统中的其他部分。先导要素的发展造成信息生态内部要素之间的差距，引发一些不可调和的矛盾。要解决这些矛盾，就必须消除或者减小要素之间的差距，以达到互相协调的状态。信息人的态度和主导因子变化后，需要改造信息人的其他方面和其他因子，使信息人的其他方面和其他因子适应这种改变，实现信息生态系统各要素的相互协调，达到信息生态系统更高层次的平衡。如信息生态系统中的信息技术作为先导因子首先发生了变化，信息人的态度虽然已经发生了改变，但是其他的方面还没有适应主导因子的发展，还不足以使信息生态完成进化。因此信息人还必须掌握更加先进的信息技术，适应新的信息管理制度，改变自身原来的工作方法等；信息生态系统的其他方面也需要进行调整，如机构内部结构的调整，机构信息制度的更改等。

适应和调整是一个循环往复的过程，持续时间根据信息生态系统自身条件的不同而不同。先导因素的变化促使信息生态系统中信息人的其他方面和其他因子发生改变，信息人的其他方面和其他因子不断适应先导因素的变化，直到达到平衡。信息人的其他方面和其他因子的适应性改造完成后，信息生态系统的进化过程也宣告完成。

3　信息生态系统进化的形式

信息生态系统在实际的进化过程中，包含着不同的进化形式，各种进化形式交替甚至是同时进行。

3.1　突变式进化和渐变式进化

根据一定时间内信息生态系统变化的大小，可以将信息生态系统进化分为突变式进化和渐变式进化。

突变式进化中，信息生态系统在短时间内会发生较大的变化，是没有过渡而直接发生的。这种进化的形成有内外两种原因：一种是由于信息生态系统内部某一主导要素发生了突然的变化。这种主导要素对系统内部其他要素的影响非常大，因此也会影响其他要素的发展，从而促使整个系统在短时间内发生了突变进化。如某企业应用了信息管理系统，就需要对企业人员进行培训，使其掌握一定的信息技术。同时还改变企业原有工作的方法，从手工操作向信息化发展。另外一种是由于外界环境突然变化，信息生态系统为了适应外界环境，就必须在短时间内进行转变，以便能够获取信息和能量。如现在很多用户获取新闻消息的主要渠道不是报纸和电视这些传媒信息生态系统，而是通过网络信息生态系统来获取。传媒信息生态系统向网络信息生态系统发展时，需要招聘相应的技术人员，原有工作人员也要进行相应培训，逐步适应和掌握网络信息技术。

与突变式进化相比，渐变式进化中，信息生态系统的变化较为缓慢，进化过程经过了一系列稳定性结构逐渐实现质变，存在着过渡阶段。渐变进化过程中，信息生态系统的发展有较为清晰的目标和规划，系统内各部分也有自身的发展变化轨迹，达到互相协调的状态。与突变式进化类型相比，渐变式进化类型较易于预测，规律性较强。渐变式进化的速度相对缓慢，可以给信息人足够的时间去适应系统的变化。

3.2　直线式进化和波浪式进化

根据信息生态系统进化过程中未知因素的多少，可以将信息生态系统进化分为直线型进化和波浪型进化。

直线式进化过程中，信息生态系统所处的条件对进化极为有利，阻力相对较小。这种发展类型要求信息生态系统进化的条件非常充分，如有很多相关的经验可以借鉴参考，进化发展目标清晰明确，信息生态系统内各部分都存在较强的进化意愿并且有充分的资源作为进化时的能量消耗等。直线式进化过程中也会遇到问题或困难，会延长信息生态系统进化的时间，但不会使信息生态系统进化的方向改变。

与直线式进化相比，波浪式进化在进化过程中所遇到的阻力要大得多，信息生态系统进化会出现中断甚至倒退的现象。当信息生态系统进化经验不足，进化发展目标不明晰，信息生态系统内部进化意愿不强或者资源保障不充分的情况下，都有可能出现波浪式进化类型。进化过程中遇到的问题和困难多而且复杂，甚至会中断信息生态系统现有进化过程，信息生态系统要想继续进化就必须调整整体发展方向和手段。从整体来看，信息生态系统的过程处于不断的摸索中，会有中断、倒退的现象，发展的道路是曲折向上的。

4　结　语

信息生态系统的进化既是自身的一次飞跃，同时也会给外界环境带来一定的影响。信息生态系统的进化需要一定的动力。要促进信息生态系统的进化就必须增强动力，减小阻力。信息生态系统进化的形式多种多样，必须根据外界环境和信息生态系统自身的具体情况进行判断，进化过程往往是多种进化类型共同作用的结果，必须根据信息生态系统所处的具体环境来选择最有利的进化类型。

参考文献

[1] Lenz R, Kuhn K A. Towards a continuous evolution and adaptation of information systems in healthcare. International Journal of Medical Informatics, 2004,73(1):75 -89.

[2] Azad B, Faraj S. Making e-Government systems workable: Exploring the evolution of frames. The Journal of Strategic Information Systems, 2008,17(2):75 -98.

[3] 张福学. 信息生态学的初步研究. 情报科学, 2002(1):31 -34.

作者简介

娄策群，男，1956 年生，教授，湖北省电子商务研究中心主任，博士生导师，发表论文 140 余篇，出版著作 10 余部；

杨小溪，女，1983 年生，博士研究生，发表论文多篇；

王薇波，女，1983 年生，硕士研究生，发表论文多篇。

第六章　信息生态系统构建理论研究

信息管理领域对信息生态理论的研究建立在信息科学和生态学的学科基础上，利用生态学的观点和方法，研究信息生态系统的构成因子、因子之间的相互作用、信息流和能量流的传递以及信息生态系统的合理构建和优化等问题。对信息生态系统的研究是将人和社会组织以及所处的信息环境作为一种普遍的生态现象来研究，这种全新的理念为现代信息科学研究提供了有效的理论方法和技术支持。

国外学者对信息生态系统的研究涉及到信息生态系统的相关概念、研究方法、宏观理论体系框架以及信息生态系统在微观层面的具体应用等方面，同时，还对人、社会环境以及信息技术之间的关系进行了深入分析。国内学者主要针对信息生态学的概念、信息生态平衡、网络信息环境、信息生态系统的构成、企业信息生态模型、大众传播生态等问题进行研究。

从内容上看，信息生态系统构建的理论研究应在以下几方面进行拓展和深化：①信息生态系统的构建机理。需要进一步研究信息、人、信息环境等要素的功能及其相互作用关系，进而探究信息生态系统的结构层次及其形成条件、构建机理、构建模式等问题。②信息生态系统的运行机制。信息生态失衡的核心原因分析、和谐信息生态系统构建的关键因素等都需要通过运行机制的剖析来破解，为此要对信息生态系统各要素的运作规律和过程进行研究，探究信息流和能量流在信息链中流转的规律和方式，得出运行机制。③信息生态观指导下的信息生态系统信息组织模式与策略。通过对信息链的分析以及信息链节点触发信息生态失衡的认识，对信息组织方法、原则、策略进行新的探索，以促进各种信息群落的生态平衡为目的，研究信息组织生态模式，探讨信息组织生态模式的功能、成功条件和实施策略。④信息生态系统下知识管理的模式与策略研究。基于知识管理及信息生态系统的理论，研究信息生态系统知识化的特点以及信息生态系统下知识共享和知识创新的内容及过程。⑤信息生态系统下信息资源优化配置的模式和策略。从信息资源优化配置的角度探讨信息生态系统在企业和经济运行过程中的作用，以企业信息群落为核心，研究信息生态系统下信息资源优化配置以及为企业和社会创造可持续发展的信息环境的策略和模式。⑥构建和谐信息生态系统的战略与对策研究。研究实现信息生态系统的平衡及和谐与可持续发展的战略、对策、措施等。⑦信息生态系统的评价理论与方法。研究信息生态系统的影响因素、评价标准、评价指标体系及评价方法等问题。

2008 年笔者所在课题组承担了国家社会科学基金项目“信息生态系统构建的理论与应用研究”，在现有国内外信息生态系统和信息生态学研究成果的基础上，在上述范畴内开展了研究。本专题发表的 4 篇论文涵盖了其中的部分内容：《信息生态群落演化机理研究》综合运用系统论、协同论、信息论和突变论等相关原理对信息生态群落的演化机理进行了探讨；《企业信息生态系统的解构及三元性分析》对企业信息生态系统结构进行了解析，揭示系统稳定发展、自主创新的特质；《信息生态系统的信息组织模式研究》界定了信息生态系统的构成成分、信息链结构和层次结构，提出了信息生态系统信息组织的模式；《电子商务信息生态系统的构建研究》基于系统理论和信息生态理论，对信息场、信息生态链和信息生态圈进行着重分析，进而构建出电子商务信息生态系统。

希望本专题研究成果的产出能够丰富和推动信息生态系统构建理论的发展，并期望能够与相关研究领域的专家学者切磋、讨论，推动学术研究的逐步深化。

吉林大学管理学院教授、博士生导师
靖继鹏

第一节　信息生态群落演化机理研究*

1 引　言

1.1　研究背景

近年来，信息生态研究已经成为国际重要的学术研究领域。目前，国外学者对信息生态系统的主要研究方向为信息生态系统的相关概念、研究方法、宏观层面的理论体系框架以及微观层面的具体应用等，并且取得了一定成果。例如：Atheide D L 研究信息传播过程中的生态问题，强调要确立媒介与环境、人与自然和谐相处的新型价值观和资源观[1]。Nardi B A 与O’Day V L 将信息系统定义为特定环境里由人、实践、价值和技术构成的一个系统，并提出系统里占核心地位的是由技术支持的人的活动[2]。

我国对信息生态学的研究始于20 世纪90 年代，主要对信息生态学的概念、信息生态系统的构成问题、社会信息环境等问题进行研究，也取得了一定进展。例如：张新时院士在国内首次提出信息生态学的概念，但其研究主要是生态学领域，倡导运用信息技术对自然生态系统进行分析；蒋录全应用信息生态理论对企业信息生态模型进行了研究，认为企业信息生态圈具有实现和完善企业信息流动、循环的功能[3]。总体来讲，对信息生态的研究正逐渐成为我国学术界的研究热点，但在系统性和科学规范性上略显不足。本文主要运用生态学的相关原理对信息生态群落的演化机理进行剖析，不仅为我们研究整

---

* 本文系国家社会科学基金项目“信息生态系统构建的理论与应用研究”（项目编号：08BTQ033）研究成果之一。

个信息生态系统提供一个全新视角，也在一定程度上丰富和完善了信息生态学科的建设。

1.2 信息生态群落演化机理相关概念引入

1.2.1 信息生态群落

• 群落。群落是一个生态学概念，亦称生物群落，是指特定空间或特定环境下生物物种有规律的组合[4]，是一个生态系统中有生命的部分，其内部的生物种群必须相互协调、平衡，并且共同适应它们所处的无机环境。

• 信息生态群落。本文中提出的信息生态群落，是一个综合生物学和信息学的概念，它是指由相关的信息资源及信息人在信息技术、信息政策等特定信息环境和区域内集聚形成类似自然生态群落的组织形态，它是介于宏观信息社会和微观个体信息生态系统之间的中观信息生态系统。

1.2.2 群落演化机理

机理是指为实现某一特定功能，一定的系统结构中各要素的内在工作方式以及诸要素在一定环境条件下相互联系、相互作用的运行规则和原理。演化理论认为，演化的实质是处于环境中的主体从一种状态向另一种状态的变化，而主体演化的过程就是这个主体在环境中的“变异—检验—保留与传衍”的过程，或者说是环境对主体的“自然选择”过程[5]。我们提出的群落演化机理就是群落与其环境相互作用并实现“筛选”这一复杂过程的实质和原理。

2 信息生态群落演化主要机理

这里以社会信息学、协同学、系统论、突变论等为基础，从信息生态群落的角度来分析群落演化中的主要运行机理，并进一步阐述各机理之间的作用关系。

2.1 信息生态群落社会传播机理

2.1.1 信息集聚理论

信息生态群落存在集聚效应。信息在信息人和信息环境的作用下，会朝着与自身相匹配的方向运动，形成信息集聚。群落内部共享信息本身、信息载体、信息传播介质、信息技术、信息政策等，进而实现规模效益递增。此外，集聚的信息达到一定规模后，信息人会在已形成的信息条件下对信息群体中有用的信息进行筛选、总结、学习，进而实现信息创新。信息环境中信息技术的发展，使得信息集聚与扩散的时效性增强。

2.1.2 信息社会传播理论

信息社会传播是指人类社会中个体自身以及个体之间相互传递、接受信息的行为、活动和过程，主要包括信息接收、信息传播和信息反馈三个阶段。在这几个阶段中，信息人不是在被动的接收、传播和反馈，而是具有一定的能动性，掺杂进自身的认知、情感等因素，主动地对自身有价值的信息进行收集、内化，并按照自身意愿对信息进行回复，整个过程具有社会性[6]。

2.1.3 信息生态群落社会传播机理运行机制

信息生态群落社会传播机理的具体运行过程如图 1 所示：

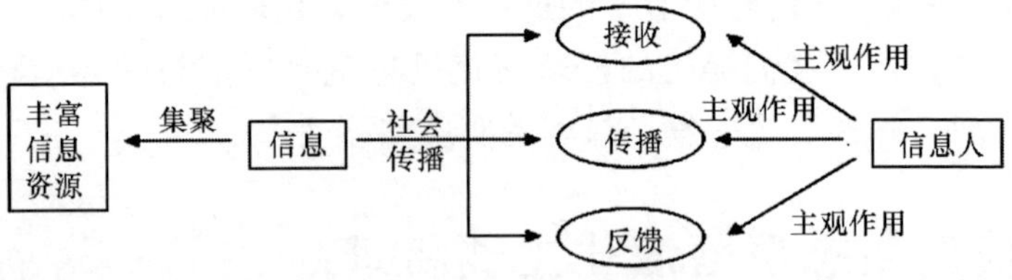

图 1　社会传播机理运行过程

信息的集聚与传播形成的信息资源网络逐渐扩大，向整个信息生态群落演化。由于信息集聚，信息群落的规模不断扩大，其产生的规模效应给群落中的各个主体都带来好处，可以减少信息收集、检索和应用的成本，因此，成为了形成信息生态群落的向心力。

信息在传播过程中，充分体现了其社会性，生态群落在这一社会性传播的过程中得以演化。信息人在传播信息时，受到群落信息文化的影响，会形成自身的主观判断，进一步造成信息在传播过程中被放大或缩小，或对信息的传播速度产生影响，从而生态群落的动态进程被提前或滞后。信息在社会中的集聚与传播实现了信息在群落内的共享，是促进信息按特定方向运动的主要力量，也是形成信息生态群落的动力。

2.2 信息生态群落的支配机理

2.2.1 信息位及信息位分类

信息生态位是指具有信息需求且参与信息活动的个人和社会组织在由其他信息单体、信息内容、信息技术、信息时空、信息制度等信息环境因子构成的信息生态环境中所占据的特定位置[7]。文中定义的信息位概念，指由信息重要性、有效性、完整性不同所决定的信息在信息生态环境中的特定位置。信息位越高，对信息系统作用力越强。

信息按信息位从高到低分为以下几种：核心信息、优势信息、常规信息、无效信息以及由于信息环境突变产生的偶见信息和对群落发展起负作用的冗余信息，这两类信息通常没有确定的信息位。

2.2.2 群落序参量

序参量是大量子系统集体运动的宏观整体模式有序程度的参量，是为描述系统整体行动而引入的宏观参量。一方面它是系统内部大量子系统集体运动（相互竞争和协同）的产物；另一方面，序参量一旦形成后起着支配或者役使系统子系统的作用，主宰着系统整体演化过程[8]。

在信息生态群落中，群落序参量是指影响群落整体演化方向和演化过程的参量，它在群落中处于核心信息位。其产生主要有两种途径：①是系统自发产生；②在系统临界状态时人们有意识地选择、培育序参量，这种方法发挥了人的主观能动性，使群落朝着期望的方向发展。

2.2.3 信息生态群落支配机理运行机制

如图2所示，群落序参量支配着群落中信息人的决策，信息人按照序参量的要求进行信息生产、传递、消费、分解，其本质目的是使整个群落朝着预期的方向发展，因而在其对信息的接收、筛选过程中，都受到序参量的支配，保留有用的信息，删除冗余信息，最终满足序参量的信息要求。此外，信息环境的发展变迁需要以群落序参量为标准，适应群落序参量的发展要求，为其服务。因而从整体上看，序参量支配着信息、信息人和信息环境交互作用过程。

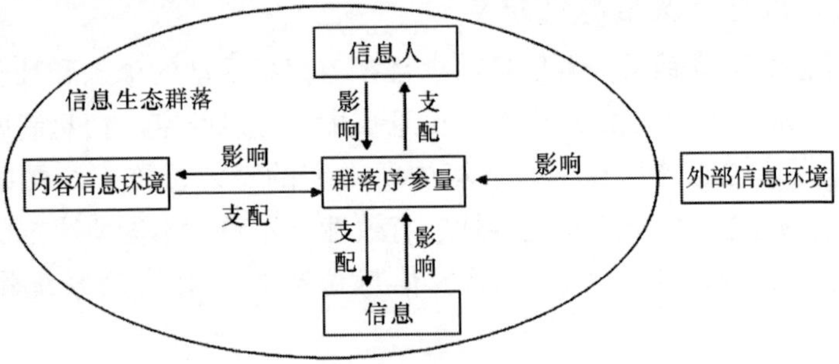

图2 支配机理运行过程

此外，信息的支配机理还包括高信息位的信息支配低信息位的信息。具体来讲主要是指核心信息支配优势信息，优势信息支配常规信息。此外，还存在偶见信息支配群落信息的情况，如群落内部或者外部信息环境发生重大变化，信息技术创新、信息政策突变等都将支配群落内部信息、信息人、信息环境等的调整以适应变化。

2.3 信息生态群落的协同机理

2.3.1 协同概念

“协同”亦称协同效应，是指由于协同而产生的结果，指在复杂开放系统中大量子系统相互作用而产生的整体效应或集体效应。在整个自然系统和社会系统中，均存在协同作用。协同是系统趋向有序化的内动力，它可以使得系统从无序到有序演化。按照哈肯的观点，所谓协同，就是系统中诸多子系统的相互协调、合作或同步的联合作用、集体行为。本文中的协同指广义的协同，既包括协作也包括竞争[8]。

2.3.2 信息生态群落协同机理运行机制

按照协同的广义定义，信息协同主要包括信息竞争和信息协作，其具体的运行过程如图 3 所示：

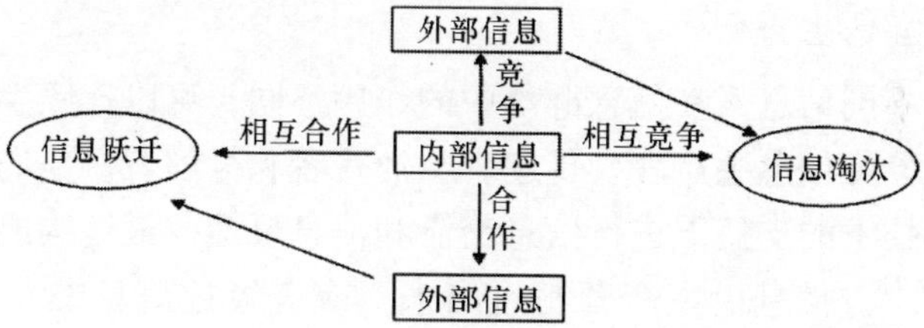

图 3　协同机理运行过程

这里说的信息竞争是指信息生态群落内部或者内部与外部的同类信息之间，由于准确性、完整性的不同以及信息内容冲突所导致的竞争。信息协作是指由于信息自身的完备性、有效性和准确性的限制，任何信息都不能完全满足整个群落的要求，因而群落内部及内部信息与外部信息之间的集成和互补，会大大提高信息的丰裕程度和信息的有效性。

具体来讲，信息生态群落内部存在各个子群落，它们的子目标并不完全一致，因而导致不同子群落中信息人对同一事件所提取的信息并不相同甚至相互冲突。各个子群落的不同信息之间相互补充时，产生内部信息协作，完善信息资源；相互冲突时，产生信息竞争，此时需对冲突信息进行分析、选择，淘汰冗余信息。此外，信息生态群落本身受到外部信息环境的影响和制约，内外部信息之间也会产生信息协作和信息竞争。例如，外部政策发生变化时，群落内部需要对内部信息与外部政策信息的适应性进行分析：当两者相互适应时，内外部信息产生合作，丰富完善群落信息。当补充完善后的信息重要性和作用效果达到一定程度时，信息实现向更高信息位的信息跃迁；当两者不相适应时，将产生信息竞争，群落内部的信息人根据信息群落要求以及自身掌握信息的丰裕程度、感知能力和信息处理能力，对产生冲突的信息进行辨别和选择，淘汰无用和错误的信息，使群落适应整个信息生态系统的发展要求。

2.4 信息生态群落的互动机理

2.4.1 信息生态链

按照不同信息人在信息群落中的作用不同，可以比照生态系统的划分将其分为信息生产者、传递者、消费者和分解者，他们在信息内容和信息技术的支持下进行信息交流和信息反馈，最终构成了整个信息循环链[9]。信息由生产者制造出来，或者经过信息中介（信息传递者、信息分解者）到达信息消费者，或者直接到达信息消费者。信息可以经由信息传递者提供给信息分解者，而分解者将加工、整理、提炼后的信息提供给消费者使用。四者之间进行信息交流、反馈，形成互动、双向的信息循环，它们之间既有明确的角色界限，又相互寄生、转化，在不同的阶段和场合可能扮演不同的角色。

2.4.2 信息生态群落互动机理运行机制

信息生态群落中各个要素之间相互互动的作用过程如图 4 所示：

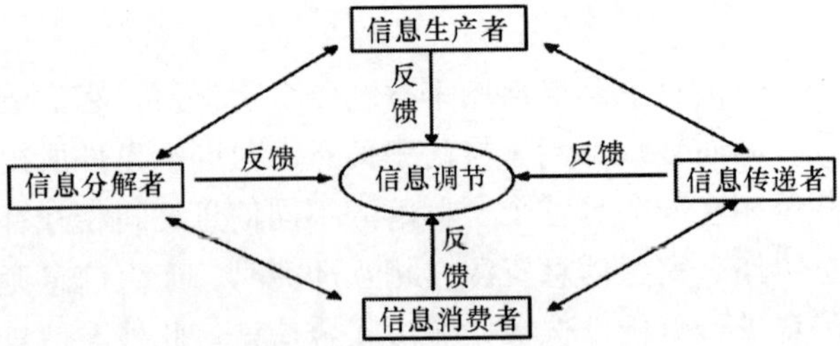

图4　互动机理运行过程

在整个信息生态链的循环过程中，信息生产者、信息传递者、信息消费者和信息分解者之间并非单向流动关系，整条链上各种要素之间存在反馈互动机制。在每个环节上，信息人根据自身所处的信息环境以及自身拥有的信息情况，对信息的有效性以及完整性等做出反应，同时将反应信息反馈给相应的信息人，信息人根据该反应对信息做出调整完善，最终达到整条信息链的完善和自我调节。

同时，不同信息位之间也存在信息互动，低层信息可以通过信息人实现信息反馈，高层信息根据反馈结果掌握群落低层系统运作情况，进而做出信息反应，使不同层次信息之间能够相互协调，使整个群落在演化过程中同步。

此外，信息和信息人之间的互动可以促进信息优化、提高信息人信息、知识的丰裕程度，进而促进信息决策。信息人影响到信息环境的变化和发展，信息人能够研发、改进信息技术，促进信息技术的发展；反过来，信息技术又可以扩展信息人的能力，提高信息人对信息的获取、传递、加工、处理的能力。

2.5 信息生态群落的突变机理

2.5.1 突变理论与耗散结构理论

突变理论是耗散结构理论的分析工具，主要描述系统定性性质方面的变化。突变理论认为，突变主要可以分为两种：系统遭到破坏而不可逆转的让位于另一系统的平庸型突变；在渐变的过程中，由于临界点处参数的微小变化引起的系统明显大幅度变化的突变。突变论主要研究后一种突变，并用其来解释系统跃迁演化的过程[10]。

耗散结构理论主要探讨一个系统从混乱无序的状态向稳定有序的状态演化的机理、条件和规律。它认为：一个远离平衡态的开放系统在与外界相互作用的过程中，当其中某个参量变化达到一定临界值时，通过涨落发生突变，就有可能从原来混沌无序状态变为一种时间、空间或功能有序的新状态。一个系统形成耗散结构必须满足以下条件：①系统是开放的；②系统存在非线性作用机制；③系统处于远离平衡态；④系统是非稳定的，并通过涨落形成有序[11]。

2.5.2 信息生态群落安全弹性

信息生态群落安全弹性是指群落在受到外界环境（冗余信息、信息环境）一定程度的干扰和破坏后，可以通过自身的适应能力对群落的稳定性和安全性进行调整的程度。群落安全阈值可以用来衡量群落的安全弹性，安全阈值越大，群落自我调节、自我维持及其抵抗各种干扰和压力的能力越强，群落的稳定性越好。在群落的安全阈值内，适度的冗余信息和信息环境的变化不超过群落自身的弹性限度时，群落自身可以调节适应，群落的有序程度在一定的偏离后会恢复甚至超过原来水平，但是超出群落安全阈值的严重干扰则会对群落的稳定性造成巨大破坏，甚至导致群落结构崩溃。

2.5.3 信息生态群落的耗散结构特征

信息生态群落作为组织和外部进行信息、能量交换的服务系统，本身是开放的。此外，信息群落内部存在着不同信息单体信息充裕程度不同的不平衡状况，群落受内外部各种波动影响，本身并不稳定并远离平衡态，而群落内外部随机性的涨落一旦超过群落安全阈值，必然导致群落宏观结构和整体功能发生突变，最终导致信息生态群落的突变性演化，使群落进入新的结构中去，这种由量到质的变化是群落运行非线性的表现。

2.5.4 信息生态群落突变机理运行机制

信息生态群落的突变机理会促进群落演化和群落的层次跃迁，其具体作用过程如图5所示：

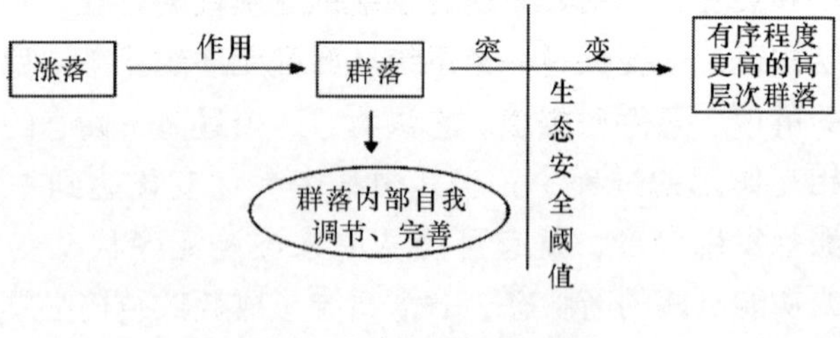

图5 突变机理运行过程

耗散结构理论认为，一个系统的稳定有序结构形成要依赖于随机涨落，涨落可导致有序的自组织机制。在信息生态群落中，信息环境的变化会引起涨落的发生，正常情况下，小的涨落不会使体系发生突变，但可以调整群落的局部功能和微观结构的不完善之处，增强群落有序程度，偶发性的涨落，会被复杂的大系统耗散掉。当群落发展达到突变临界值，即群落的有序程度接近更高层次跃迁要求时，涨落会被系统的不稳定性放大，大到足以影响体系的整体功能和宏观结构时，群落体系会发生突变，破坏原有的平衡，跃迁到一个新的稳定有序状态。这个过程在群落的演化过程中将会不断循环，群落逐步向更为有序的状态演化。

3　信息生态群落主要演化机理交互作用关系

3.1　信息生态群落演化机理的交互作用过程

在群落演化过程中，各种机理在特定信息环境中相互作用，进而促进群落有序程度上升（见图6）。群落序参量在群落演化过程中占主导地位，从微观来看，支配机理是群落演化的内动力，通过信息竞争和协同，消除冗余信息，实现信息跃迁，社会传播机理实现了群落内外部的信息共享，并为其他机理提供了基础。

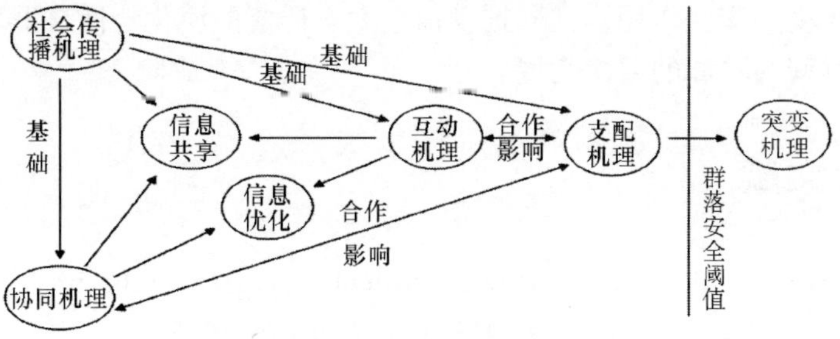

图6　演化机理交互作用过程

支配机理与协同机理相互合作，相互影响。高位信息支配低位信息的同时，信息之间存在信息协同，使得信息在传递的同时得到优化。信息社会传播机理与互动机理相互作用，会使信息交流的效果更加明显。信息互动机理是信息生态链上各个主体之间的相互交流、互动，而该生态链上的信息传递，受到信息的社会传播机理影响。信息的互动机理促进信息社会传播机理的有用性，二者共同作用完成了信息的有效传递。总体来讲，互动机理和协同机理实现了信息优化，协同机理、互动机理和社会传播机理共同实现信息共享，从宏观层次来看，突变机理实现了信息生态群落演化过程中的整体跃迁。突变机理与以上各个机理共同作用，当各个机理作用超过群落安全阈值之后，会给信息生态群落带来质的变化，完成此群落由低级向高级的跃迁。

3.2　结论

本文主要通过论述，总结出群落演化过程中的主要机理。社会传播机理，推动群落形成和演化；支配机理，按照群落序参量要求，完成信息由高位向低位的传递；协同机理，可以通过信息竞争实现冗余信息淘汰，通过信息合作实现信息完善和信息跃迁；互动机理，通过信息生态链上信息的反馈互动，达到群落信息资源的优化；突变机理，信息生态群落具备耗散结构特征，群落在外部随机涨落的作用下，超出安全阈值的涨落会引起群落结构突变，进而向新的有序结构跃迁。此外，各个机理并非单独作用于信息生态群落，而是在一定的信息环境下交互作用，共同推动信息生态群落的演化，使该群落按一定的过程向更高的层次发展。

参考文献

[1]　Atheide D L, An ecology of communication: Cutural formats of control. Harvthorone, NY: Aldine de Gruyter, 1995.

[2]　Nardi B A, O' Day V L. Information ecologies: Using technology with heart. Cambridge: MIT Press, 2002.

[3]　蒋录全,邹志仁. 信息生态学—企业信息管理的新范式. 图书

情报知识,2001(3):2-6.
[4] 李振基,陈小麟,郑海雷. 生态学(第三版). 北京:科学出版社,2007.
[5] Wlliam P B, Robert A B. Evolutionary perspectives on strategy. Strategic Management Journal,1996,17(1): 5-19.
[6] 敬璐. 信息传播价值与信息传播选择[学位论文]. 乌鲁木齐:新疆大学,2008.
[7] 刘志峰,李玉杰. 信息生态位概念、模型及基本原理研究. 情报杂志, 2008,27(5):28-30.
[8] 吴彤. 自组织方法论研究. 北京:清华大学出版社,2001.
[9] 郭吉晶. 企业信息生态系统的构建与发展策略研究[学位论文]. 长春:吉林大学,2009.
[10] 吴彤. 突变论方法及其意义——系统演化路径研究. 内蒙古社会科学,1999(1):26-32.
[11] 任福珍,卢桂兰. 情报信息系统的耗散结构分析. 情报杂志,2004(10):71-72.

作者简介

李北伟，男，1963 年生，教授，博士生导师，发表论文 30 余篇。

靖继鹏，男，1942 年生，教授，博士生导师，发表论文 70 余篇。

王俊敏，女，1987 年生，硕士研究生，发表论文 1 篇。

龚　健，男，1987 年生，硕士研究生，发表论文 1 篇。

第二节　企业信息生态系统的解构及三元性分析

随着经济全球化趋势增强，知识经济和网络经济蓬勃发展，世界经济正朝着知识化和生态化发生巨大的转变。其一，智力资源逐步替代物质资源参与到企业的经营活动中；其二，企业也遵循生态规律，按照自然资源和市场容量的情况而发生经济活动，即企业的成长空间由环境资源容量来决定，二者同时发生、相互促进、相辅相成，形成一股不可抗拒的历史潮流。在此背景下，诞生了企业信息生态系统，不仅帮助企业扩大了可利用的生态空间，提升企业竞争力，更加展现了发展企业信息生态化的新途径和新方法。

企业信息生态系统是近年来新生的一种企业运作系统，国内外学者围绕这一热点问题开展研究，对信息生态学、企业信息化及生态系统理论进行了系统性和全面性的阐述，但关于企业信息生态系统的研究成果仍然非常稀缺。本文站在信息生态角度对企业信息生态系统进行解析，究其本质是由信息、生态、系统这三大基础元素构成。信息是主体，是生态系统传递的客观内容；生态是尺度，是系统运行的潜在规则；系统是基础，是一切元素构成的整体集合。三大元素的结合构成了企业信息生态系统的基本框架，为未来研究系统内在机理、运行机制、运行模式等相关理论与方法提供理论基础。同时，对于挖掘企业信息生态系统的内在潜力、探讨其演化特性起到抛砖引玉的作用。可见，对企业信息生态系统的信息、生态、系统三元性研究是十分必要的，为今后企业信息生态系统的健康发展推波助澜。

1　企业信息生态系统的解构

企业信息生态系统是由企业中的人、信息、技术、实践构成的一个系统，它以企业为个体元素进行各种商业活动与信息交流。它是围绕着企业的生产经营活动所发生在企业内部及其与外界环境之间的能量、物质、信息交换和转移的过程。企业信息生态系统是一个具有多样性、复杂性的动态系统，系统中的人、信息和技术等组成要素在持续变化的环境中协同发展。传统形式下，企业为了争夺资源和市场而进行破坏性的竞争，以牺牲他人为代价而生存。如今，站在信息生态系统的角度来看，企业之间达成合作、共生，形成一种基于产品、技术之上的增值服务，是信息生态系统发展过程中必然出现的结果。

企业信息生态系统是一种新生的企业运作系统，这方面的研究成果非常稀缺，其系统构建也是基于逻辑模型进行研究。从系统运作角度，可将其细化为生态信息管理子系统、生态资源调度子系统、生态因子自我调节子系统、生态决策评价子系统。而从整体、全面归纳来看，企业信息生态系统实际上就是由系统、信息、生态三大要素构成。系统即为管理子系统、调节子系统、决策评价子系统[1]；信息即为企业需求信息、企业传播信息、外界生态环境信息；生态即为生态资源、生态因子、生态平衡、企业生态决策。因此，系统、信息、生态便是企业信息生态系统的具体化、缩影，企业与企业之间、企业与外部环境之间便是通过这三者的集合进行着相互作用，如图 1 所示：

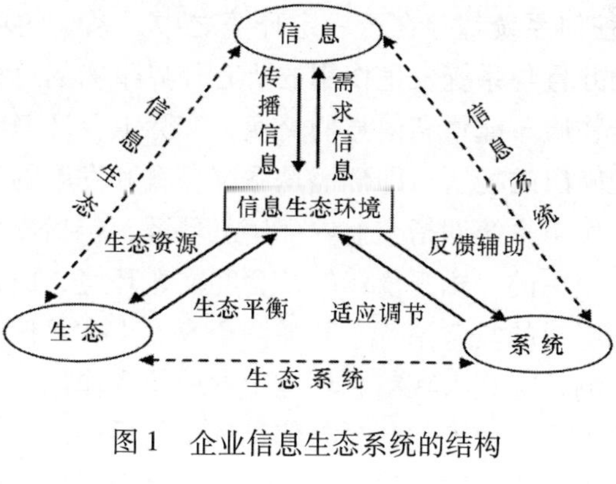

图 1　企业信息生态系统的结构

由此可见，系统、信息、生态是构成企业信息生态系统的三大重要基本要素。信息在整个系统中无处不在，根据不同的信息类别与不同的信息需求者进行信息交流，它是系统运行的粘合剂；生态是企业个体之间、企业与外界环境之间共进、衍生的生存状态，它们相互辅助、协调，最终达到生态平衡、长久发展的目标，是系统的灵魂支柱；系统，即为企业运行的整体、集合，是企业与外界环境接触的界面，同时是信息和生态运作的基础、展现的平台。

所以，企业信息生态系统的良性运行是需要系统、信息、生态三者相互促进、和谐统一，才能实现企业长久发展、环境绿色健康。同时，为了更好地挖掘企业信息生态系统的潜力，对系统性、信息性、生态性的研究也是十分必要的。

2 系统性

"系统"一词来自拉丁语"Systema"，即"群"或"集合"的意思。它早在古希腊就已出现，原意是复杂事物的总体，不过在当时尚未成为一个具有确定科学含义的概念[2]。英文一词具有体系、系统、体制、秩序、机构、组织等含义。中国学者钱学森认为系统就是"由相互作用和相互联系的若干组成部分结合而成的具有特定功能的整体，而且这个系统本身又是它所从属的一个更大系统的组成部分"。同时，任何系统都存在于一定环境之中，系统的环境是指存在于系统之外的并且与系统发生作用的所有外界事物的总称。系统和环境之间存在着物质、能量和信息的交换，实际上，环境就是为系统提供输入或系统输出的场所，即环境是系统存在和发展的条件。

企业信息生态系统即指企业内部信息环境，包括许多影响信息的创建、分布和使用的、相互依赖的社会和文化环境，由人、惯例、价值及技术共同组成的复杂系统。其强调企业、人类与信息环境之间的相互作用和影响，考察人在信息环境中的地位和作用，探讨企业发展与信息环境的关系，使人类社会与信息环境的发展能够协调一致。

企业信息生态系统的主要特征为：①共享命运。即整体上企业间"相互适应、共享资源"，由传统形式下你死我活的竞争转变为"双赢"式的竞争合作，虽然企业在资源和利益分配方面存在竞争，但因为有着共同做大市场的愿望，而能在竞争的排斥力下共处，达成信息协同，实现长远持续发展。②创新性和演化性。一个健康的信息生态系统是动态发展、自主创新、处于不断演化当中，具有适应和进化能力。基于企业生态链的合作既可以使企业实现资源互补，又可以发挥自身的核心专长，挖掘较强的创新潜力，加强了企业信息生态系统内部机制创新，发挥成员的创造性和潜力，达到协作创新、共同进化的目标[3]。③地域性和情境性。信息生态系统与不同的信息环境相对应，信息环境作为社会环境的一个重要组成部分，必然受其所处的政治、经济、文化等社会环境以及自然环境的影响与制约，从而体现着不同特色的地域性特征。而企业信息生态系统中的人或技术在不同的情境会发挥不同的作用，也可以对自己所在区域的生态施加影响，这也是生态区域之外的人无法办到的。

企业信息生态系统中各个组成部分之间存在强大的相互联系和相互依赖性，一个生态要素所发生的变化会影响到整个系统，一个企业的变化也会影响到整个行业、整个生态环境的改变。因此，企业之间只有通过不断的“适应、利用、改善”的过程实现生存、成长、回报、获取继而再发展，才能实现企业个体系统的通畅运行、企业种群系统的持续开拓、整个信息生态环境资源均衡，这不仅创造了一种新的企业管理战略，同时回报给社会一个协调、稳定、共生的企业发展最佳方案。

3 信息性

近阶段，以信息技术为先导的高新技术革命正在引发企业生产、管理、决策的重大变化，企业作为社会经济的重要组成部分，它的发展与社会变革息息相关，以致企业信息化是跨越信息经济时代的重要特征。企业信息化通过充分开发和利用内、外部信息资源与人力资源，建立相适应的组织模式与运行模式以及综合的企业管理信息系统，提高了信息资源利用率、扩大了企业竞争领域，最终实现企业管理模式的变革。

在进行企业信息化改造时，企业管理信息化和企业流程重组之间具有互动的作用。但是，企业往往是片面地强调某一方面的重要性，而不是从生态系统的整体角度来思考。而信息生态系统是一种“以人为本”的企业信息管理的新范式。其主张顺应空前积累的竞争形势，把握市场机遇，由不同企业围绕某一特定任务组成灵活的企业联盟。各企业间形成互相联系、互相影响、共同演进的信息生态系统。

在企业信息生态系统的基本要素中，首先，信息是系统构建的主要内容，具有普遍性、客观性、无限性、依附性的特点。信息生态系统则沿袭了信息性的基本特点，又结合生态性和系统性开创了自己的相关特性。其次，信息人即一切需要信息并参与信息活动的单个人或多个人组成的社会组织，主要包括信息生产者、信息传递者、信息分解者、信息消费者。它们之间的信息交流和反馈构成了系统的信息循环链，在不同的阶段和场合可能扮演不同的角色[4]。第三，信息环境是信息生态的背景和场所，是企业竞相争夺信息与物质能源的平台。在一个复杂的信息生态中，信息、信息人、信息环境被称为信息生态因子，三者相互依赖、相互依存，且互动设计是信息性的特征体现。

企业信息生态系统的建立有利于对企业间的信息资源有效配置和开发利用，以适应多变的竞争环境，求得生存和发展。因此，企业信息化与信息生态系统理论相结合的思维方式，拓宽了信息的流通空间，提高了企业的信息利用效率，建立各类企业共生的信息生态圈，从而达到企业间共生的战略目标。

4　生态性

所谓生态就是生物的生存状态，它包括有机生物的生存条件、相互关系以及有机生物与无机环境之间的关系。它原本运用于生物学中，是生物学的一个分支学科；而生态学是研究生物之间（同一物种内部或不同物种之间）及生物个体或群体与自然环境相互关系的一门学科。接着，由于人类面临的环境、资源等问题的解决方式与生态学所研究的内容有着很大程度的相似性和共通性，生态学便运用于多个领域，促进了相关的分支学科诞生，信息生态学即是其中之一。

国外学者 T. H. Davenport 和 L. Prusak 在 1997 年出版的《信息生态学》一书中，对信息生态学给出了如下的表述：信息生态学是指对组织内部信息利用方式产生影响的各个复杂问题采取整体的观点，显示在许多不同现象的相互作用时必须利用系统观（System Approach）来分析问题。通常可以将信息生态学与生态系统中知识的获取、管理及决策支持系统联系在一起。

4.1 企业生态性

纵观企业发展历史，像自然界的生物体一样，历经由盛而衰、由小变大的生物演变过程。企业作为生命有机体，具有生存与发展的欲望，经历成长、发育、繁殖、衰老和死亡的生命周期过程，同时在遗传与变异、生存与发展过程中种内和种间斗争也受着环境的选择。“企业生态链”类似于生物界的食物链，按它们的营养级可顺序分为上、中、下等多级，下级为上级产品的消费者。同样，在一个行业内也存在生态链关系，按顺序分为供应商、企业、中间商和顾客，后者为前者的消费者[5]。然而，企业与生物不同的是并非每个地区都存在着特定完整的生态链，它要求充分利用企业生态资源进行区域分工，促使企业与生态环境相互推动与制约，形成自觉目的性，使企业与资源能够合理匹配、有效运用。图 2 是一个企业生态链模型。

由于社会的技术进步和社会分工的深化，导致企业环境时空的变化，企业依存的空间缩小。结合一般生态系统的物种与种群，企业生态体按照其特性划分为企业种群和企业群落。企业种群是指进行类似活动的企业集合，它们在经营中利用资源的方式类似，其经营结果也类似。同一种群内的组织为了类似的资源或相近的顾客展开竞争。企业种群生态致力于探讨企业种群的创造、成长及消亡的过程及其与环境转变的关系。企业群落是指由若干企业或企业种群在一定的环境条件下所形成的并与环境相互作用的企业群体。在企业信息生态系统中，企业与企业、企业种群、外部环境之间进行着相互作用，其摒弃

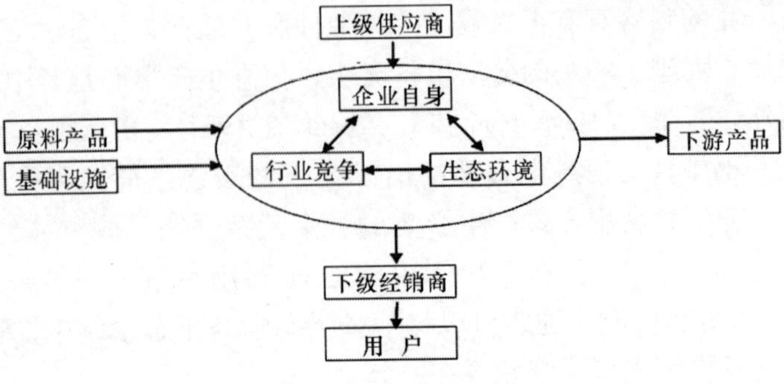

图2　企业生态链模型

传统的企业为了争夺资源和市场而采取的破坏性的竞争方式，而是达成合作、共生，形成一种基于产品、技术之上的增值服务，这也是企业信息生态系统发展过程中必然出现的结果。

4.2　信息生态平衡

信息生态平衡是指企业信息生态系统的各种结构要素、比例、输入和输出数量等都处于稳定和通畅的状态，也就是信息—信息人—信息环境之间的一种均衡状态[6]。其具体体现为：①结构的优化。即信息生态系统的各组成部分相互匹配、相互协调、相互适应、相互补充，具体包括信息人之间的合作、信息生态因子的调节、信息人与信息生态环境的作用和影响。②维持和改造。企业所面临的环境是刚性约束，所以企业信息生态系统在维持原有性能下要相应建立柔性组织形式和反应机制，提高对环境变化的适应能力，同时顺应新陈代谢的规律，不断寻找新的机会替代失去优势的产业，形成演化循环的生态平衡系统。③循环效应，企业信息生态系统的物质、能量、信息的交换都是连续演进的，通过合理利用信息资源，有效引导信息流向，实现了企业之间的信息循环利用，减少了信息浪费现象，促成了稳定、平衡、健康的信息生态环境。

按照信息生态学的观点，只有当企业现有的信息生态系统具有灵活的、能适时地随外部信息生态环境的改变而不断进化的特性，才能成为真正有效的信息生态系统，才能为企业持续带来经济效益。企业信息生态系统着眼于环境保护和资源节约，使企业的发展不仅仅局限于短暂的经济指标的增长，而是长远的、不危及下一代的持续发展的竞争力[7]。同时，从某个角度来说，企业之间相互合作，共享交叉资源，并对信息资源进行优化配置和有效开发利用，一起创新，更加持续提高了企业竞争能力，实现企业增值，为企业间的合作培育实力。

参考文献

[1] 张海涛,闫奕文. 企业信息生态系统的逻辑模型与运行机制. 情报理论与实践,2010(4):18-22.

[2] 赵洋. 空间·系统·有机[学位论文]. 重庆:重庆大学,2004.

[3] 胡斌. 企业生态系统的动态演化及运作研究[学位论文]. 南京:河海大学,2007.

[4] 李泽虹. 信息的社会问题与信息生态研究[学位论文]. 成都:成都理工大学,2008.

[5] 张燚,聂锐. 企业战略的生态透视. 科学学与科学技术管理,2003(5):47-51.

[6] 陈可. 论企业信息生态系统的均衡调理. 科技进步与对策,2007(8):114-115.

[7] 林纾. 基于可持续发展的企业竞争力. 福建工程学院学报,2006,9(10):495-498.

作者简介

张海涛，男，1966 年生，教授，博士，博士生导师，发表论文 30 余篇，出版著作（含教材）10 余部；

闫奕文，女，1985 年生，硕士研究生，发表论文 2 篇；

冷晓彦，女，1965 年生，副教授，硕士，发表论文 10 余篇。

第三节 信息生态系统的信息组织模式研究*

1 引 言

信息组织泛指使信息有序化的一切活动[1]。传统的信息组织方法有分类法、主题法，网络信息组织方法有搜索引擎方法、元数据法等。上述方法在文献和网络信息组织中得到广泛使用，但不能根据信息资源的语义进行信息组织和检索[2]。目前，人们不断探索基于语义的信息组织方法。

信息社会存在的种种问题促使研究者们不断探究新的解决思路，提出信息生态理论[3-4]。信息生态理论是一种以生态学的观点和理论，研究信息构建、信息自组织与信息系统论等信息科学中的问题，并解释此过程中的信息行为的科学[5]。信息生态系统是信息生态学的研究对象，它的基本构成要素是信息、人和信息环境，是具有一定的自我调节能力的人工系统[6]。信息生态理论提供了一种解决信息问题的全新思路，得到了信息管理理论与实践领域的高度重视。本文从信息生态观点出发，研究信息生态系统的信息组织模式。

2 信息生态系统的结构

2.1 信息生态系统的构成

信息生态系统的基本构成成分是信息、人和信息环境[7]。根据

* 本文系国家社会科学基金资助项目“信息生态系统构建的理论与应用研究”（项目编号：08BTQ033）研究成果之一。

人在信息生态系统中作用的不同，有学者提出可分为信息生产者、信息传播者、信息消费者和信息分解者[6]。笔者认为，还应包括信息组织者，如图1所示：

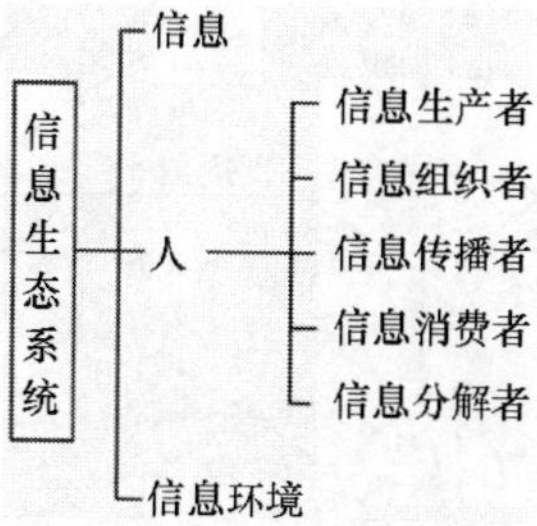

图1　信息生态系统构成成分

信息生产者主要是指零次信息和带有创新性质的一次、二次信息的生产者；信息组织者是指通过一定方法使信息有序化，便于用户查询和使用的专业人员；信息传播者是指通过一定信息通道实现信息传播的各种媒体和技术领域人员；信息消费者是指有一定信息需求，并通过有偿或间接有偿的方式消费信息的人员；信息分解者是指将过时的、错误的、虚假的、不健康的、不安全的信息及时删除，或者通过一定自动处理机制，使上述信息不出现在用户的搜索结果中的人员。

2.2　信息生态系统的信息链结构

信息生产者、组织者、传递者、消费者和分解者在一定的信息环境中处理信息，构成信息链，并成为信息链中的信息节点，如图2所示：

信息链中有信息流动，并随之产生能量流动。信息链结构揭示了信息消费者的各种消费形式。信息消费者的需求是驱动信息生态系统平衡发展的动力。信息组织者处于信息节点的核心环节，起到调整信息流量和方向并进而调整能量流动的作用。信息消费需求是否能得到满足，决定于信息组织环节能否使消费者精确查询和获取到所需要的信息。除社会安全部门外，信息组织者、生产者和传播者也会做一定

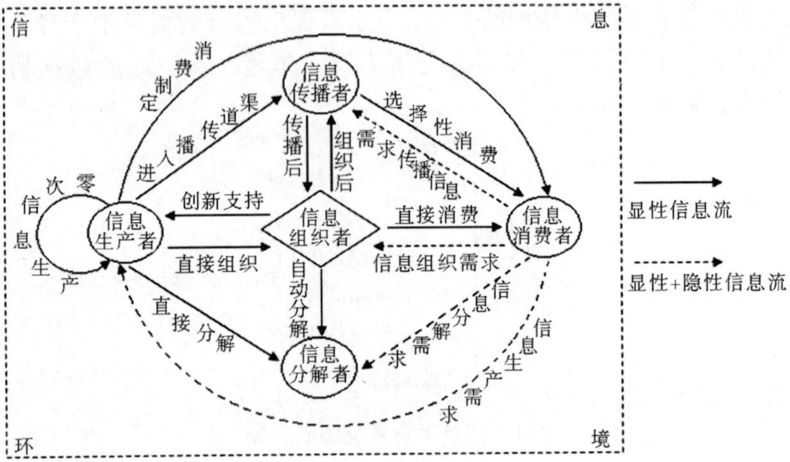

图2　信息生态系统信息链结构

的信息分解工作，其中信息组织者将在自动分解方面发挥更大作用；也就是说，一个人在不同情境下会在各个信息节点之间转换角色。信息传播者和信息组织者专业指向性更强。

2.3　信息生态系统的层次结构

生态系统的层级理论认为客观世界的结构是有层次性的，任何系统都是其他系统的子系统，同时它本身又是由许多子系统组成的[8]。信息生态系统是个多层次的独立体系，可以按照系统构成成分的特点、信息流流动范围与特征、能量变化特征等多方面特点划分为七个等级（见图3）。

信息生态系统层次结构的最底层是信息个体，即具有一定信息特征的人。信息个体在一定的情境下，扮演着信息生产者、传播者、组织者、消费者或分解者的角色。扮演较固定角色的信息个体聚集形成信息种群，如各媒体记者形成的信息传播者种群、图书馆员形成的信息组织者种群。具有直接或间接关系的多种信息种群通过有规律的组合形成信息群落，如企业信息群落、政府信息群落等。信息群落以具有特定信息需求的人和具有特定表达和组织方式的信息为核心，在一

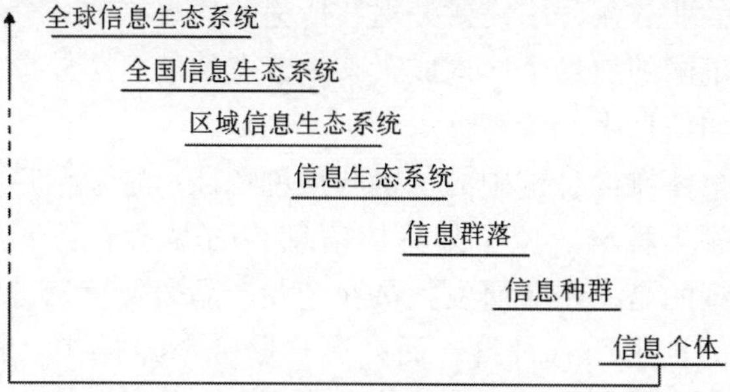

图 3　信息生态系统的层次结构

定的信息环境下形成相对独立的群落内信息链。具有一定关系的信息群落构成各级信息生态系统。信息生态系统的信息组织模式需建立在信息链结构和层次结构的基础上。

3　信息生态系统典型信息群落及其信息组织特征

信息生态系统中存在三种典型的信息群落：企业信息群落、政府信息群落和科技信息群落。三种群落在社会生活中有着举足轻重的作用，构成社会信息生活的主要内容。分析典型信息群落的信息组织特征主要从以下几方面入手：信息群落内的信息个体特征、信息链特征、信息个体在信息链中的位置与角色特征、信息流特征、信息组织的最终目标和价值取向。

3.1　企业信息群落及其信息组织特征

企业信息群落是在企业经营管理领域中，各种与企业经营具有直接或相关关系的信息种群的有规律组合。其信息组织特征包括以下几方面：

• 信息个体特征：由企业各级管理者、各业务流程上的普通员工、企业内外的专门信息管理人员和企业外部的中介服务人员构成。

• 信息链特征：企业信息群落的信息链基于不同业务流程形成，

即某一具体的业务流程中需要处理和传递的信息构成一个信息链。信息链节点由不同的信息个体构成，某一节点的信息个体形成该节点对应的种群，如信息生产者种群。

• 信息个体在信息链中的位置与角色特征：企业信息群落中的信息个体属于哪个种群、位于某具体信息链的哪个节点不是固定不变的。比较典型的是，企业研发人员在企业产品研发信息链中是信息生产者，构成信息生产者种群；而在客户服务信息链中，是信息消费者，构成信息消费者种群。企业信息管理人员的角色相对固定，在多个信息链中作为信息组织和传播者种群出现。

• 信息流特征：信息流复杂多样，包括管理决策信息流、生产信息流、财务信息流、技术信息流、客户关系信息流和人力资源信息流等。信息环境主要分为企业内部信息环境和外部信息环境。

• 最终目标与价值取向：最终目标是满足企业内部知识创新的信息需求，其成功标志是促进企业内部创新，即价值取向指向企业组织内部。

3.2 政府信息生态群落及其信息组织特征

政府信息群落是在政府公共服务与管理领域中，各种与政府服务有直接或相关关系的信息种群的有规律组合。其信息组织特征包括以下几方面：

• 信息个体特征：包括政府各级管理者、政府信息管理人员、企业领导者和公众。

• 信息链特征：政府信息群落的信息链相对简单，根据服务对象的不同，可以分为以企业为服务对象的信息链、以普通公众为服务对象的信息链和政府内部政务信息链。

• 信息个体在信息链中的位置与角色特征：在以企业和公众为服务对象的信息链中，政府各级管理者构成信息生产者种群，信息管理者构成信息组织、传播和分解种群，对政府信息有需求的企业和公众构成信息消费者种群。在政府内部政务信息链中，政府各级管理者和职员根据业务流程的不同在信息链中作为信息生产者或消费者。

• 信息流特征：信息流主要是政策、政策解读、咨询和办事流程信息。以企业和公众为服务对象的信息流比较简单，一般是单向的，咨询类是双向的；政府内部政务信息流比较复杂，以部门的职能关系为依据。

• 最终目标与价值取向：最终目标是满足社会中企业发展和公众生活的信息需求，价值取向指向政府组织外部。

3.3 科技信息群落及其信息组织特征

科技信息群落是在科学研究领域中，各种与科研人员的技术和学术创新有直接或相关关系的信息种群的有规律组合。其信息组织特征包括以下几方面：

• 信息个体特征：信息生产者具备较高的文化素质，信息组织者专业性较强。科技信息群落的信息个体包括科研人员、文献情报机构和信息服务企业的专业信息管理人员。

• 信息链特征：信息链结构简单，信息产出服务于整个社会，推进社会文明，同时是信息再生产的原料。

• 信息个体在信息链中的位置与角色特征：各信息节点的种群角色比较固定。科研人员既是信息生产者又是信息消费者，专业信息管理人员是信息组织、传播、分解者，信息消费的目的是信息生产。

• 信息流特征：信息流主要是科学技术文献所承载的知识和信息，由信息生产者流向信息消费者。信息环境是全球的科学和技术研究大环境。

• 最终目标与价值取向：最终目标是满足科技创新的信息需求，价值取向指向整个信息生态系统。

4 信息生态系统的信息组织模式

信息生态系统中不同的信息群落在信息组织模式上有自己的特点。本文主要针对信息生态系统中三大典型信息群落的信息组织特征来构建信息组织模式。

4.1 信息生态系统信息组织基本思路

根据信息链结构（见图2），信息生产者的信息产出经信息传播和组织的往复过程提供给信息消费者，信息组织是连接信息生产和信息消费的桥梁。信息消费泛指对信息的需要、获取和消化吸收，其形式可以概括为两种：消费者自己直接进行信息检索获取需要的信息；消费者通过信息咨询机构获取相应的信息。无论是哪种消费形式，信息检索的检全率和检准率是基础。

正在发展中的本体和语义网技术以及以语义为基本特征的Web3.0技术可以支持基于语义的信息组织和检索[9]。一旦基于语义的信息检索成为可能，不但信息消费者可以高效准确地得到自己需要的信息，而且信息分解者很容易运用屏蔽技术将不健康、不安全、过时和错误的信息屏蔽在用户检索结果之外（检索不到就可以认为是一定程度的信息分解）。这样，信息污染、信息失衡等问题可以得到有效的解决，信息生态系统环境将得到一定程度的优化。信息生态系统信息组织模式的底层应为本体和语义网技术。

信息生态系统信息组织模式的表层为信息消费者获取信息时与网络交互的界面。界面信息表达的清晰性、可用性、可理解性以及人性化和亲和性会给用户带来良好的用户体验。信息构建提供了可以满足这些需求的理念与方法。狭义的信息构建主要指借助图形设计、可用性工程、用户经验、人机交互、图书馆学等信息科学的理论方法，在用户需求分析的基础上，组织网站信息、设计导航系统、标签系统、索引和检索系统以及内容布局，帮助用户更加成功地查找和管理信息[10]。信息生态系统信息组织模式的表层应为信息构建方法和技术，即运用信息构建思路与方法进行信息布局。

4.2 信息生态系统的信息组织模式构建与解析

信息生态系统中不同信息群落的信息组织模式具有一定的共性，但由于群落内信息种群活动方式、信息流动特征等存在比较显著的差异，不同群落的信息组织模式具有一定的特异性。

4.2.1 企业信息群落信息组织模式

企业信息群落的信息组织以企业内部的知识发现和知识创新为目标，同时重视业务流程中隐性知识的发掘，其信息组织模式如图 4 所示：

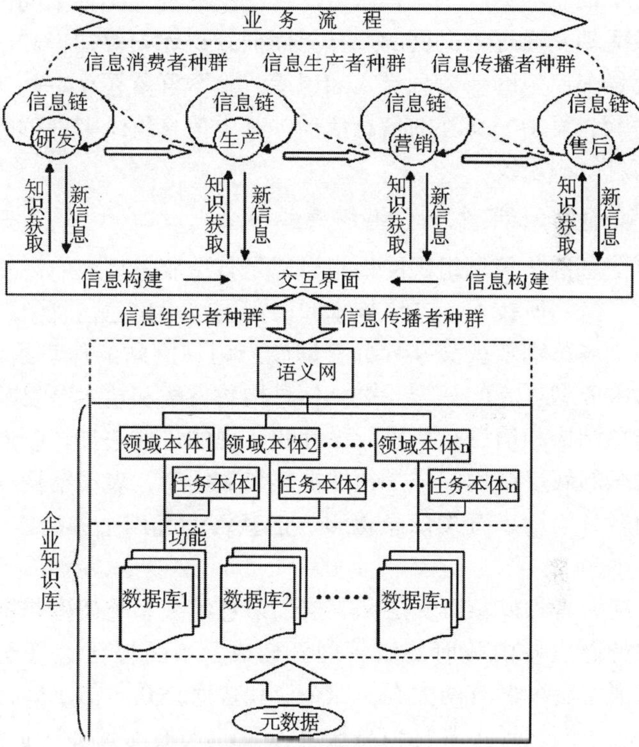

图 4 企业信息群落信息组织模式

企业信息群落信息组织的基础是基于元数据技术、数据库技术和本体技术构建的企业知识库，其中本体库包括领域本体和任务本体。由于企业信息群落中存在大量基于业务流程和具体任务的知识，因此任务本体的构建是其信息组织的重要方面。知识库与网络技术结合形成语义网络，并通过基于信息构建思想的交互界面与企业信息群落的具体信息活动进行交互。

企业信息群落的信息流是基于各种业务流程产生的，如某一系列产品的研发、生产、营销、售后构成整个业务流程，其中的研发等具体的专业业务构成局部的专业业务流程，知识库中的财务信息、人才信息、技术信息等为各个流程服务。群落中的各种群在不同的业务流程中积极活动，通过语义网的交互界面向知识库索取知识和信息，并随时将流程中产生的新信息导入知识库，整个群落在动态的信息环境中进行活跃、复杂、交互的信息活动，其中信息组织者种群管理和维护整个信息组织系统。

4.2.2 政府信息群落信息组织模式

政府信息群落信息组织的根本目标是打造服务型政府。除了以元数据技术、数据库技术、本体技术和语义网技术构建信息组织的底层结构之外，应特别重视交互界面，即政府门户网站的信息组织问题，这是贯彻服务型理念的一个关键。信息构建方法和技术是目前政府门户网站信息结构和信息布局进行设计和实现的最佳选择。政府信息群落信息组织的底层结构同样是领域本体和数据库，表层结构的政府门户网站功能分为用户直接信息检索、信息咨询和网上办公三大部分，如图 5 所示：

信息组织者种群负责底层和表层的信息组织系统架构与维护；信息生产者种群主要由政府各级管理者构成，不断将新信息导入数据库；信息消费者种群有两大类，即企业和普通公众。信息消费者种群通过政府门户网站寻求各种信息服务，可输入检索式进行直接检索，生成的原始的检索式由系统提交到语义网络的本体库部分，重新生成语义检索式，并到数据库中实现检索，将检索结果返回到交互界面，传达给信息消费者。信息消费者的信息咨询需求提交给政府信息服务人员，信息服务人员属于信息组织种群中的一个分支，他们根据咨询的问题组织信息，将结果回馈给信息消费者；在必要的时候，为更全面、更精准地回答问题，信息服务人员会执行检索操作，其流程与消费者直接检索一致。网上办公需求的应答者属于信息生产者种群，这种实时交互的网上业务处理将产生一定的新信息，并导入数据库。

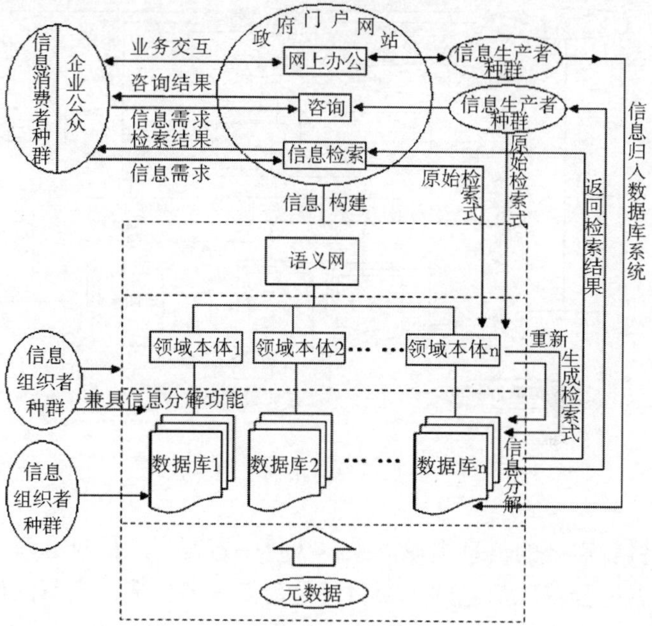

图 5　政府信息群落信息组织模式

4.2.3　科技信息群落信息组织模式

科技信息群落信息组织的根本目的在于知识创新和知识发现，促进人类社会科学技术的发展。尽管科技信息群落的信息消费者种群和信息生产者种群进行着高智能的复杂知识创造，但其信息组织模式相对简单，如图 6 所示：

本群落信息组织模式的底层为丰富的领域本体和数据库系统，其领域本体覆盖人类科学知识的各个方面，领域本体的公认性和知识推理能力是该群落信息组织效率的决定性因素。表层结构是检索界面，同样需运用信息构建技术和方法来构造。

信息消费者种群向检索界面提交检索申请，生成原始检索式，首先提交到领域本体库，继而重新生成检索式到数据库中检索，将检索结果返回到消费者的检索界面。由于领域本体的作用，能够较为精准

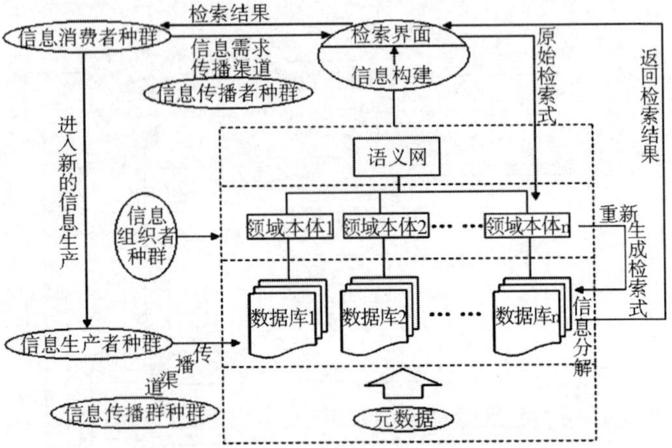

图6 科技信息群落信息组织模式

地将消费者需要的信息提取出来，执行一定程度的信息分解功能。信息消费者种群获取信息的主要目的是新知识的创造，在新的信息生产环节，转化为信息生产者种群，并将生产结果经传播种群导入数据库。

4.2.4 信息生态系统信息组织一般模式

由上文的分析不难看出，各个信息群落的信息组织模式具有共性的部分，将其提取出来，即可构造出信息生态系统信息组织的一般模式（见图7）。

语义网络整合了信息组织的底层和表层结构，信息生态系统中各个群落依托自己的本体库和数据库进行信息活动。

5 结 语

信息生态的观点为人类解决信息社会中各种信息问题提供了新的视角和契机。信息组织是信息生态系统能否达到动态平衡的关键要素。信息生产者、信息组织者、信息传递者、信息消费者和信息分解者构成了信息生态系统的信息链；企业信息群落、政府信息群落、科

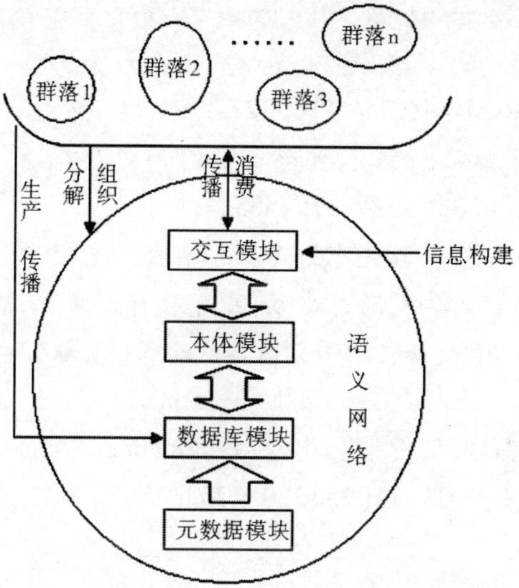

图7 信息生态系统信息组织一般模式

技信息群落作为信息生态系统的三大典型群落，其知识组织模式在遵循一般模式的基础上，各有自身的独特之处。把握信息生态系统信息组织模式的本质特征，在不同信息群落中进行差异化处理，不断将先进的理论和技术运用在信息组织实践当中，是促进人类信息社会和谐、健康发展的重要举措。

参考文献

[1] 马张华．信息组织(第3版)．北京:清华大学出版社,2008.

[2] Antoniou G,Harmelen F V. 语义网基础教程．陈小平,译．北京:机械工业出版社,2008.

[3] Davenport T H, Prusak L. Information ecology: Mastering the information and knowledge environment. Oxford: Oxford University Press, 1997.

[4] Nardi B A, O'Day V L. Information ecologies: Using technology

with heart, Cambridge: MIT Press, 1999.
[5] 百度百科．信息生态．[2009－12－03]．http://baike.baidu.com/view/1166822.htm.
[6] 王东艳，侯延香．信息生态失衡的根源及其对策分析．情报科学，2003，21(6)：572－575，583.
[7] 李美娣．信息生态系统的剖析．情报杂志，1998，17(4)：3－5.
[8] 曹凑贵．生态学概论．北京：高等教育出版社，2002：251.
[9] 黄智生．黄智生博士谈语义网与 Web 3.0. [2009－12－26]. http://www.infoq.com/cn/news/2009/03/semantic－web－and－web3.
[10] 荣毅虹，梁战平．信息构建(Information Architecture，IA)探析．情报学报，2003，22(2)：229－232.

作者简介

马捷，女，1973 年生，副教授，博士，发表论文 14 篇。

靖继鹏，男，1942 年生，教授，博士生导师，发表论文 100 余篇。

张向先，男，1960 年生，教授，博士生导师，发表论文 30 余篇。

第四节　电子商务信息生态系统的构建研究*

1　引　言

目前，国内外学者对电子商务生态问题的研究主要是围绕其商业

* 本文系国家社会科学基金资助项目“信息生态系统构建的理论与应用研究”（项目编号：08BTQ033）研究成果之一。

生态系统进行的，主要体现在对电子商务生态环境方面的研究。例如，Javalgi R G，Todd P R 和 Scherer R F 利用互联网生态系统中古典模型的组织生态动力学特点，提出并制定了一个基于当前全球电子商务环境的电子商务生态模型[1]；Assadourian E 通过对世界经济环境的分析，指出电子商务的发展离不开稳定的经济环境支持，国家的经济环境是构成电子商务生态环境的条件之一[2]；我国学者谢荆晶对电子商务生态系统中的多样性进行了研究，并从内部多样性和外部多样性两个角度提出了电子商务生态系统中多样性的内容和研究方法[3]；闵惜琳、姚锐对电子商务生态系统中的交易方、中间商、管理者在内的各主体的现状进行了分析，并提出在促进电子商务生态系统发展中各自宜采取的发展定位策略[4]。

综合国内外已有的研究成果可以看出，生态学在电子商务中的应用研究主要侧重于电子商务的商业生态系统，而对电子商务的信息生态系统研究还比较匮乏，有待于进一步深化研究。同时，由于受到传统信息管理理念的制约，大部分从事电子商务活动的企业还没有认识到一个稳定、平衡的信息生态系统对于促进电子商务信息主体的信息平衡和共同进化以及提高电子商务信息管理能力的重要性。因此，研究电子商务信息生态系统的概念、特征以及电子商务信息生态系统的构建策略具有重要意义。

2 电子商务信息生态系统的含义和特征

2.1 电子商务信息生态系统的含义

在生态学中，生态系统就是在一定空间中共同栖居的所有生物（即生物群落）与环境之间由于不断地进行物质循环和能量流动而形成的统一整体[5]。与生态学中的生物一样，在一定区域内没有一个信息主体能够长期单独生存，每个信息主体都直接或间接地依靠别的信息主体存在，并形成一种有规律的组合。在这个组合中，相对于每一个信息主体来说，生活在它周围的其他信息主体连同信息环境构成了其生态环境，信息主体与其生态环境通过物质、能量和信息的交换，构成一个相互作用、相互依赖、共同发展的整体。我们把这种信息主体与其信息生态环境之间相互作用、相互影响的系统，叫做信息生态系统[6]。信息生态系统的信息要素是由信息人、信息和信息环境（信息技术、信息组织结构、基础设施、信息战略、文化及制度等）组成[7]。

电子商务信息生态问题是一项巨大的系统工程，它涉及到企业、消费者、中介机构、政府等诸多信息主体以及信息技术、信息法律、信息社会等信息环境，它们共同构成了相互联系、相互影响、共同演进的信息生态系统。因此，电子商务信息生态系统是指在电子商务活动中，信息人之间以及信息人与信息环境之间不断进行信息交流和信息循环而形成的统一整体。电子商务信息生态系统是为了适应信息生态环境而采取的新的研究范式。企业环境的复杂多变要求企业经营者不但要注意电子商务自身建设，更要将电子商务置身于信息生态系统环境中，不断调整信息系统管理策略以适应环境的变化。

电子商务信息生态系统运行和管理的最终目标是寻求信息平衡和共同进化，即通过系统内部和外部的自我调节及相互作用，避免信息生态的失调并保护信息生态的平衡。在这个过程中，系统中各信息主体通过相互间的协同作用实现共同进化，进而推动整个电子商务信息生态系统的进化。

2.2 电子商务信息生态系统的特征

2.2.1 整体性

电子商务信息生态系统是一个包含众多不同种类、不同层次要素的复杂系统，其中每一个信息要素都包含在一个更大的信息生态系统中，同时它又含有更小的信息生态系统，系统当中某一个信息要素所发生的变化都将影响到整个系统的运行。

2.2.2 动态性

电子商务信息生态系统的信息主体都会经历产生、发展、成熟、衰退这一生命周期，并与信息环境不断进行信息交换，这就意味着电子商务信息生态系统具有内在动态变化的能力。

2.2.3 开放性

电子商务信息生态系统与环境之间相互作用、相互影响，系统通过接纳和更新信息主体成员，保证系统各种功能的实现。同时，环境的复杂性也会造成电子商务信息生态系统的复杂性。

2.2.4 协同性

电子商务信息生态系统中的各要素在相互作用中功能互补，使信息循环正常进行，它们之间在协同互动中推动系统演化，从而获得系统整体功能大于部分之和的效果。

3 电子商务信息生态系统的构建

电子商务信息生态系统由若干能够满足信息需求的特定关系的子系统构成。根据功能和构成要素的不同，可将信息生态系统分为信息场、信息生态链和信息生态圈等不同的子系统。

- 信息场。信息场是指信息存在及作用的基本场所。信息场中的信息具有数量、质量和能量三指标，与之相应的信息力则有作用方向、作用时间和影响区域三要素[8]。
- 信息生态链。信息生态链是指通过信息的流动使无数的信息场连接起来而形成的链条，它是信息生态系统的信息通道[9]。它不仅是联系信源、信道和信宿的纽带，也是信息沟通的基本方式。
- 信息生态圈。狭义的信息生态圈是指相互关联、纵横交错的信息生态链构成的信息空间，它是由信息人、信息、信息环境彼此之间相互作用而形成的一种均衡运动状态，是信息人与信息环境之间以信息为纽带，以满足信息需求为目标而形成一种互动关系[10]。它是一种由信息人、信息、信息环境构成的小的信息生态系统。广义的信息生态圈是指由相互联系的小信息生态圈构成的复杂的大信息生态圈。

3.1 电子商务信息场的构建

电子商务信息场的构建是电子商务信息生态链和信息生态圈构建的基础和前提。在电子商务活动中，信息存在及作用的基本场所构成了电子商务信息场，各信息场之间通过信息的相互作用、相互影响达到调节自身结构并适应其生态环境的目的。由于不同的电子商务信息场中的信息在数量、质量和能量三个方面存在差别，所以要从信息生态平衡的角度根据不同的信息生产者、信息传递者、信息消费者和信息分解者的特点建立相应的各类信息的分布与采集机制和模式。

3.2 电子商务信息生态链的构建

3.2.1 电子商务信息生态链的构建

在电子商务信息生态系统中，信息生态链是存在于特定信息生态中的由多种要素构成的信息共享系统。信息生态链由主干链和支撑链构成，主干链由信息人构成，支撑链由信息环境构成，在信息流的作用下，它们共同组成了电子商务信息生态链（见图1）。

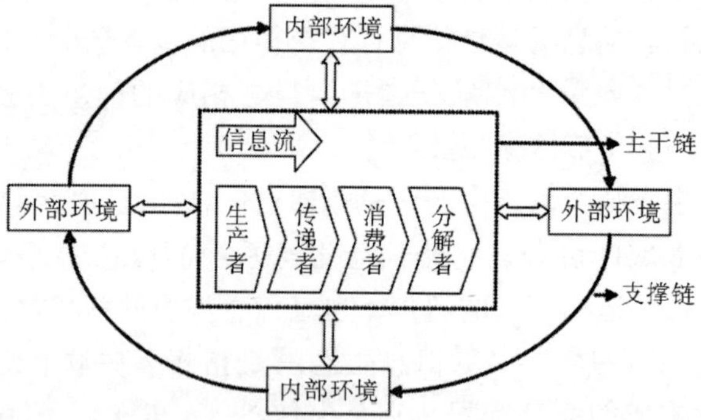

图1 电子商务信息生态链

• 主干链。在一条信息生态链中，往往包含着功能和需求不同的多种信息人。电子商务信息生态系统中的信息人主要包括信息生产者、信息传递者、信息消费者和信息分解者，他们之间既有明确的角色界限又有可相互寄生、共生和转化的特点。信息生产者是信息生态链的起点，是电子商务中生产并提供信息的个人或组织，如电子商务的供应商、企业和商家；信息传递者是信息生态链的中间环节，是电子商务中传输信息的组织或信息通道，包括电子商务交易平台、网络搜索引擎、物流公司、信用机构、金融支付机构等参与电子商务的第三方服务机构；信息消费者是信息生态链的终点，是电子商务中搜索和利用信息的个人或群体，如顾客和买家；信息分解者是电子商务中选择、整理信息，剔除无用信息的个人或组织，如政府、科研机构、教育组织等。

构成电子商务信息生态系统的各个信息人通过电子商务信息流有序地组织在一起，相互作用、相互关联，进而构成了电子商务信息生态的主干链。

- 支撑链。电子商务信息生态支撑链主要是由构成系统的信息环境组成的链条，包括生态系统的内部信息环境和外部信息环境。内部信息环境主要指参与电子商务的企业内部信息环境，包括信息资源、信息技术、信息文化等；外部信息环境包括经济、社会、法律、信用、物流等环境信息。电子商务系统内外部环境信息之间相互影响、相互作用、相互适应、相互协调，构成了电子商务信息生态系统的支撑链。

3.2.2 电子商务信息生态链中的信息流转

在信息生态系统中，信息生态链实质上是一条信息流转链。信息的流转包括信息流动和信息转化两种方式。信息在不同的信息人之间主要表现为信息流动，而在信息生态链的节点上，主要是信息的转化[11]。

在“供应商－电子商务企业－第三方服务机构－顾客”构成的信息生态链上，每一个节点都是一个信息主体，他们可以是信息生产者、信息传递者、信息消费者或信息分解者，信息生态链为这些信息主体提供了信息流动的平台。持续的信息流实现了信息生态链上信息主体间的信息共享、协同进化，同时信息主体与信息环境之间动态相互适应，保护了信息生态的平衡。

3.3 电子商务信息生态圈的构建

电子商务信息生态系统存在多条纵横交错的信息生态链，同一信息人在不同的信息生态链中扮演着不同的角色，其中电子商务活动中最核心的信息生态链是由电子商务企业、卖家和买家三个主体构成的。围绕这条信息链展开，电子商务信息生态圈可以分为四个层次，即核心层、扩展层、相关层和外部层，各层次分别由电子商务中涉及到的各类组织构成，如图2所示：

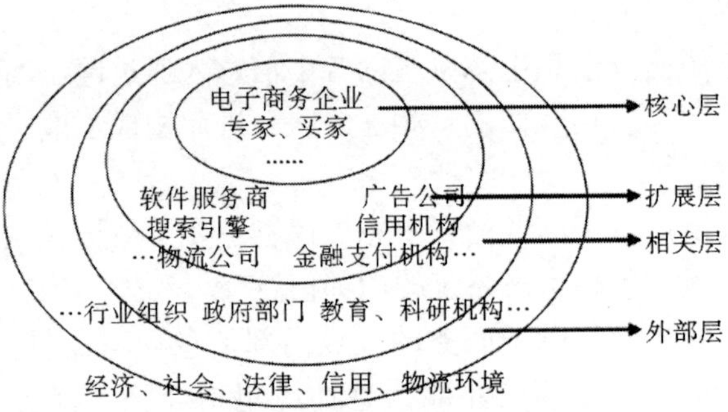

图2 电子商务信息生态圈的构成

• 核心层。主要包括电子商务企业、买家和卖家，它们是电子商务交易的主体。

• 扩展层。主要包括与电子商务交易相关的金融支付机构、物流公司、信用机构、软件服务商、广告公司、搜索引擎等，它们为电子商务交易提供支撑服务，对于促进电子商务交易的顺利完成发挥着重要作用。

• 相关层。主要包括与电子商务交易相关的政府部门、行业组织、教育和科研机构等，它们在特定条件下与相关的交易主体产生联系。

• 外部层。主要包括经济、社会、法律、信用、物流等大环境，它们对电子商务信息生态系统的运作及发展起到重要的影响作用。

电子商务信息生态圈具有实现和完善电子商务信息流动和循环的

功能。每个层次可视为一个小的信息生态系统，可以具有自己独特内容的信息；各个小的信息生态系统构成大的信息生态圈，并相互影响、制约、融合。建立共生的信息生态圈，提供高价值和高质量的信息服务系统是电子商务发展的必然趋势，信息生态圈是今后网络信息服务及电子商务企业的必然选择。

4 实证分析——淘宝网电子商务信息生态系统的构建

淘宝网是中国领先的网络销售平台，依据 2007 年第三方权威机构调研，淘宝网占领中国网购市场 70% 以上的市场份额，致力于成就全球最大的个人交易网站。截至 2008 年 12 月 31 日，淘宝网注册会员超 9 800万人，2008 年交易额为 999. 6 亿元。在快速的发展过程中，淘宝网与其用户和合作伙伴逐渐形成一个庞大的信息生态系统。

4. 1 淘宝网电子商务信息场的构建

在淘宝网电子商务活动中，按照存在信息的基本场所的不同作用可分为信息生产者信息场、信息传递者信息场、信息消费者信息场和信息分解者信息场四类。信息生产者信息场提供产品品质、价格、生产量等信息；信息消费者信息场提供用户、消费特性、需求量等信息，信息传递者信息场提供网络服务、物流、金融等信息；信息分解者信息场提供政策、科研等信息。各个信息场的信息数量、信息质量等信息特性各不相同，不同类型的信息场相互作用、相互影响完成信息的生产、传递、消费和分解活动。

4. 2 淘宝网电子商务信息生态链的构建

4. 2. 1 主干链

在淘宝网信息生态系统中，卖家为信息生产者、买家为信息消费者，第三方服务机构为信息传递者，政府和科研与教育机构为信息分解者；它们构成了淘宝网信息生态链的主干链。

淘宝网通过电子商务将信息人的信息流有序地组织在一起。淘宝网通过与买家和卖家合作，接纳和更新系统成员，保证系统自由地与外界进行信息交换。淘宝网为买卖双方搭建一个完全自由竞争的互联网交易平台，发展买家和卖家到这个商圈来交易，并以低廉的市场沟通成本、价格优势和品质保证吸引用户。

4.2.2 支撑链

淘宝网的快速发展在很大程度上是由其稳定的经济环境、健全的法律环境、良好的社会环境、完好的信用机制、必要的网络基础设施、完善的线上结算体系和线下物流配送系统、良好的技术环境和健康的信息文化这些信息生态环境决定的。

阿里巴巴集团下辖的淘宝网、中国雅虎、阿里软件、支付宝、阿里妈妈、阿里巴巴 B2B 公司、口碑网，它们在信息链上存在生态协同关系。中国雅虎的网络服务促进了信息的传播，其搜索及邮箱服务可以用来搜集和传递海量信息；阿里软件拥有全球一流的服务器系统、数据库系统、数据存储备份系统、网络运行安全系统等，保障了各类信息高效、安全的流动，其网店版软件与阿里旺旺可以方便买卖双方信息交流，帮助卖家更好地管理网店，促进网店销售；卖家可以通过阿里妈妈的广告交易平台发布信息；面向中小企业的 B2B 网站，可以为淘宝网卖家提供进货相关信息；口碑网是中国最大的生活搜索引擎，为卖家与买家搭建了有效的信息沟通平台。

4.2.3 信息流转

淘宝网的信息流转过程是：①买家通过淘宝网这个网上交易平台发布需求信息，检索卖家发布的相关信息；②买家通过阿里旺旺与卖家进行在线即时信息交流，达成共识后，买家在线填写订单信息（支付方式以选择支付宝支付为例），付款到支付宝；③卖家收到订单信息，确认后发货；④买家接到商品后，在网上确认交易信息，进行交易评价，支付宝随即付款给卖家，完成交易。

淘宝网通过构建一个开放性平台，打造出与合作伙伴共同成长的信息生态系统，让淘宝成为电子商务基础服务提供商，通过技术支持提供网络零售交易所需的相关支撑服务，比如支付、物流、软件、保险等，并通过制定共同的交易规则、规范交易流程等手段为买卖双方提供安全、可靠、方便、快捷的信息管理、互动交流平台，实现了信息流的顺畅流转。

4.3 淘宝网电子商务信息生态圈的构建

淘宝网电子商务信息生态圈由核心层、扩展层、相关层和外部层组成，如图 3 所示：

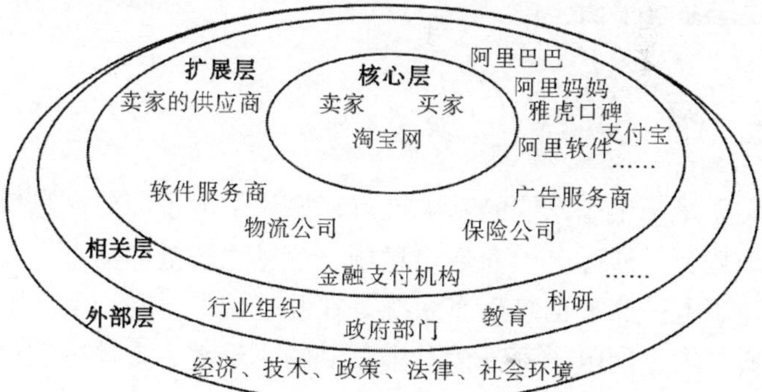

图 3　淘宝网信息生态圈模型

核心层主要包括淘宝、买家和卖家。淘宝网为买家和卖家提供了交易平台，淘宝网的商业模式本质是以庞大的用户数据库为纽带来吸引更多的合作伙伴。这个平台的信息生态系统越完善，支持的买家、卖家就会越多，进而形成买卖双方相互依赖的共生关系。

扩展层不但包括卖家的供应商、物流服务公司等，还包括阿里巴巴集团的其他子公司，如支付宝、阿里巴巴 B2B 公司、阿里软件、中国雅虎、口碑网，它们分别提供网络零售交易相关的支付、物流、软件、广告、搜索等服务。

相关层主要包括与淘宝网交易活动相关的政府部门、行业组织、教育和科研机构等，在特定的条件下各相关部门会发生一定联系。

外部层主要包括经济、技术、政策、法律、信用、物流等大环境。外部层的经济形势、技术条件、政策法规督导等都不同程度地影响了淘宝网电子商务信息生态系统的发展。

淘宝网电子商务信息生态圈具有自动调节的功能。进入圈内的企业信息种类越多样化，信息交互和信息循环就越强、越快速，信息生态系统的调节功能也就越强。然而这种圈内的调节能力是有限的，信息太多或太少都会破坏电子商务信息生态系统的平衡和完整，降低网络的合作价值。当信息生态圈建设和发展到成熟阶段时，各类信息的比重、数量等趋于平衡，信息的流向与流量趋于稳定，即达到电子商务信息生态系统平衡。

5 结 语

本文立足于生态系统的基本观点，探讨了电子商务信息生态系统的含义和特征，通过电子商务信息场、信息生态链和信息生态圈的建立，构建了电子商务信息生态系统。在此基础上，利用实证研究的方法，分析了淘宝网电子商务信息生态链的主干链、支撑链和信息流转方式，构建了淘宝网信息生态系统。本文的研究不仅在丰富和深化电子商务生态系统的研究领域、促进信息生态学与电子商务的整合研究等方面具有理论意义，而且对于促进电子商务信息主体的信息平衡和共同进化，从而提高电子商务的信息管理能力具有重大现实意义。

参考文献

[1] Javalgi R G, Todd P R, Scherer R F. The dynamics of global e-commerce an organizational ecology perspective. International Marketing Review, 2005,22(4):420 -435.

[2] Assadourian E. Global economic growth continues at expense of ecological systems. World Watch, 2008,21(3):30 -31.

[3] 谢荆晶．电子商务生态系统中的多样性研究．科技情报开发与

经济,2009(2):127 - 129.
[4] 闵惜琳,姚锐. 电子商务生态系统中各主体的角色发展定位分析. 电子商务,2007(6):115 - 116.
[5] 孙儒泳. 动物生态学原理(第三版). 北京:北京师范大学出版社,2002:3 - 12.
[6] 梁嘉骅,范建平,李常洪,等. 企业生态与企业发展:企业竞争对策. 北京:科学出版社,2005:8 - 20.
[7] 史波.完善中小企业信息生态系统的对策.经济纵横,2008(8):113 - 115.
[8] 陈曙.信息生态研究.图书与情报,1996(2):12 - 19.
[9] 谢立虹.网络空间中的信息生态问题.图书馆,2000(2):11 - 13.
[10] 程鹏.信息生态循环圈——关于“信息人”生存的学问.科技创业月刊,2007(8):9 - 10.
[11] 娄策群,周承聪. 信息生态链中的信息流转. 情报理论与实践,2007(6):725 - 727.

作者简介

张向先，男，1960 年生，教授，博士生导师，发表论文 30 余篇，出版著作 4 部；

张　旭，女，1988 年生，硕士研究生，发表论文 2 篇；

郑　絮，女，1984 年生，硕士研究生，发表论文 2 篇。